和服

一部形塑與認同的日本現代史

泰瑞・五月・米爾霍普
Terry Satsuki Milhaupt

黃可秀／譯　黃韻如／審訂

KIMONO

A Modern History

目次

To Chie, Tsuru, Grace, Joyce and Karen

獻給千惠、都瑠、葛瑞絲、喬伊絲與凱倫

導言

經由那辨識度極高的T型輪廓、飄逸袖子，與自著裝者肩線處打褶而下的垂直流線型前片，和服體現了日本——真實而浪漫，既熟悉又陌生。在一般想像中，和服往往代表著不變且傳統取向的不朽日本，但它是在何時、又如何被認同為日本國服？為什麼比起男體，和服與女體的關聯更為緊密？是什麼樣的進程導致和服從普遍的日常衣著轉變為日本的象徵？

曾有一篇評論探討日本二十世紀主要的女性雜誌之一《主婦之友》（主婦の友）封面模特兒的衣著，當中提供了視覺性的衡量指標，足見二戰後人們對和服態度的轉變。一九四九年至一九五六年間的雜誌上，比起日式服裝，封面女郎更常以西式的打扮出現；到了一九五七年至一九六二年間，這些封面模特兒顯得更為國際化，她們的髮色愈來愈淺，幾乎變成一頭金髮，臉部特徵則更近似高加索人而不像亞洲人；自一九六七年到一九九二年這段時期，每年僅會有一、兩期的封面模特兒身著和服，但新年第一期則毫無例外地會是一名身穿成套正式和服的女性。由此可見，從一九六〇年代晚期至一九九〇年代初期，和服主要被標榜為適用於特殊場合的服裝，如一月舉辦的新年慶典或成人儀式，使和服與「傳統」更為緊密地連結，而非與「時尚」相連。[1]

類似《主婦之友》雜誌封面這類的視覺產物，顯露出T型的絲質和服如何在二十世紀下半葉展現象徵性的意義。和服被視為禮服與國服，並持續以傳統的形式在特殊場合上披露。但自二十一世紀初期起，新世代的女性基於較非正式但較時尚取向的理由開始受到和服吸引。對年輕女性而言，她們與同世代的歐美人士一樣，很熟悉那些被祖母甚至母親稱為「洋服」或西服的衣著，而從這個年輕世代取樣的調查發現，除了伴隨她們一起成長的服裝外，和服亦是另一項深富魅力的選擇。有些年輕女性與母親、祖母相反，老一輩喜歡坊間款式經典的新製和服，她們則偏好復古的二手和服。雜誌出版商注意到和服消費者的世代差異，於是試圖迎合特定的市場族群。二〇〇三年是婦人畫報社發行《美麗和服》（美しいキモノ）的五十週年，此時一本名為《和服姬》（KIMONO 姬）的新雜誌也在各地雜誌攤熱銷。《美麗和服》素來強調經典且高檔的和服，主要對象為四十歲到六十來歲的女性，而新推出的《和服姬》則鎖定較年輕的市場（圖1、圖2）。《和服姬》名稱中的「和服」一詞，以通常用來表示外來語的羅馬拼音寫成了「KIMONO」，其後則接續代表公主之意的漢字「姬」，將新興的二、三十歲女性和服消費者訂為目標市場，著重新潮的「和服樣式」，這類樣式的特色是明亮的色彩及一九二〇、三〇年代流行的大膽花紋，設計風格則融合了創新與顛覆傳統。

《和服姬》主打的和服反映出當代潮流，並未特別標榜為特殊場合的禮服，而是以不同的形式展現——也就是普遍被稱為「可愛」的次文化現象。「可愛」的潮流源自一九七〇年代中期的年輕女性，許多當代出版品將這類年輕和服著裝者設定為目標讀者，並以類似漫畫的圖示及融入幻想的場景描繪出這種「可愛」風格。《和服姬》認同這樣的「嬉戲態度」（遊び心），陳列出多款和服與腰帶組合，搭配相襯的手提包與珠寶，確立了較休

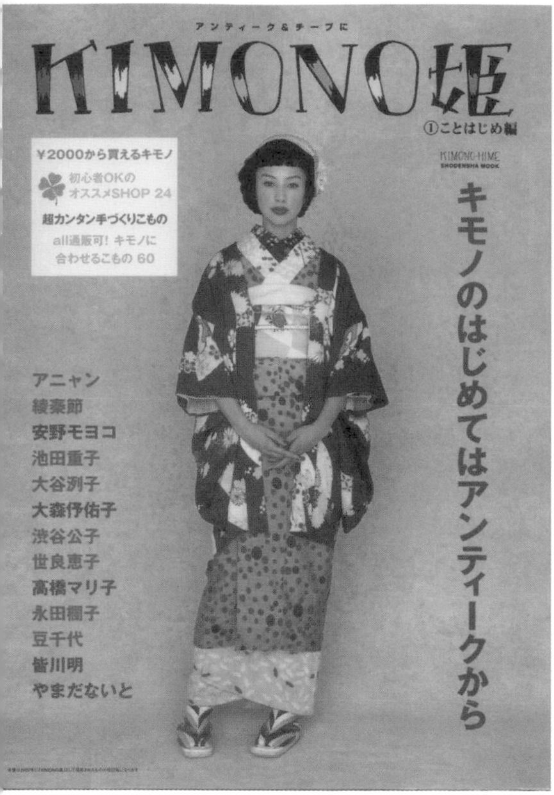

圖 2
《和服姬》封面（2003 年 4 月號），
祥傳社。

圖 1
《美麗和服》封面（2003 年春季號），
婦人畫報社。

閒、輕鬆的和服穿法。為了吸引全球年輕人，《和服姬》同時捕捉了和服的在地性與國際性兩種元素，而這份雜誌不過是當今日本諸多將和服「傳統」再創造的例證之一。

近年來，透過社群網站和其他電子媒體，對於傳統與非傳統形式和服的熱情已散播給世界各地志趣相投的女性，不論國籍為何，這些年輕女性都認為和服純粹是另一種類型的服裝，就像一個世紀前她們的祖母適應了在茶會或典禮上穿著，如今她們同樣自由地重新想像了和服的用途。網路上大量的媒體影像替和服狂熱者打破了地域與社會界線，讓她們能為全球的著裝者創造新款式和新設計。

穿著和服已然成為年輕世代塑造時尚「圈」與特定社會群體認同的另一種方式。這些非傳統和服著裝者為她們的造型風格制定了規範，令這樣的群體認同可供辨識。在日本，服裝與社會認同的關係可追溯至江戶時代（一六〇〇～一八六八年）的禁奢令。時至今日，日本各社會團體在服裝制定上仍相當嚴謹，會指定特定的「造型」，經由服裝的選擇顯示出個人隸屬於某個團體。連多半通稱「圈」或「族」、形象叛逆的次文化社群也會穿出所屬的風格，例如哥德蘿莉塔風（Gothic Lolita）的各種「造型」便各有既定的規範。[2]

無論和服著裝者是老是少、身在都會或郊區、是富人或中產階級，她們都傳達了諸多訊息給觀看者。在過去的階級制度中，群體劃分奠基於制定好的衣著規範，如今即便重現了類似的服裝細則，但也僅有熟知該群體準則的參與者才能辨識，「圈」外人只會看到這些和服著裝者將「傳統」服裝穿得一點都不傳統。

教人如何穿和服的書籍至今仍是許多日本書店的主力商品，這類書籍的目標群眾十分多元，反映出傳統和服的多重象徵涵義正不斷增加。以出版《美麗和服》的婦人畫報社為例，其於二〇〇六年發行了一本特刊，名為《和服的基礎》[3]，內容包括簡短的和服歷史；介紹各種類型的女性和服、男性和服與孩童和服；推薦適合穿著特定款式和服的季節或場合；介紹如何穿搭成套和服、腰帶與其他配件；教導如何保養和服。類似的例子還有雜誌《安安》（*anan*，圖3）二〇〇九年五月號，封面是一名年輕女性身著傳統而正式的

圖 3
《安安》封面（2009 年 5 月號）。

長袖和服——顯示目標群眾為一般年輕女性，而非愛好復古和服的特定年輕女性族群。這期的刊物強調「日本年輕女性應具備的涵養」（日本女子のたしなみ），並刊載了一篇名為〈重新發現日本傳統文化〉的文章。

另一種和服書籍則針對向來被視為肩負「傳統」的日本女性，鼓勵她們將和服當作日常服裝，而不是只在特殊場合穿著。二〇〇五年，文化學園服飾博物館學藝室長兼教授道明三保子編寫了《快速了解和服之美：從髮飾到鞋子》[4]一書；同年，旅居東京的巴黎設計師真矢（Maïa Maniglier）也出版了一本書，鼓勵女性（此書以日文寫作，故此處應指日本女性）盡情享受她近期發現的樂事——和服體驗。[5]二〇〇八年，身兼散文家與插畫家的平野惠理子出版了《來穿和服吧！》[6]一書，這冊小開本平裝書以平易動人的文字搭配作者親自繪製的插畫，開啟了引人入勝的入口，帶領讀者走進一部分日本人感到陌生的世界。同樣在二〇〇八年，有出版商逗趣地以漢字「紅」與「絹」為名，發行一系列針對二十歲到四十歲女性的小開本雜誌《紅絹》。《紅絹》第二期有一篇文章教導讀者如何搭配和服與飾品，又該如何將其整齊地收納進小手提箱，好帶到法國的時尚之都巴黎旅遊一週。[7]這讓人不禁懷疑，儘管身著當代服裝，但文中那位出發在即的旅人形象，是否來自宇野千代這位上個世紀的名人——本書第五章將會提到她曾設計出與巴黎街道相襯的和服。日本的大眾偶像會利用其名人的身分向民眾推廣和服，女演員兼歌手相田翔子即為一例；[8]此外就連漫畫家和動畫家也會加入推廣的行列，如「CLAMP 的成員之一、畫家莫可拿出版的《CLAMP莫可拿的和服裝飾》中，便收錄了她原創的和服設計、為特定出遊搭配的成套和服款式，以及與帕妃樂團的流行歌手大貫亞美關於和服的對談。該書最初於二〇〇七年在日本發行，之後為了觸及全球各地的讀者，而於二〇一〇年發行了英文版。[9]

由前述這些對近期出版品的簡短回顧可見，在過去五十年間，和服的設計、功能和意義均產生了戲劇性的轉變。

和服的紋樣歷史悠久、變化萬千，始自十七世紀末，並在十九世紀下半葉加速發展。長久以來，和服一如畫作，刻劃、描繪、吸收了現代化的影響，記錄日本如何在世界舞台上形塑其國族認同。

本書涵蓋一八五〇年左右至今的和服歷史，這段時期的研究相對較少，是廣泛而未知的領域。據知，主要的斷層介於江戶時代末期至當代日本，在江戶末期，和服是許多人的日常衣著；到了今日，則主要在特殊場合穿著。此外，關於中世安土桃山時代（一五七三～一六〇〇年）和江戶時代的服裝與衣料史，雖然已有許多經認證的權威著作和廣泛的研究，但某些特定主題——比如紋樣設計書的重要性——卻僅在過去十年間獲得學術界關注。然而，這些紋樣書記錄了日本服飾生產的系統，這項系統規律而有秩序，內部則相輔相成。最早源自十七世紀的紀錄為此系統奠定了基石，我稱其為「現代和服時尚體系」（詳述於後）。此外，這些書冊按年代記述了各種圖樣、染料顏色，以及每年流行的設計元素。舉例來說，在最早出版的紋樣書中，和服背面繪有六個大型的蟋蟀籠（圖4），相較於此，另一件產於世紀之交的和服則更自然地描繪出在草叢和籠子間的蟋蟀，且圖案集中在後幅底部與袖底部位，可見和服時尚為迎合時代而產生了轉變（圖5）。其後明治（一八六八～一九一二年）、大正（一九一二～二六年）與昭和（一九二六～八九年）時代的和服紋樣書則採用厚重的紙張印製，有華麗的壓紋與金銀顏料粉飾，這類書籍為和服設計的潮流提供了判斷基準，其所繪製的各式設計元素、圖樣和色調可一一與現存的和服比較，並以此為基礎，建構出大致的款式編年史（圖6、7）。[10]

現存的和服則提供了另一種參考，可供探索和服材質的歷史，還能用以判別和服為何及如何成為文化標誌。這些服裝是特定時間與地點的快照——在織造與裝飾的材質、裝飾性設計、服裝架構及展示方式之中，凝結的歷史時刻清晰可見。我們不妨想像一下用光學儀器檢驗一襲和服，在顯微鏡與肉眼的雙重光譜下拉近距離檢視，和服材質與織造結構的細節一目了然，令觀者得以推測其製作事宜、技藝，及人們（參與者）在過程中使用的工具；接著將視線從中央焦點向後推移，視野變得略為寬廣，和服販售者——批發商、百貨及之後的古董與二手市場交易者——便映入眼簾；再將視線拉遠一些，出現了主要消費者，而後則是私人收藏家和博物館館員。由此觀之，物品本身、製作者、商人及最終的消費者彼此之間的關係可說牽一髮而動全身。

在個別觀看者的凝視下，無論是最初製成、經過使用或再使用時，和服的價值——包含歷史性、美學性、經濟性、社會性、文化性、象徵性——和意義的詮釋，都被特定觀看者的視角過濾。整體而言，這些使用與觀看和服的個別方法都成為具暗示性的線索，能夠加以匯聚並用更普遍的方式描述。這樣的觀點提供了更全面而完善的解釋，讓我們得以了解在各個不同的時間點上，是誰控制了和服的生產、市場和著裝，又是誰的意識型態展示在誰身上。若以一八七〇年代後和服的故事聚焦在女性和服時尚的歷史性角度來看，一切將會變得更清晰。

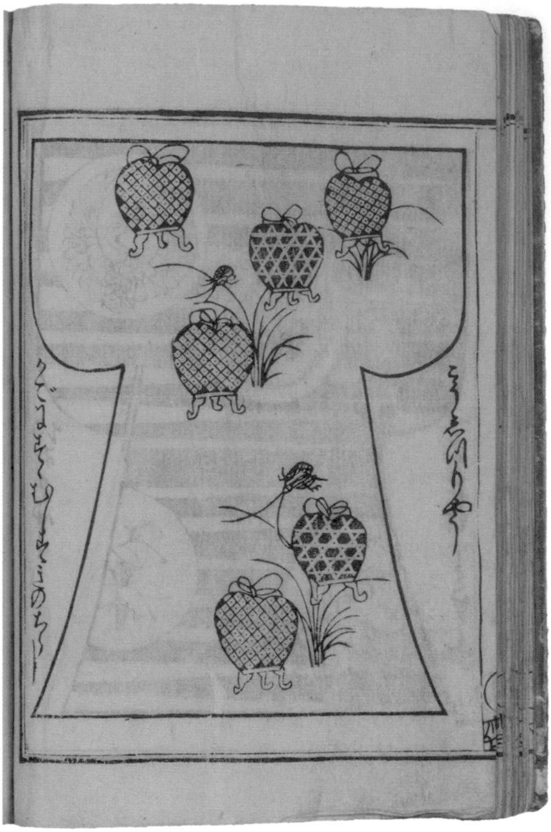

圖 4
蟋蟀籠圖案的書頁，摘自小袖紋樣書《御雛形》（1667 年），卷 1，木版墨印。

圖 5
夏季女性單衣，蟋蟀和蟋蟀籠，19 世紀晚期至 20 世紀初期，染色，手繪，絲線刺繡，絲質紗地。

圖 6
摘自現代和服的紋樣書《松雲模樣輯》（1901 年），
壓紋，金屬顏料，木版彩印。

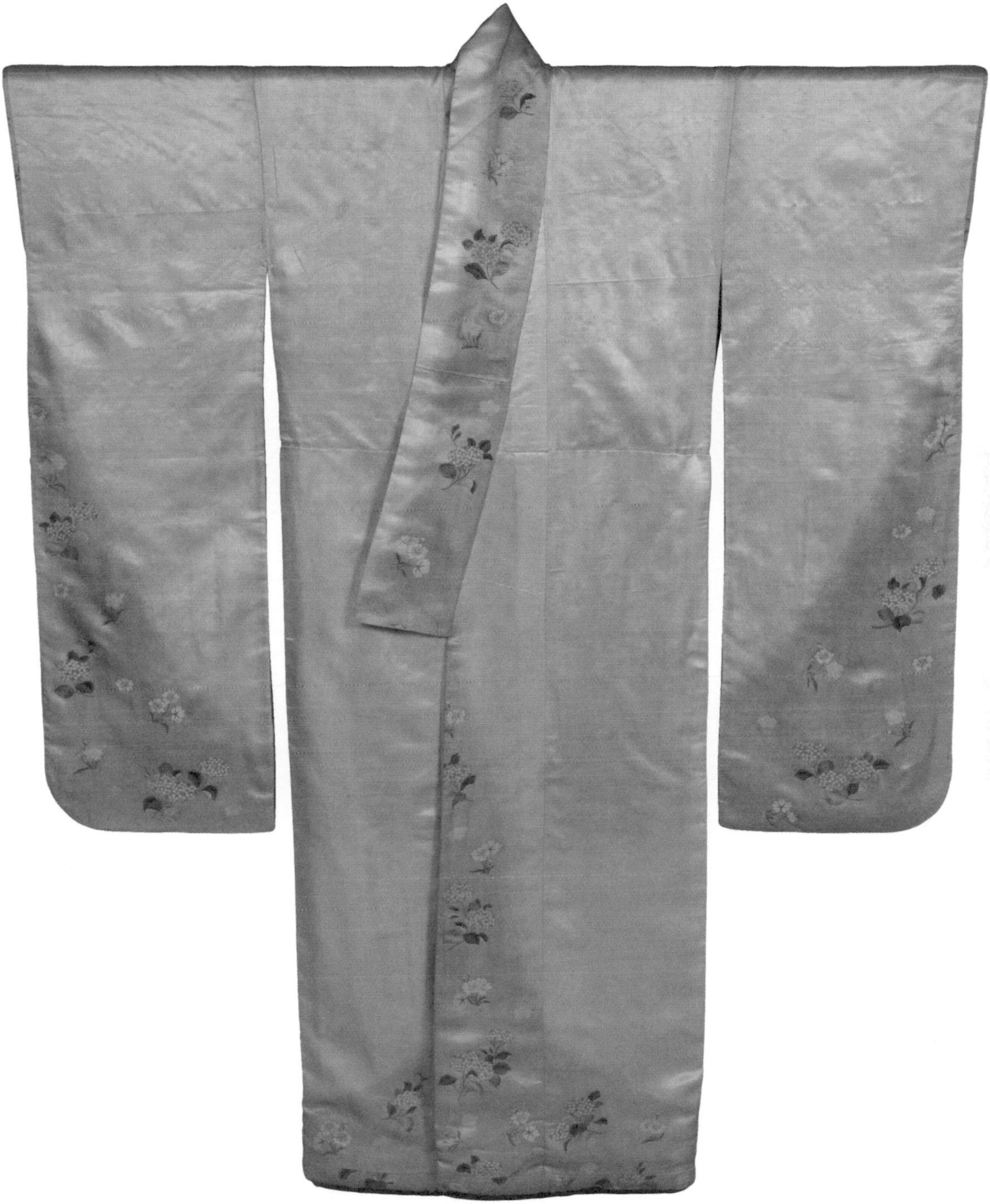

圖 7
振袖（女性長袖和服），繡球花和櫻花，19 世紀晚期至 20 世紀初期，染色，手繪，絲。

描述單一和服自最初製造到被販售、擁有、使用，再被改造的故事，可以揭開許多日本歷史的神祕面紗，已知出處與年代的物品讓人得以一窺過往——例如一八九七年之際，一襲為嫁進名門伊東家的新娘所縫製的結婚禮袍（圖8）。為了舉行婚禮，這戶富商世家選擇了龜甲紋樣的華美絲織品，在櫻花波紋上豪奢地裝飾了御所車輪，再繡上金線和銀線。這襲結婚禮袍經丸紅藝術（Marubeni Collection）悉心保存了一百多年，如今被當作藝術品展示，堪稱和服設計年表的一座里程碑。

人們穿著和服的圖像透露出其脈絡背景，可以從中了解是誰在什麼場合著裝，以及如何穿著。印刷物、畫作、紋樣書，還有後來的雜誌廣告、海報和照片，均呈現了和服與身體間關係的轉變，並描繪日漸變寬的腰帶如何改變了和服上的設計分布。

量測現存桃山時代的服裝，會發現身片的衣寬幾乎是袖片的兩倍（圖9、10），且腰身加寬，鬆散地垂掛身上，在臀部的地方則繫上細窄的腰帶或綁線固定。與之後的江戶時代相比，這個時期的畫作皆描繪了較豐滿的身形，雖然或許與特定畫家或其所屬畫派的風格有關，但也可能是現實穿衣風格（將服裝寬鬆地綁在身上）所造成的印象。

由傳世品來看，十七世紀中期的身片與袖片寬度相等，和桃山時代相較，身片周長大體而言變得較窄，腰帶則仍繫在下方的臀部附近。十七世紀中期至末期，腰帶維持相對細窄的樣式，好讓服裝本體的紋樣較為連貫。這個時期的紋樣設計大膽地橫過上背與肩膀處，直至下襬，一般以其最蓬勃的寬文時期（一六六一～七三年）為名，稱為寬文款式。

圖 8
女性在婚禮上穿著的（色）打掛，御所車輪、櫻，
1897 年，染色，金銀箔圖案與刺繡，暗花絲緞。

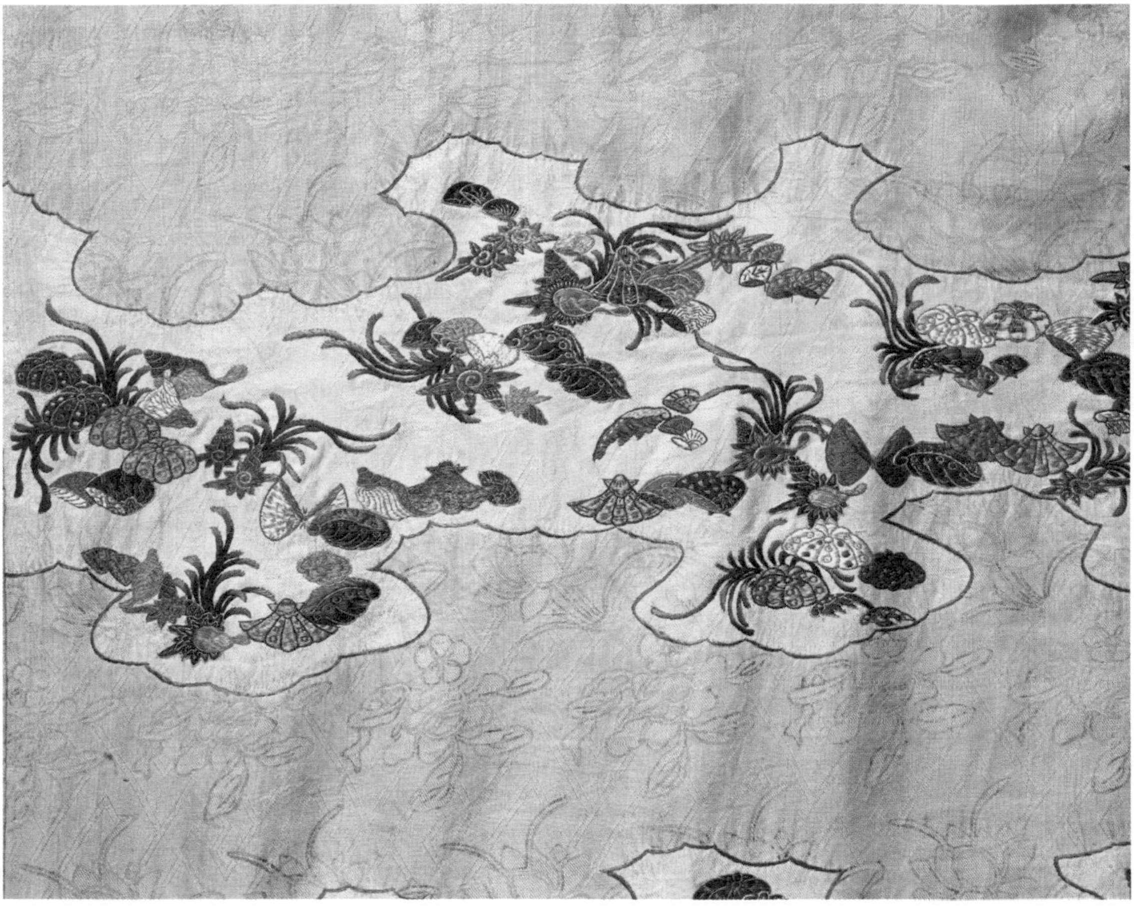

圖 9、10
小袖及其局部，貝殼與海草，17 世紀早期，
絲線刺繡和蜿蜒的金箔壓紋，平織，絲。

到了十八世紀中期，腰帶已經變得相當寬，在歌舞伎演員和藝妓的帶動下，往往綁得精緻而講究。較寬的腰帶實質上將衣服分成了上、下兩個區塊，和服設計師往往會將設計紋樣的精力集中在著裝者身體中段、視線被切割的部分，幾乎不會在被精心綁上的寬腰帶遮住的地方下工夫。

十八世紀晚期到十九世紀初期，腰帶遮蓋了女性大部分的軀幹，設計師這回為了平衡腰帶的視覺重心，而將設計集中在和服下半部，並讓大多數紋樣的元素在下襬交匯。視覺圖像提醒了我們和服與腰帶密不可分的關係，以及從豐滿到纖瘦的不同歷史時刻中，服裝包覆與綁繫身體的方式如何呈現理想的時尚形象。

隨著時間推移，即便新的材質出現或是觀點轉變，實際的和服及用來詮釋特定和服意義的影像、文本等卻仍相對不變，改變的是觀看者的參照架構（frame of refence）。而這些折射出的觀看印象終究難以被全盤理解或定義，然而一旦整合起來，則確實呈現出一場易受詮釋影響的歷史蒙太奇，讓人得以推斷隨著時光流轉、跨越地域疆界的潮流。以精選物件的分析及影像、紀錄為基礎——既含括歷史，亦放眼當代——本書將透過顯微與宏觀的雙重視角來檢視和服，揭示現代和服發展的進程。

這是一部關於現代和服的書。和服既然是一種服裝，想當然耳具備了時尚元素，但「現代」、「和服」與「時尚」這些用詞引發了一道難題，每一個詞彙都極具爭議性，專家往往為了這些詞彙的意義而爭辯不休。不過在較為普遍的用法中，這些詞彙劃定出一段特定款式的服裝（和服）在更大的社會體系（時尚）下運作的時期，[11]一如「現代和服時尚體系」這樣的說法被用來描述和服設計師、製造者及推銷者之間的重要關係。

在本書中，「現代」指的是一八五〇年以降至今，恰好在美國海軍准將馬修・培理（Matthew Calbraith Perry，一七九四～一八五八年）指揮的艦隊抵達日本、強行要求開港通商之前。[12]這段期間，日本接連歷經政府大幅重組、帝國崛起以及軍閥敗落，從江戶幕府（將軍）執政、相對封閉的藩鎮體系，演進成中央集權政府下的國家政體，且大量參與國際貿易與國際政治，政治上的意識型態和國際地位的重大轉變滲透到了生活的每個層面——包括決定每天要穿什麼。日本文化評論家暨藝術史學家岡倉天心（一八六二～一九一三年）在著作《東洋的理想》（東洋の理想，一九〇四年）中記錄下他的觀察，認為日本國族認同的改變同時影響了人民的衣著：

> 美國將領培理的出現最終打開了一道西方知識的閘門，西方知識在國內炸開，幾乎將國家歷史的標的都沖走了。此刻的日本正處於新國民生活覺醒之際，渴望拋棄她那遠古過往的衣飾，披上新的裝束。[13]

在急著「披上新的裝束」風潮下倖存的「遠古過往的衣飾」，即為和服。然而，隨著其象徵意義的改變，和服愈來愈常與女性身體連結，而非男性的身軀。

一八六八年，江戶幕府垮台，明治新政府的專業官僚力圖一個「文明開化」的社會，在他們試著帶領日本迎頭趕上西方國家時，開始穿著當時被稱作「西式服裝」或「洋服」的衣裝，而與「和服」或「日式服裝」有所區別（圖11）。一八七二年，明治天皇首次穿著西式禮服在公開場合現身，這時距離日本正式轉換為中央集權政府搭配虛位天皇不過四年（圖12）。約莫與此同時，和服變得較少用來區別社會地位或職等，並逐漸被視為日本的國服。在這之前，日本人主要以特定的社經階級（貴族、武士、農夫、工匠與商人）來自我定位，但此後他們逐漸將自己視為更大的社會團體的一分子，並懷抱新興的國族認同，而非立足於社會階級或封建藩籬的個體。

一八八七年一月十七日，官方頒布了一項公告，鼓勵日本女性接納西方的打扮——如同皇后本人在前一年所做的那般。[14] 儘管獲得了揚棄和服的機會，但無論男女皆未徹底執行，男性在公開場合或出席正式活動時，雖然身穿西式套裝與禮服，私下在家中與非正式場合仍會選擇穿著和服。然而從當時木刻版畫上的男性主要身著西式服裝，可見男性服裝習慣改變的速度相當顯著，女性則較慢才接受盛行於歐美的巴斯爾裙襯與馬甲。儘管和服本身伴隨的意義和被特意賦予的涵義皆產生了重大改變，但在日本女性間仍保有流通性，以下便將探索何謂和服的重大改變。

當前對「和服」一詞的詮釋成形於明治時期以降的現代，如今已是國際通用的詞彙，

圖 11
三代歌川廣重，〈東京名所 上野公園不忍池中嶋弁天之景〉，
1881 年，木版彩印，三聯畫。

圖 12
歌川國保，〈皇國高官鑑〉，1887 年，木版彩印，三聯畫。

《牛津英語辭典》裡的定義是「長而寬鬆的日本禮袍，與腰帶一同穿著」或「近似浴袍」。和服的日文原文「着物」一詞源自「着る物」（意為「可穿之物」），現今的定義即源起於此。數個世紀以來，日本民眾普遍穿著一種稱為「小袖」的T型和服，是袖口開口較小的服飾。[15]一八五〇年代起，西式服裝在日本逐漸受到關注，但在此之前，誠如第一章將提及的，日本人大多會以特定詞彙指稱各式服裝。

裁製和服的一匹布料一般為「一反」，約三十至四十公分寬、十一至十二公尺長，織布機的寬度與剪裁工具則會隨時間產生些許變化，後者以簡單而筆直的裁切為基礎技法，能將布料的浪費減至最低。一般來說，一匹布會被裁成七塊——兩塊身片、兩塊袖片、兩幅前方交疊用的衣襟和一片衣領，布料筆直的邊緣會以手工縫合成一襲和服。而服裝細節上的結構差異，像是衣袖的形狀或袖片縫合於身片的方式，則會透露是為男性或女性而縫製。此外，絲、苧麻、麻或棉等織造布料的材質，以及裝飾性紋樣所耗費的人力，都能彰顯著裝者的地位。平民多半要自己織製並裝飾布料、自行縫製和服，還得為了洗滌而將縫線拆開，再為了進一步使用而重新縫合。當成人的和服有些部位磨損後，便可以將其拆解，重製成孩童的尺寸，或將衣料再利用，製成其他家用品。較為奢華的和服則會由一群互不熟識的工匠在製作者的指導下織造，比如本章展示的那些和服。顧客會選擇一匹布料——通常為適用多種階級的白色絲布——做成樸素、具紋樣或有質感的衣料。在與製作者討論的過程中，顧客會以和服紋樣書為指南，選擇屬意的設計與喜歡的顏色，製作者則會將絲布匹帶至工坊供挑選。工坊由各類工匠組成，包括紋樣設計師、染色師、刺繡師、縫紉師，製作過程會有許多步驟需要這些工匠的技藝，而後製作者再將完成的服飾交給顧客。

當時每種款式皆有各自的名稱，端看其袖長、功能和因應設計而選用的材質，如今這類服飾大多被歸入「和服」一詞。面對十九世紀中期大量湧入的西式服裝，日本人開始注意自身服飾的特殊性，西式服裝（洋服）與日式服裝（和服）的區分變得相當顯著。在後者的類別中，尤以「和服」（着物）一詞流通最廣——特別是在日本以外的國家。在日文辭典中，這個詞源遠流長，至今亦然，且漢字、平假名、片假名和羅馬字等不同寫法均帶有傳承的涵義。現存和服恰如其字面意義的轉變那般，承載了文化發展，既反映美學品味的流變，也顯示出社會認同。如前所述，和服與其意義往往隨著時間不斷變更，絕非僅只於「傳統」。[16]

而這樣的變遷便帶出了「時尚」一詞。一如多數詞彙，「時尚」這個詞的意義取決於文本與歷史，[17]當我們描述與定義時尚時，通常會與歐洲服飾連結，而日式服裝——特別是和服——則與時尚這項分類毫無關聯。[18]然而，近來針對時尚的研究開始質疑這種思考模式的排外性，並呼籲眾人更廣泛地定義時尚，定義中「必須包含風格轉變這項基本過程，而非近代西方工業社會中顯而易見的連續製程」。[19]哲學家拉斯．史文德森（Lars Svendsen）在討論西方脈絡下的時尚時寫道：「在當代觀點中，時尚轉變快速，時時充滿挑戰，好讓人們跟上時代的腳步，但直到十八世紀才變成一股真實的力量。」[20]時尚通常被定義為一股現象，將改變視為目標，為了改變而改變。[21]《牛津英語辭典》對時尚的主要定義是「當下流行的服飾或造型，尤其在服裝方面」，次要定義則為「執行某事的方式或態度」。「時尚」與「服裝」這兩個詞彙顯然不可交替使用，畢竟時尚無形，而服裝有形。[22]不過，如同《牛津英語辭典》的定義所示，兩者確實密切相關。

在日本，「流行」一詞被用來表示「造型」和「趨勢」，「流」、「行」兩字分別帶有「流動」和「前進」之意。在外來語「ファッション」（時尚）引進日本前，其他與流行涵義相似的傳統詞彙已經使用了數個世紀，如「当風」（最新潮）或「今めかしい」（當前款式），而「ファッション」一詞亦普遍用來指稱款式的改變。一如和服本身，許多指涉時尚的字彙隱微的涵義，往往在經過文化轉譯後被錯誤地詮釋。

正如時尚一詞所示，現代和服設計師為了創造出最前衛的設計，而在作品中採用了新材質、新技藝、新圖樣及新組合，舉例來說，帆船和歐式建築這些在二十世紀上半葉令日本人眼界大開的物件，便都出現在和服上（圖13）。這件獨特的和服描繪的風景與光影，讓人聯想到西式油畫技法，只不過調整成了日式染色技法。但若說日本是為了讓和服具備「現代」感而向西方「借用」這些圖案與繪畫技法，那就過於簡化這一切了。[23]日本和服設計師嘗試使用最新的題材與技法，好創造出與日式脈絡明顯不同的設計，他們並非複製、模仿西方，事實上，反倒是西方從日本吸收了和服的樣式。此外有些和服的設計則以較隱微的方式翻新，雖然從二十一世紀的眼光看來，這些和服可能仍顯現出「傳統的」

圖 13
振袖，帆船風景，1920 年代至 30 年代，
防糊染，縐絲。

外在。一件繡有傳統「松竹梅」樣式的和服，在人們眼中的第一印象可能是「傳統的」（圖14），然而，這件和服上手繪的松樹、織就的竹子及非寫實的梅花刺繡，皆是戲耍的表現，此外也呈現了特殊的搭配——和服的設計區塊被切割開來，上方是較寬的深紫色條紋，下襬則為較窄的淺紫色條紋，這些都極可能讓日本顧客驚喜交加。換句話說，這件和服面世時，任何看出其結構和技法是如何喬裝、改變傳統意象的人，都極可能認為它既新穎又入時。

縱觀歷史，和服在設計、用途和意義上的改變，反映了日本社會、政治、經濟與國際地位的變遷。在日本本土，和服從日常衣著演進成標誌日本特性的符號。而在二十世紀初期的日本殖民地，殖民者與被殖民者都穿著和服，令和服所傳遞的訊息變得相當複雜——訊息的內容端看是誰的身體被和服裝飾。[24]和服出口後受到歐洲、英國和美國的消費者喜愛，不僅是戲服，亦是一般服裝。以下章節將把論述擴大至性別、世界主義、消費主義和時尚理論，思索一個亞洲國家如何用自己的方式擁抱現代性，亦即日本如何遵循自身需要來操演和服，好在逐漸國際化的世界中，建立出辨識度極高的國族認同。

本書第一章〈和服時尚工業的基礎〉，由早期的製造、行銷與消費三者之間的關聯來探究和服，討論前現代整合時尚體系下的和服生產。此一歷史性概觀著眼於和服紋樣書，這些紋樣書最早自一六六六年起便持續出版，證明了十七世紀末日本複雜的製造體系、銷

圖 14
女性和服，松竹梅，1925 年至 1950 年，
水墨和金色，絲線刺繡，暗花絲緞。

售與時尚衣著消費，而其正形塑了現代和服工業的核心。本章將檢視和服製作者、行銷者、消費者與時尚領導者的付出如何集中起來，使「欲望經濟」永不褪色，同時刺激了對時尚服飾的需求。對日本人而言，不斷變化的時尚元素清晰地映照在和服的輪廓內，而非衣物的剪裁上（此為歐洲與英美時尚）。由文獻可知，江戶時代的和服製作者不懈地敦促織布工匠與染色師，令其創造出新的紋樣、色彩、裝飾技法和搭配，好滿足渴望時尚的客群。

第二章〈和服現代化〉，聚焦於十九世紀下半葉將外國材料與技術進口至日本的特定企業，亦討論這些材料與技術對和服設計趨勢造成的集聚效應。本章指出，不若普遍的假想，日本面對現代化和服工業的態度其實充滿創新與適應力，而非僅是接受、複製進口工具及對衣物的新觀點。本章亦陳述日本國內紡織工業與世界紡織市場間持續提升的整合度，並探討絲、棉花和其他製造和服的織物在象徵價值與經濟價值上的轉變。

第三章〈購買和服，形塑認同〉，探討二十世紀初期的幾十年，新興的日本百貨所帶來的效應——新式廣告技巧、大量女性消費者的興起，和以女性為客群的雜誌採用國內行銷策略，透過經銷通路廣泛發行。消費者對特定模式衣著的需求反映出明確的社會認同，而政治的展示、品牌商品的推廣和美學品味的改變，皆對這類需求產生了衝擊。

第四章〈和服典範移植西方〉記述了和服的旅程，從一八五〇年代到二十世紀上半葉旅行至英國、歐洲和美國。本章敘述日本國內外的藝術家與設計師如何挪用和服，以及所謂的挪用如何為「和服典範」的建構帶來貢獻。對英國人、歐洲人及美國人而言，和服象徵著異國風情，尤其常與情色的日本連結，而發現了外國人對和服的興趣後，日本人——從組織到個人——便操弄且推廣了「和服典範」，調整人們對這類服裝的認知。

第五章〈和服設計師〉檢視了和服製作者這個角色如何從沒沒無名的工匠發展成被指定的「人間國寶」，並分析當和服從日常衣著成為特定節慶服裝之際，製作者身分地位的轉換如何與和服的轉變並肩同行。本章將由大方向環視十八世紀至二戰後的時序，提供了解上述轉變所需的觀點。

最後一章〈日常與特殊，那時與此刻〉則提出反思，思索在當代社會，和服的意義與用途如何與其過往連結。近來日本刊物及街頭時尚觀察家皆指出，在二十一世紀到來的前後數十年間，日本經歷了一場「和服爆炸」。對大正時代的懷舊感以古董和服之姿現身——這些古董和服或與牛仔褲搭配，或被裁剪並重新縫製成時髦的服裝。或許是受到大眾對現代和服感興趣的刺激，私人收藏家紛紛開始展示他們珍藏的和服；出版商將整本雜誌都獻給了和服這項主題；學者拓展了他們的歷史視野，納入十九與二十世紀的和服研究；而透過網路，全球買家均可下單訂購古董和服與新製和服。在日本國內外，各式各樣的和服款式始終在不同的群體中保有流行地位，可能是將舊款和服融入嶄新的穿搭，也可能僅將和服當作賞玩的收藏品。

第一章

和服時尚工業的基礎

流行日漸浮誇，態勢迥異於往昔。如今人人皆好高於自身身分的華服，女性衣裝尤甚，此類窮奢之女忘卻個人地位，應當懼怕天譴。過去即便上流人家的禮袍，也不比京都羽二重。上至大名、下至平民，黑色五紋衣裳對任何人來說皆不過不失。然近年間，狡猾的京都人開始將華美風尚濫用於男裝及女裝上，亦發行彩色設計書。

——井原西鶴[1]

❖

現代和服時尚體系源自十七世紀成形的基礎制度。十七世紀之際，德川家掌權，在首都江戶（即現在的東京）建立了幕府，並將封建領地組織起來，在表面上成為了民族國家，也就是我們如今所認知的日本。[2]江戶時期區分的四層社會階級將主政的武士置於頂端，武士之下為負責耕地與供給日常必需品的農夫，製造商品的工匠排行第三，而交易貨品的商人則位居社會底層。其中工商階級又一同被劃分為城鎮居民，也就是所謂的「町人」，兩者構築了江戶城市經濟的基礎。這些町人偏好寬文款式的小袖樣式，透露出和社會階級相反的經濟能力（圖15），明確定義的階級表象掩蓋了重大的經濟落差與矛盾——

圖 15
女性的小袖，魚網和文字（鶯），時代可能為 1660 年代，絲，金線，絲線刺繡，絞染（綁繩防染染色）。

有些武士相當貧困，且盡執行些卑賤的任務；而有些商人表面上位於社會底層，經濟上卻獲得了不遜於精英武士的成功。此外，江戶時代的社會結構中超過八成是農民，精英階級比例極少。服裝在視覺上劃分了階級，卻與真正的社會階層有所出入。以位居第二的農夫為例，他們穿的衣物以耐磨的平價材質製成，且袖子均便於活動（圖16、17），幾乎無法負擔昂貴的絲綢衣物——那是更富有但社會階級較低的町人所穿的。統治階層的武士與平民間存在著重大的社會對立，雖說政治權力由幕府掌控，經濟權力卻已慢慢從武士階級滲透至商人手上，加劇了彼此之間的分歧。商人階級成為當時藝術與時尚創作的贊助者，頻頻顯露他們的物質財富，讓精英武士為之氣惱與嫉妒。

在十七世紀的日本，經由選擇服裝展現的炫耀性消費，透露出社會階級與經濟階級兩相糾纏的關係。社會諷刺作家井原西鶴（一六四二～九三年）在《日本永代藏》（一六八八年）一書中，哀嘆人們在奢華的服飾上一擲千金，只為了活得比當前階級更高一等。他針對女性極盡奢華之能事與儀容舉止失當發出了警訊，並暗指「狡猾的」紋樣設計書火上添油，讓人更加渴求那些「高於自身身分的華服」。這些紋樣書——或井原口中的「設計書」——揭露了京都、大阪與江戶三座大城市間歷經整合的時尚體系，且其最晚始自十七世紀下半葉。這類書籍一般稱為和服紋樣書（小袖模樣雛形本），是和服製作者的參考書、消費者的型錄，更是時尚的插畫與廣告，這三項主要用途間互相連結，對促進及發展紡織工業而言至關重要。紋樣書坐實了十七世紀日本複雜的時尚體系，經由提升新

圖 16、17
農夫的外褂及其局部，20 世紀前半葉，
以棉織布的再生棉線為緯線、紫藤為經線
織造而成。

衣的穩定需求量並強調快速變遷的流行款式，紡織供應商、紡織製造商連同出版業都受惠於此一不斷變化的時尚。

木刻版畫「浮世繪」上頭即刻劃了各個時代的時尚先驅——青樓女子和歌舞伎演員，他們身上清楚記錄了當時的服裝設計趨勢。木刻版畫搭配紋樣書，不僅提供了那個時代主要設計款式的豐富資訊，亦揭示了可能存在於紡織業與出版業間的合作——雙方共同努力，以刺激消費者對時尚服裝的欲望。[3]藝術史學家艾倫．霍克利（Allen Hockley）以他對礒田湖龍齋《雛形若菜初模樣》（雛形若菜の初模様，約一七七五年）系列的研究為基礎，主張「妓院老闆、雛形本印書商及衣料或和服貿易商之間的關係」確實存在（圖18）。[4]雖然學者目前仍無法證實是哪一方承擔了這些系列版畫的費用，但大多數都認同，出版商選擇繪師及主打的題材時，首要評估的是市場的接受度。換句話說，這些版畫正是商品。

木刻版畫展示了江戶時期各種可供選購的時尚衣物。喜多川歌麿（一七五三～一八〇六年）的《夏衣裳當世美人》（約一八〇四～〇六年）系列即屬此類，這系列在和服監製者、販售者與消費者之間發揮了視覺傳播的效果，也或許被視為一種廣告形式。[5]像歌麿這樣的單頁版畫繪師同樣參與了紡織品製造者與和服販售者的行銷行列，在《夏衣裳當世美人》系列中，推銷最新夏季衣裝的模特兒身後飄著實際提供和服的店家帷幔，上頭則有顯眼的商標（圖19）。[6]每幅版畫中都有一位女性展示一件由特定布料製成的夏季衣裳，

圖 18
礒田湖龍齋，〈小松屋高村〉（小松屋内高むら），
《雛形若菜初模樣》，約 1775 年，木版彩印。

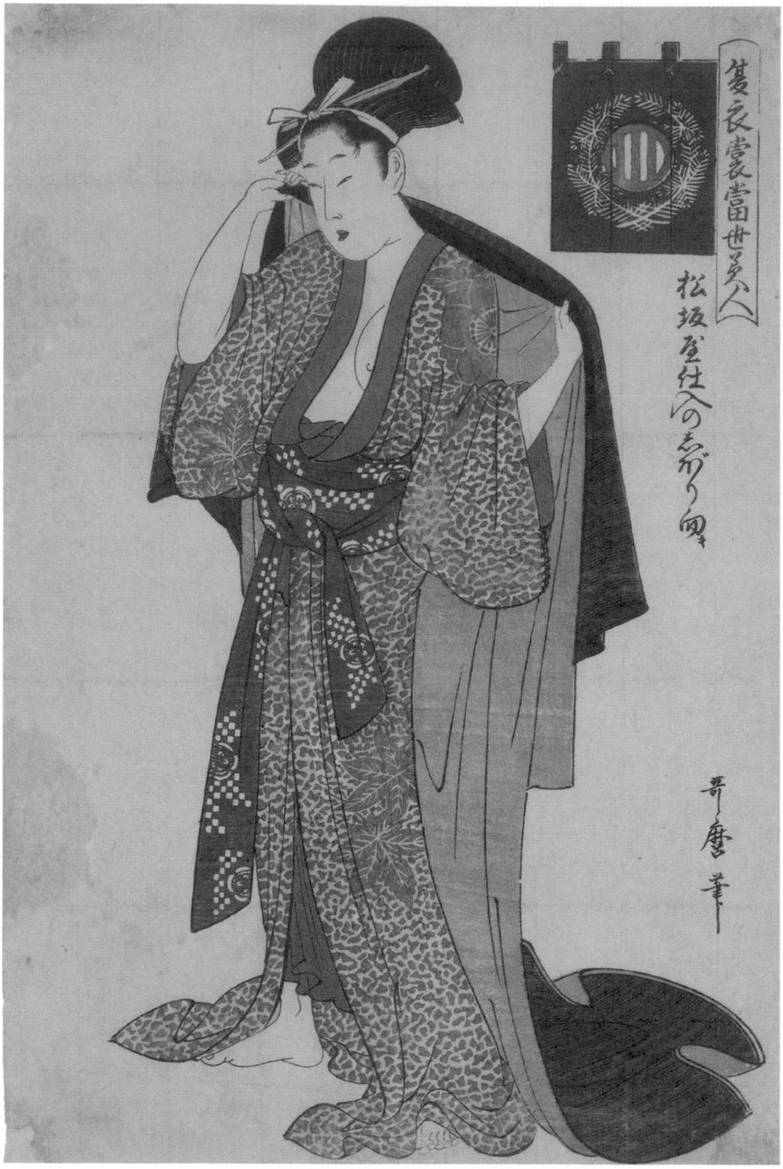

圖 19
喜多川歌麿，〈松坂屋新款紮染花紋〉（松坂屋仕入のしぼり向き），《夏衣裳當世美人》，約 1804 年至 1806 年，木版彩印。

畫作左上或右上角則會有實際的店家商標，如越後屋、松坂屋、大丸屋和白木屋等，此外還會有一段簡短文案來描述主打的織品。這個系列的九幅畫作不僅為紡織品與商家宣傳，極可能也行銷了繪師掌握紡織主題的精湛技藝。[7]如此一來，販售此系列版畫、使其廣為流通，紡織品製造者與和服販售者、繪師及出版商便皆能從中受益。[8]

版畫、紋樣書、小說和購物指南等出版品會促使人眾關注商品的款式、當下的流行，以及能在哪裡買到這些流行商品。[9]紋樣書就像前述的木刻版畫一樣，是一種集體成果，需要出版商、繪師、木刻師傅及印刷業者等眾多參與者的付出。[10]出版商則是整個成果的核心，必須承擔的責任包括承包及行銷版畫，並監控生產版畫或書籍的各個階段。[11]事實上，繪師、木刻師傅和印刷業者皆是在出版商的指示下作業，有時亦受其僱用，和服紋樣書因此穩穩地固定在出版業及紡織業的交點上。

前現代廣告中請名人擔任模特兒行銷服飾的策略，至今無疑仍是顯學。誠如文學及文化史學家大衛・波拉克（David Pollack）所觀察：

> 歌舞伎演員與花魁有著人體廣告看板這項重要的職責，必須展現身穿最新的設計與流行款式，而繪師則如同狗仔隊，試圖描繪他們身著流行設計款的模樣，好送給渴望這群人每一分最新資訊的忠實支持者——但這些遠遠不夠。歌舞伎演員、花魁、相撲力士、女店員、餐廳與茶屋皆與繪師合作，由繪師將其打造成可獲利

的廣告，近幾十年來，日本媒體和百貨都不斷運用這類廣告，藉由（名人）知名度來銷售各種類型的商品。[12]

將紡織工廠、和服製作者、和服供應商與這些「可獲利的廣告」連結，紋樣書打開了一扇窗，得以通往和服時尚世界的源頭。

為地位而打扮

江戶時代的紋樣書主要聚焦於不同款式的T型服飾，即今日我們所熟知的和服。「小袖」是現代和服的原型，但在那時僅是諸多裁縫的選項之一。十八世紀初期，有些商人階級的女性偏好繪有柳樹、樹葉間鑲嵌著流暢書法字體的「友禪染」（防糊染）禮袍（圖20、21），這樣的設計反映了著裝者對古典詩詞的鑑賞力、品味與知識，並挑戰觀看者如何解讀、推敲詩詞中所蘊藏的深意。而年輕的未婚女性所穿著的「振袖」是與小袖剪裁相仿的衣裝，但可藉由長而飄逸的袖子加以區別。「打掛」則當作大衣或外袍來穿，下襬通常有較重的襯墊，以便強調衣服的褶襴。圖22是一件十九世紀初期的新娘打掛，上頭有吉祥的象徵，比如形似乾鮑魚片的熨斗鮑（在傳統中與交換訂婚禮品的儀式有關）以及鶴龜（象徵長壽）。衣飾往往會揭露一個人的財務狀況，這件結婚禮袍所使用的材質及精美做工，在在顯示了主人的經濟地位，並透露其屬於商人階級的家庭。

而輕巧的夏季服裝或稱「帷子」，形式類似小袖，但並無襯裡，且採用植物的韌皮纖維製成而非絲製，[13]至於輕薄且無襯的絲製夏季衣裝則稱「單衣」。在外袍沿肩胛顯眼處繡上家紋——誠如最廣為人知的德川家紋——可用來辨識衣服屬於哪一家族的財物，以避免在衣物的開銷上有分毫浪費（圖23、24）。江戶時代，部分武士階級的女性喜歡用魚鷹和漁船圖樣來設計她們的夏季服裝，這類夏季圖樣的元素組合直至二十世紀仍保有其流行地位，只不過不再專屬於精英成員，更新的版本則以低調的抽象波紋當作背景，上頭有化學染料製成、生動的彩繪魚鷹與花卉，是本土琳派和異國新藝術風格（Art Nouveau）重構後的發想（圖25）。

江戶時代有許多不同類型的服裝，反映出著裝者的社經地位、性別、年齡及職業。某些特定服裝明顯在視覺上劃分了各種社會階級的人，並在特定群體中將個體各自區別出來。[14]以武士在戰場上穿著的外衣「陣羽織」的材質、圖樣和結構來說，便將著裝者標誌為從屬於武士階級的男性（圖26）。自十六世紀晚期至十七世紀初期，在日本活動的荷蘭與葡萄牙商賈間盛行歐式裁縫，陣羽織則仿製了這項技術，只要身穿以西洋技術製成的陣羽織，就會被視為熟悉外界的精英集團成員。由各種角度來看，陣羽織都強調了個人品味，進口的波斯地毯、異國禽鳥的羽毛或動物毛皮等稀有的材質皆被用來織造陣羽織，其背面則會有明顯而醒目的設計，令著裝者在戰場上更加顯眼。

新
風
霽

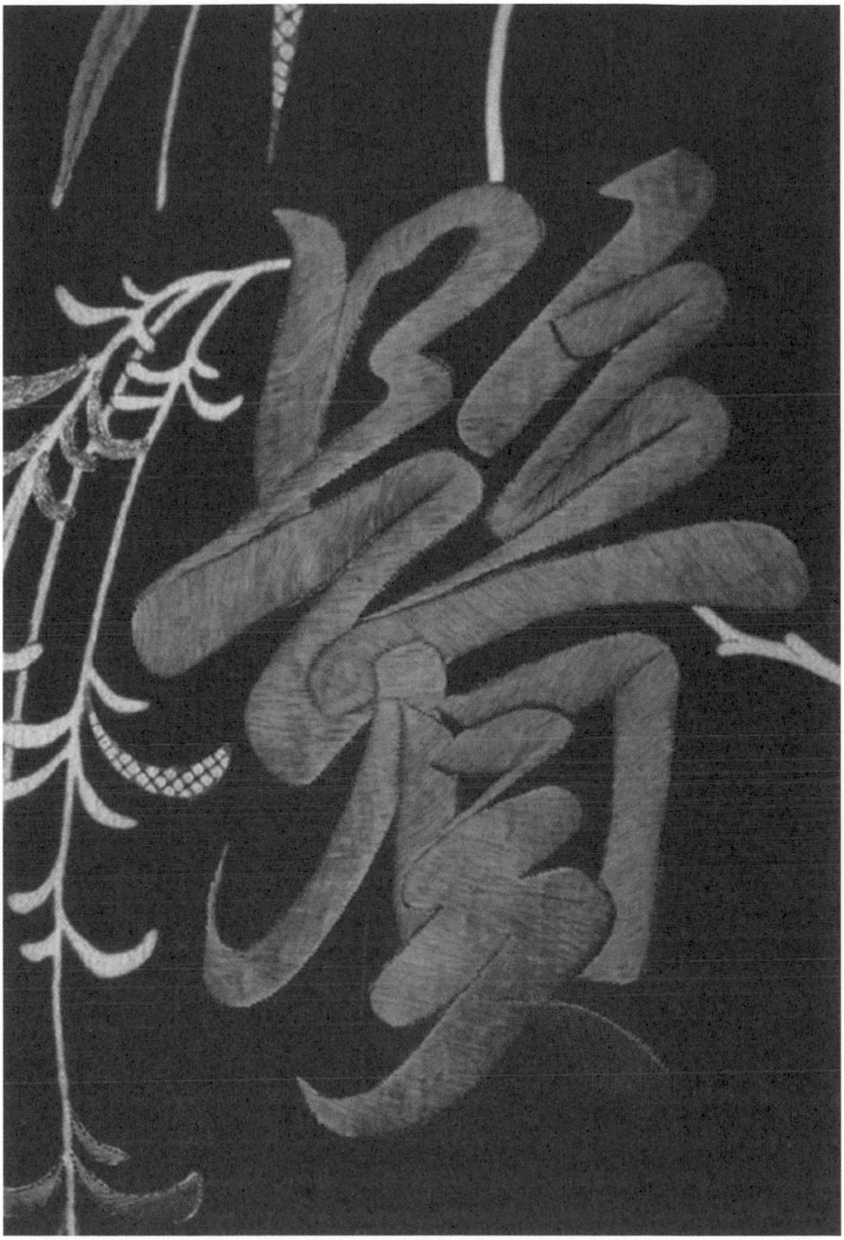

圖 20、21
女性的小袖，柳樹和漢字（局部圖是漢字「鬌」），18 世紀，
防糊染和型染，絲綢上有絲線刺繡和釘縫金線。

武士表面上位居江戶時期四民社會的最高階層，但他們卻發現自身財力逐漸匱乏，在相對和平且重商主義持續蔓延的江戶社會，驍勇善戰的重要性日漸式微。對商人階級而言，他們低下的位階與快速累積的財富則形成了懸殊的差距，個中的不對等帶來了緊張感，也體現在其對精緻華服的愛好上。德川幕府針對這樣的狀況頒布了禁奢令，規範了合乎特定社會階級的服裝款式。[15]這些法令由十七世紀一路宣揚至十九世紀，禁止個人逾越階級界線而令優越的社會階層反感，也反映出政府欲維繫既有社會階級的意圖。[16]以水戶藩在一八二九年頒發的布告為例，當中便明言「上層階級的武士（得）穿絲或繭綢製成的襯衣，其妻女亦可」，並命令「所有低於武士階級者，僅（得）著用棉質衣物」。[17]

江戶時期，德川幕府治理社會的指導原則是基於宋明理學，以理學為基礎將社會分層，儒家的意識型態不僅合理化社會法令並得以維持現況，還強調了簡樸的重要性。因此，禁奢令是為了勸阻商人階級炫耀財富，或許也從而掩蓋了潛藏在階級背後的經濟事實。早在一六一七年，幕府便頒布了一項法令，禁止妓女的衣服上出現金銀箔貼花；[18]一六五六年的命令則威脅逮捕任何身穿高調華服或過度張揚的人；[19]一六五七年明曆大火後，官方更頒布了嚴格的律法規定商賈可穿的顏色與式樣，而其時商人階級的娛樂之一便是找出規避這些法令的方法。幕府在一六六三年又頒布了一道命令，限縮了皇后、公主、將軍的妻妾和侍女的衣物花費；一七一三年則有另一項類似的法令，規範封建領主「大名」的妻妾衣裝，[20]其中寫道：「已成慣例的衣裝既往不咎，但不應頻繁地將自身衣裝換

圖 22
女性的色打掛（婚禮外袍），吉祥圖飾，19 世紀初期，夾纈染，絲線刺繡和釘縫金線，絲。

圖 23、24
女性的單衣，正在捕魚的魚鷹和德川家紋（局部），
19 世紀初期，防糊染，絲線刺繡和釘縫金線，絲。

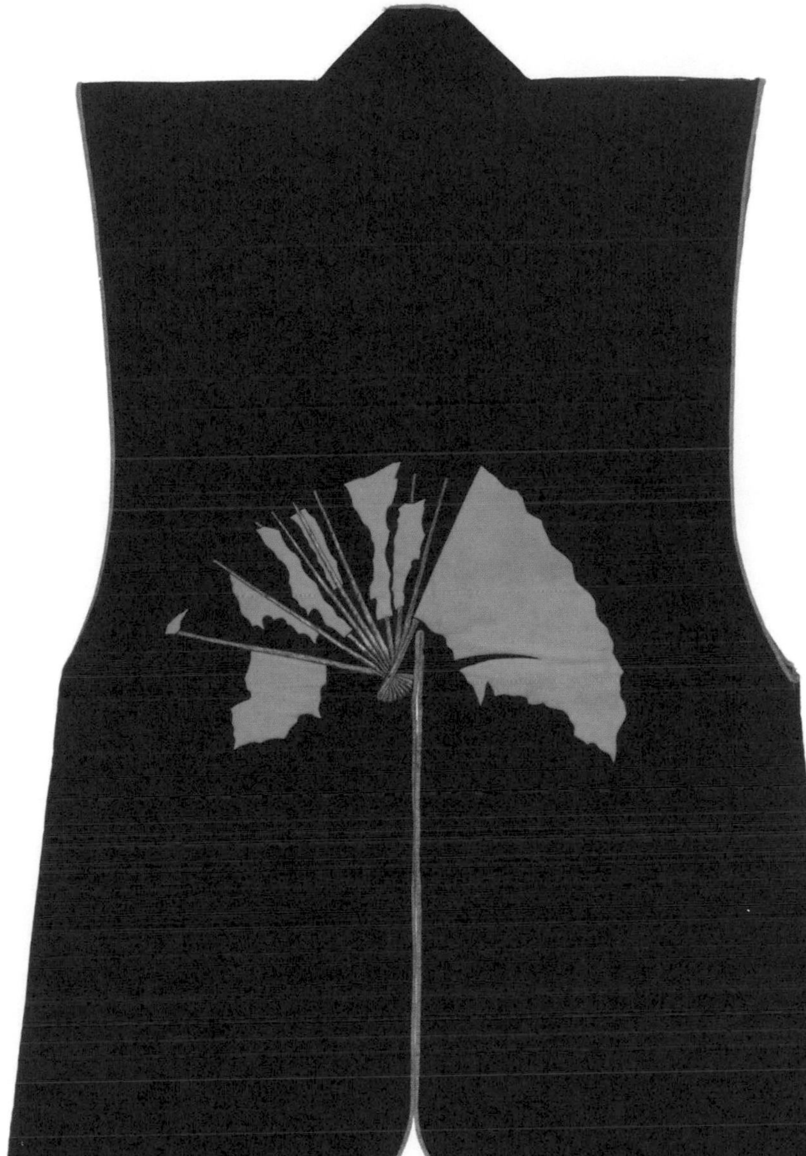

圖 26
武士的陣羽織，破扇，18 世紀晚期至 19 世紀初期，金線、銀和骨頭，羊毛和絲。

圖 25
女性的單衣，正在捕魚的魚鷹，1925 年至 1950 年，防糊染與手繪，絲線刺繡和外加的亮漆緯線，絲。

成精緻衣裳，贈與品例外。」[21]其中屬於例外的「贈與品」可能是為了常規所保留——依此常規，富商往往要求工匠製作精良、獨特的和服作為餽贈。

在商人的妻子間還有著時尚和服的競賽，每一場競爭都是為了在她們被規範的世界內取得認可，這些競賽證明了衣裳的價值是如何受到影響——造成影響的不僅是已然存在的勞力密集裝飾技藝，還有製作者的名字。有一段流傳至今的日本時尚軼聞，講述了京都、江戶和大阪三大都會的女性競相展演時尚的故事。[22]當時大阪富商難波重右衛門之妻穿著一襲「精緻的緋紅緞子和服，上頭用金銀線繡出了京都景致」，至於江戶代表石川六兵衛之妻則身著簡潔的黑色和服現身，和服上繡滿了有著紅色漿果的長青灌木南天竹。京都的仕女都認為來自江戶的黑色和服頗為乏味，完全無法與大阪那件鮮豔的禮袍匹敵，然而在獲知更多相關資訊後，她們的想法翻轉了——江戶的黑色和服原來是「由名滿天下的（尾形）光琳（一六五八～一七一六年）所設計，（中略）南天竹的漿果並非刺繡，而是用罕見的紅珊瑚製成，腰帶則是中國古風金線織花錦緞，此件和服不僅高貴非凡，更價值連城」。[23]

十八世紀晚期有另一個版本出自《翁草》一書。故事中，來自江戶的競爭者身穿一襲同樣由光琳設計的簡約黑色和服，圍繞著她的侍女則都穿著色彩繽紛的服裝[24]，前者身著黑色禮袍與成群的彩色衣裳並列，那精緻的簡約反而引人注目。

由這則軼事可以看出，在十八世紀的日本，內行的消費者皆已認得設計師品牌，而和服設計的靈感借鑑光琳的圖樣亦相當受歡迎，以致在其辭世良久後，坊間的紋樣書仍會提及他的名字。

紋樣書

第一本和服紋樣書於一六六六年面世（圖27），[25] 當年至一八二〇年間約發行了一百七十至一百八十本紋樣書。[26] 和服紋樣書上多數的圖案均會按照標準格式，即和服輪

圖 27
出自《御雛形》（1667 年），千鳥與青海波，卷 1，木版墨印。

廓的版畫插圖，其內則以各種圖案裝飾，在部分出版品中也會詳述特定設計的染色色彩、染色方法與其他裝飾技藝。在被「出版業煽動」的「大規模市場經濟」內，和服製作者會促使織匠與染色師發展新的色彩、裝飾技藝、紋樣以及構圖，好滿足渴求時尚的顧客。[27]

一六八〇年代晚期左右，紋樣書本身似乎也成了令人趨之若鶩的商品，證據就在於「雛形本」的書目開始出現在目錄及其他類型書籍的最末頁。[28]舉例來說，西川祐信（一六七一～一七五〇年）繪製、菊屋喜兵衛出版的《繪本池乃心》（一七四〇年）中就列出了祐信其他作品的名稱，還有名為野野村的男子所繪的和服紋樣書。[29]誠如日本紡織與服裝史學家丸山伸彥所述，在元祿時代（一六八八～一七〇四年），與特定設計師的名字相連的紋樣書大量增加，暗示了穩定的雛形本市場令設計師能專精於這類插畫。[30]

紋樣書不僅是和服製作者的靈感來源，亦是販售者的商品型錄。木刻版畫紋樣書通常有出版日期，書中的插圖因此得以與傳世和服對照。以一件十八世紀初期的小袖為例，圖樣是垂掛在柳樹上的卷軸，採用友禪染技法，這便明顯與紋樣書《雛形菊乃井》（一七一九年）有關。[31]另一個例子的年代則稍晚，是一件十八世紀的和服，上頭有漁夫在沼澤蘆葦中拉船，與紋樣書《雛形袖之山》（一七五七年）的設計類似，可互為對照（圖28、29）。

江戶時期的和服製作者與販售者的關係持續發展，最終影響了紋樣書的功能及生產。德川幕府在十七世紀早期的江戶城建制中，便要求京都的和服製造者必須服務千里之遙的

圖 28
女性的小袖，男子將船從蘆葦中拉出，1775 年至 1800 年，防糊染，絲線刺繡與水墨，絲。

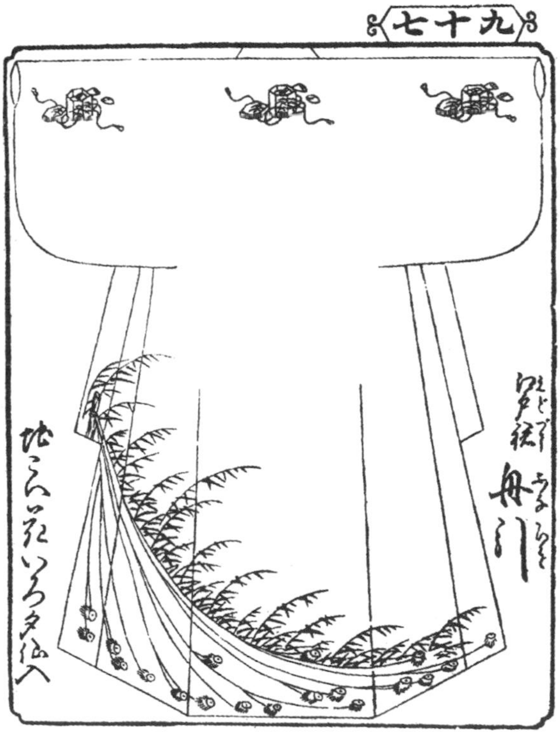

圖 29
佐佐木清兵衛，男子將船從蘆葦中拉出（第 97），出自紋樣書《雛形袖之山》（1757 年），木版墨印。

江戶，直到江戶一帶能蓋紡織工坊為止。因此，紋樣書不再只是染色師與服裝設計師的工具，也成了供應商與消費者溝通的媒介（此處的消費者，指的是有財力可從紋樣書中選擇客製服裝的人，而非大部分自行織造及染製衣物的人。就這一點來看，紋樣書關照的顯然是小眾，這些小眾關心的是時髦與否，而非生活必需品）。只要是富有的女性，不論社會階級為何，都可以購買紋樣書中所描繪的服裝。[32]

《和國雛形大全》（和国ひいながた大全，一六九八年）一書中有個例子可見京都的設計對江戶群眾的行銷手法——當木刻版畫工業從發源地京都擴展至大阪，最後延伸至江戶，所謂的行銷便顯得可行。[33]在針對此書的分析中，揭示了紡織業和出版業之間的諸多關聯。書中主打的和服紋樣設計師是名為井村勝吉的京都染色師。在實行無名制的單頁木刻版畫世界中，身為最早被註記名字的設計師之一，井村至少設計了四本不同的紋樣書。[34]每本書中的作品皆被鑑定為「京都染色師井村勝吉之畫」，顯示了他與紡織工業的連結，且他亦與出版業互動緊密，替紋樣書產製了許多和服設計。[35]此外，由書籍最末頁的出版項可知，到了十七世紀晚期，來自江戶和京都的出版商會合作發行紋樣書。《和國雛形大全》最初由出版商西村又左衛門在江戶發行，後又由牟田治左衛門於京都發行。紋樣書在江戶發行一事，意味著出版商相信江戶人會對京都染色師創造的設計感興趣，也相信時尚的移動已跨越了地域疆界。

在紋樣書《紋飾小袖雛形》（約一六八〇年）中，有一幅插畫被認為出自知名繪師菱川師宣（約一六九四年）之手，且呈現出早期的紋樣書用途。插畫中有一名男子傾聽著女性顧客的指示，而他前方有一本攤開的紋樣書，身後則有兩件掛在架上的服飾，背景顯然是在顧客家中，藉此描繪紡織商人的工作情形。[36]菱川師宣可說跨足了紡織與出版兩個世界，儘管生平不詳，但許多人宣稱他是染色師藤原七右衛門之孫與安房國（今千葉縣的一部分）保田刺繡師之子。[37]師宣的紡織背景或許為他帶來了對衣料和設計的獨到眼光，這樣的鑑賞力在他的畫作中一覽無遺，而在繪畫與書籍插畫之外，據稱他亦製作了數本和服紋樣書（圖30）[38]，並在某本紋樣書的序言中，表明了繪師想呈現新奇設計的欲望。[39]

圖 30
出自菱川師宣之手，卷軸和書頁，摘自《新版小袖御雛形》（新板小袖御ひいなかた，1677 年），木版墨印。

此外，其他插畫也提供了範例，展示出紋樣書與單頁和服設計圖對消費者與商人的用處。在廣為人知的淑女儀態教養書《繪本江戶紫》（一七六五年）中收錄了一幅石川豐信的畫，是一位母親正教導她的兩名女兒挑選打掛，這位母親的右邊放著一本紋樣書，左邊則是多匹布料。在這幅畫中，紋樣書的實際作用不甚清楚，書中的圖樣可能和多匹絲布一起提供給顧客，好讓顧客得以窺見成品的樣貌，又或者作時尚雜誌使用，上頭所描繪的最新設計會影響顧客對時裝的選擇。

由勝川春章與北尾重政聯手繪製、出自《養蠶草》（蚕養い草）系列的「越後屋和服店」則是另一個例子。畫中越後屋（在二十世紀初期演變成三越百貨）的店員至兩名女性家中拜訪（圖31），正要展示一匹縐絲布，且已在顧客面前的地上攤開一張小袖的單頁圖畫，這張圖畫的功能很實際，可以讓顧客看出和服成品的樣子。

而出身京都的西川祐信，是另一位出版界與繪畫界的知名人物，其浮世繪繪師及書籍插畫家的名號可見於先前提過的《繪本池乃心》。[40]西川曾設計了一套五卷的和服紋樣書，第一卷《西川雛形》（一七一八年）的卷頭插畫描繪了數名女性正詳閱紋樣書，眼前放著一匹布料（圖32），其中一名女性說道：「這設計真是別出心裁。」她的女伴也提出了「選這件妳一定會喜歡」、「這件很不錯」之類的意見。[41]第四卷的跨頁卷頭插畫則是一名男子正用毛筆繪製和服的設計——這名男子可能就是繪師本人（圖33）。[42]男子右邊有一行小字，意為「如您所好」，一旁的女性則提醒「務必確保所有細節都畫進去了」。

圖 31
勝川春章，越後屋和服店（第 12），出自《養蠶草》系列，
約 1772 年，木版彩印。

圖 32
西川祐信，女子翻閱小袖紋樣書，《西川雛形》（1718年）卷頭，卷1，木版彩印。

圖 33
西川祐信，兩人在設計小袖紋樣，《西川雛形》跨頁卷頭，卷 4，木版彩印。

傳統日式書冊的裝訂法會將兩幅設計圖畫在同一張紙的左右兩側，對摺後再插入書中，但在這幅插畫中，和服設計卻畫滿了整張紙，暗示這名設計師被委任設計的作品必須能以單頁木刻版畫或和服紋樣書插圖的形式發行，當中還有或許是設計師自畫像的作品，同樣暗示了紋樣書設計師與其他出版品設計師的地位相當。

在《雛形注文帳》（一七一六年）一書的卷頭，有一幅插畫詳細揭露了和服紋樣書的多種用途（圖34）。[43] 在這幅畫中，一名商人坐在簷廊上向顧客展示布料，右下角的助手則因估量要等很久而在貨箱旁歇息。與簷廊相連的屋內，一群女性興奮地謄繪紋樣書的設計，看上去對最新商品十分著迷，其中一位評論道：「來自京都的染色品都極好。」另一位表示：

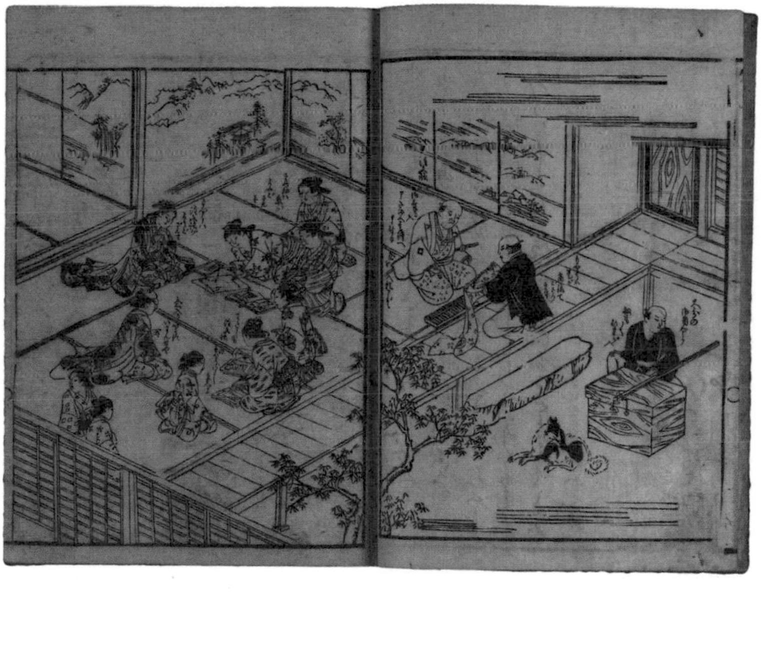

圖 34
染坊或和服店，出自《雛形注文帳》（1716 年）的跨頁卷頭，序言為染色師井村勝吉所寫，卷 1，木版墨印。

「這些書裡的紋樣都很美。」[44]而正詳閱紋樣書的女子大聲呼喚：「說得對。我們就從這本書中選擇紋樣吧！」坐在主位的女子則表示：「務必囑咐他們小心謹慎。」

由這幅場景可以得知，和服紋樣書被當作販售者的型錄，供顧客參閱。而謄繪設計圖的目的則相對不明，就像我們可能拿《時尚》（*Vogue*）雜誌的頁面來詢問朋友意見，紋樣書上的設計也許會被複製並傳給友人，或是這份抄本會交給能以較低價格製作仿製品的和服製作者？商人是否擁有這些畫作的專利或版權？抑或當它們被複製並流通時，商人能從中牟利？這本《雛形注文帳》的序言為井村勝吉所撰寫，而他可能也是前述《和國雛形大全》的繪師，這代表只要和服製作採用了「特定紋樣」，其文化與社會價值便會提升，這些由受注目的設計師（如井村勝吉）及知名繪師（如菱川師宣或西川祐信）等人所創作或背書的「特定和服紋樣」，已遠遠超乎了最初的用途。

設計與渴望時尚服裝

木刻版畫與和服紋樣書也作為時尚雜誌，傳遞各種最新的趨勢，包括色彩、設計和腰帶綁法。[45]單頁版畫會描繪每日精選的一線歌舞伎演員和花魁，他們多半引領著當代風潮，這便令人對和服紋樣書出版商和單頁版畫出版商之間的關係感到納悶——如果他們之間確實存在某種形式的連結。紡織與染色專家莫妮卡．貝特（Monica Bethe）曾探討時尚領導者、木刻版畫、和服紋樣書與紡織工廠可能的互動模式：

> 知名的演員會替一間染坊代言新色（通常也會一併代言新款設計），他以新色亮相的模樣會在江戶和大阪（即歌舞伎座所在地）的戲迷間引起轟動，浮世繪繪師則會忠實描繪身穿新色服裝的演員，讓新色更廣為人知。幸運的話，往後這款新色不僅將是該名演員的標誌，還會在大眾間蔚為流行。這款新色的時尚地位則會令其在「雛形本」中保有一席之地，如此這般，新色將更為人所知。年輕女性是最瘋狂的戲劇時尚仿效者，商人階級的年輕女性尤其如此，她們仿效的內容也包括時尚色彩，而武士階級與皇室則追隨自身的領導者……[46]

貝特的論文指出，當時最著名的插畫畫出了普及的茶褐色。這款茶褐色以黑和紅為底，自女形演員二代瀨川菊之丞（一七四一～七二年）在歌舞伎舞台上穿著後便廣為流行（圖35）。[47]二代瀨川菊之丞亦以「路考」此一俳名為人所知，是十八世紀特別出名的女形演員，因此「路考」後來成為許多商品的名稱，[48]如前述的茶褐染色後來便被稱為「路考茶」。[49]這款「路考茶」知名度極高，色樣還被收錄在《手鑑模樣切要》（一七九三年）這本設計參考手冊內。[50]

如此看來，一本紋樣書至少具備了雙重功能——行銷多名演員，並替他們所穿的衣服打廣告。紡織染色師、紋樣書出版商、演員和歌舞伎座可能共同合作，努力打造並刺激時尚潮流。和服紋樣書《年之花》（年の花，一六九一年）中的一頁描繪了上方地區的一名演員，而對頁則突顯這名演員的服裝背部及服飾資訊，包括染色技法、顏色與演員的家紋。[51]這本紋樣書是某種形式的宣傳，既推廣歌舞伎座，又為紡織業和出版業打廣告，只是目前尚未釐清是誰資助這些書籍的製作，或為這些書對時尚趨勢的影響背書。

和服紋樣書經常和另一種以女性讀者為目標的出版品相提並論，那就是女性的禮儀手

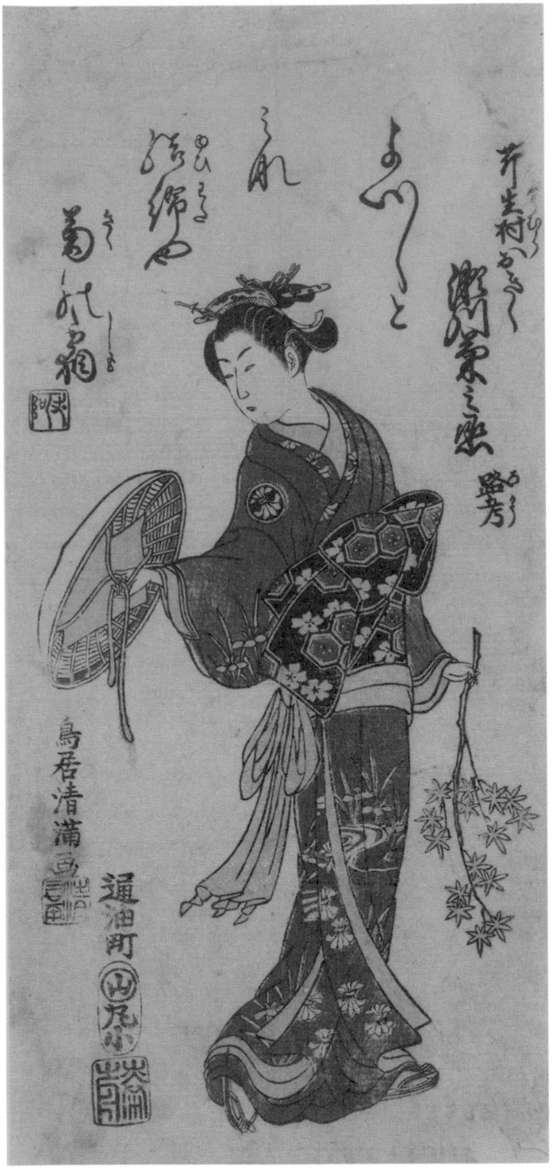

圖 35
初代鳥居清滿，〈二代瀨川菊之丞所飾之芹生村阿菊〉（二代目瀬川菊之丞の芹生村おきく，1759年），木版彩印。

冊。這類手冊通常分成衣裝和舉止兩部分，而和服紋樣書則與其攜手合作，共同詮釋了衣裝在女性儀態中扮演的角色。其中《女諸禮集》這部女性禮儀總集的出版時期，恰好與第一批紋樣書發行的時間重疊，這時的紋樣書亦有雙重功能，一方面圖解最新的款式，另一方面指導人們如何依據自身階級選擇適當的衣服。[52]其後當《御雛形萬葉集》（お雛形万葉集，約一六七三～八四年）發行時，出版商還刻意在書中收錄身著和服的模特兒，並於序言中寫道：

> 自小袖設計初次以雛形本此類小型畫冊的形式出版後，小袖模樣雛形本便持續在社會上流傳。然而近幾年間，許多照這些設計書製成的小袖不適用也不適合其著裝者的年紀與外貌。因此在本書中，我們提供特定女性身著小袖的畫作，以便顧客能選擇適合其外貌的小袖。[53]

武士階級和新興商人階級的經濟實力此消彼長，導致製作者和消費者之間的關係大幅改變。[54]在紡織業中，業者從為京都與江戶精英客群製作獨樹一格的服裝，轉而變成為普羅大眾生產制式和服。紋樣書向顧客傳遞流行時尚的資訊，顧客則可從中挑選喜好的紋樣，但前段引自《御雛形萬葉集》的序言，便點出了直接透過紋樣書訂製和服的潛在風險，亦即衣服可能不適合著裝者本身。

到了十七世紀晚期，紋樣書中便會標明各種款式針對的顧客年紀與地位，如《正德雛形》（一七一三年）中便以適合各種特定顧客的款式為依據來區分章節（圖36），[55]並有「宮廷款」、「居家款」、「傾城款」（對花魁的委婉說法）、「湯女款」、「若眾款」和「演員款」等各種描述，且每種款式都有其適合的設計。衣物的剪裁、顏色、材質和圖樣的運用均標示出著裝者的性別、職業和階級，至少在觀看者對服裝規範的認知中是如此。

圖 36
西川祐信，〈傾城風〉，《正德雛形》（1713 年）中的一頁，木版墨印。

而後紋樣書成為了指標，用以評判各個時代時尚領袖的變遷，一如今日的時尚雜誌。當時透過服裝來模糊或遮掩社會階層一事，使一位作家哀嘆：

如今坊間流行的那些紋飾、素色或條紋小袖，皆仿自妓女衣裝。往昔女性多著華麗小袖，如刺繡和細金箔者，妓女則著素色或條紋衣裳，好與其他女性有所區別。此外腰帶亦然——上流社會的女性會選用窄腰帶，妓女的腰帶則相當寬，使人能辨識出兩者。然而，今日所有女性都模仿妓女，穿上素色或條紋小袖，再搭配寬腰帶。儘管只是模仿，卻顯示不出雙方的區別了。[56]

人們穿著特定衣裝的圖像被再製與發行，透過提高這類圖像的能見度，令都會區那些最教人嚮往的服飾廣為流傳。透過消費與欲望的結合，和服紋樣書提升了商品的能見度，並讓持有可支配收入的消費者樂在其中，認為自己擁有了令人豔羨的衣裝。

和服紋樣書或許僅僅被看作歷史上各個時期可供選購的服裝紀錄，然而，若將其視為「為了刺激欲望的展示」，誠如大衛．波拉克所言，那麼便可能從中想像紡織業與出版業的合作機制，其如何共同操作並刺激時尚趨勢，進而提升人們對新和服的渴望——透過紋樣書與單頁版畫描繪知名的花魁和演員模特兒，身著最新款的設計、顏色和布料[57]（儘管不清楚紡織販售者是否替主打其商品的印刷出資，而那些商品獲得推廣的紡織製作者又是否對版畫生產有所貢獻，但以歌麿的《當世美人》系列為例，足見所有人都有潛在利益可圖[58]）。江戶時期藉由知名人士為商品背書，開始顯現出對名人的狂熱與跨界推廣的傾向，亦成為今日廣泛運用的行銷策略先驅。紋樣書將紡織業與出版業連結起來，並帶入了一個更大的矩陣內——即十七世紀晚期的日本已然運作的、複雜的時尚體系。

第二章

和服現代化

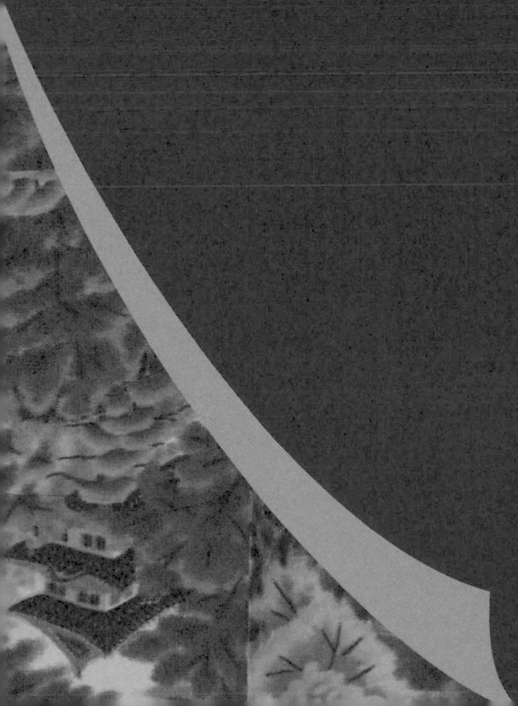

若觀看當代西方女性穿著，會發現其穿搭中有上衣或外套，配上一件古早日式規格的裙子。此類打扮不僅適合西方站立拉弓姿勢，亦便於活動，這類衣著自然也就適用西式縫紉法。然而，進行此類改良式打扮時，須格外留意選用我國製作的材質，若能善加利用國貨，便既能協助製造業技藝進步，又能幫助藝術進展，並促進商業蓬勃。如此這般，帶來的好處便不僅限於服裝工業受惠。在汰舊換新的過程中，難以避免浪費性開銷，然則只要個人都盡自身所能簡樸生活，勢能達成目標。這些便是我等改革女性服裝之抱負。

——《朝野新聞》（一八八七年一月十七日）[1]

❖

自一八五〇年代中期開港通商到一八九〇年代間，進口的材料、技術和設計浪潮滲透了日本的基石。前段引文來自昭憲皇后一八八七年的皇室備忘錄，於《朝野新聞》刊載發行，鼓勵女性國人接納西式時尚，但也告誡她們必須同時支持國內工業。[2]這揭露了富裕階層的婦女面臨著日益緊張的現實——畢竟其有能力選擇並取得各式各樣的西式或日式服裝（圖37）。[3]皇后的這番鼓勵意味著許多日本女性仍偏好本國服裝勝過進口的巴斯爾裙

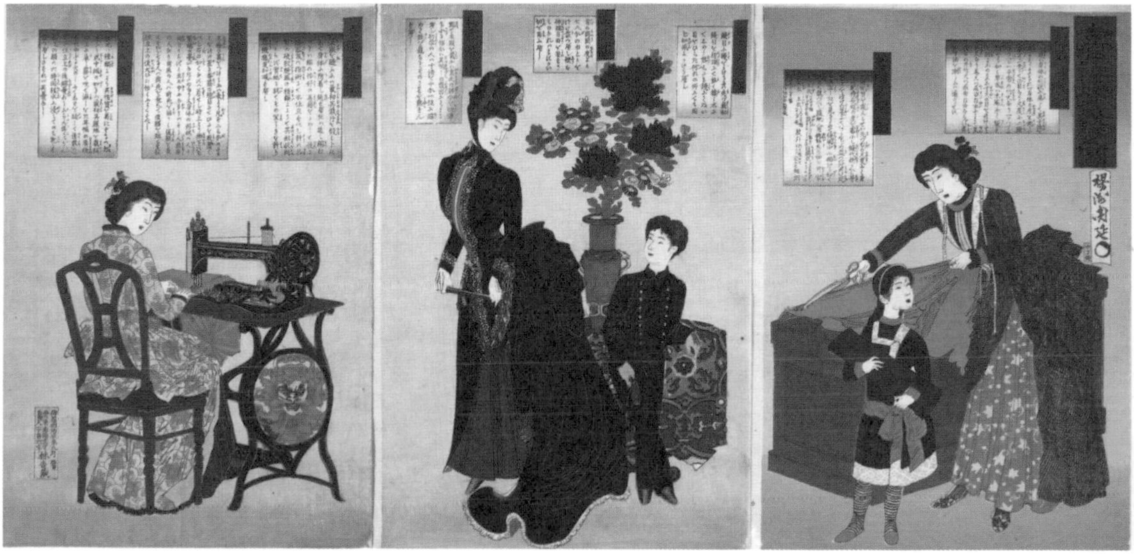

圖 37
豐原周延，〈女官（推廣西服的昭憲皇后）洋服裁縫之圖〉，
1887 年，木版彩印，三聯畫。

襯、馬甲和靴子，但其致詞亦反映出認同國內紡織工業的重要性，也認為這些產品的價值是提高外國投資的手段，好讓日本得以加速現代化。

誠如木刻版畫與照片所記錄，昭憲皇后在一八六八年至一八八六年間——即明治天皇在位的前數十年——都傾向穿著日式服裝，換句話說，即使在天皇以西式禮服現身的一八七二年後，她仍穿著日式服裝。[4]然而，約莫自一八八七年起，昭憲皇后喜好西式打扮便勝於和服，即便她的子民仍持續穿著本國服裝（圖38、39、40）。[5]

圖 38、39
昭憲皇后的禮服及其局部，19 世紀晚期至 20 世紀初期，多色金線紗層與亮片的洋花刺繡及編織，絲。

圖 40
中島石松，〈帝國至尊之御影〉，1896 年，
彩色平版印刷，彩墨與金，紙本。

儘管不清楚皇后對一般日本女性是否有時尚指標般的影響，但至少她的影響力確實擴及皇室女性成員、女侍和政府官員的妻子，尤其是那些會和官員丈夫連袂出席政府活動的女性。[6]然而有件二十世紀初期的和服可資證明當時的人們依舊偏愛和服——擁有這襲和服的是下嫁德川家的有栖川親王之女，足見即使是被鼓勵接受西式打扮的精英女性亦仍偏好和服（圖41）。至於當時挑選合適服裝的標準則一如今日，須視時間、地點與場合而定。

一八八四年至一八八九年這段時期通常被稱為「鹿鳴館時代」，是精英階級最抗拒穿著日式服裝的一段時期（圖42）。美國海軍准將培理抵日後，駐日公使湯森・哈里斯（Townsend Harris，一八〇四～七八年）與日本簽訂了許多條約，而後日本則致力於改善這類「不平等條約」，證明其能與西方國家並駕齊驅成了當務之急。英國建築師喬賽亞・康德（Josiah Conder，一八五二～一九二〇年）所設計的鹿鳴館便是其中一個象徵，代表著日本精英的抱負，希望自身與英國、歐洲及美國同儕分庭抗禮。鹿鳴館這棟兩層樓的磚造建築是舉辦宴會的場地，融合了義大利文藝復興風格與美國維多利亞風格等眾多西洋建築元素。[7]宴會中，日本男性通常以西式禮服現身，女性則身著奢華的晚禮服，但在較非正式的活動中，日本女性仍會繼續穿著和服。儘管木刻版畫和照片記錄了這段時期身穿西式服裝的諸多大人物，但那些沒被收錄在照片和畫作中的多數日本民眾其實依舊身穿和服。

當明治政府在一八六八年成立時，江戶時代用以劃分社會階層的四民制度（武士、農

圖 41
女性的振袖，波紋和西洋秋草，前任擁有者為有栖川宮威仁親王次女實枝子，約 1908 年，防糊染，絲。

民、工匠、商人）遂不復存在，取而代之的是相對較為平等的社會體系。儘管明治新政府致力於廢除階級差異，然而現實中，精英和平民的差異仍存在整個十九世紀，穿著打扮則是新興社會階級最顯而易見的表現形式。明治天皇被尊為日本國家的實體化身，當他首次在正式場合穿上西式裝束，便是一種公開象徵，宣告日本願意放下傳統的打扮，接納西方時尚，亦顯示出日本想在世界舞台上占有一席平等地位的欲望。只要想到不過十年前，前往華盛頓簽訂《日美親善條約》（日米和親条約）的日本官員還身著整套日式禮服，便可想見天皇這項改變勢必令日本臣民大為震驚。

日本當時不僅面臨著西方勢力的威脅，社會最高階層還披上了西式服裝，政府官員和軍官也跟隨天皇的方針，在一八七二年接納了西式套裝與禮服。一八八九年公告《大日本帝國憲法》時，天皇與隨從便身穿西式制服或正式禮服現身，皇后也穿了一件下襬拖地的西式禮服（圖43）。相對與此，天皇在出席另一場較早於皇宮內寺院舉行的新法頒布儀式時，則穿著傳統的日式宮廷服裝。[8]

對軍人、警員和貴族學校的學生而言西式制服是首選，皇室成員與官僚亦選擇西式套裝及配件為便服，而勞工或商人則仍穿著日式服裝。為了舒適，大部分男性在家也會選擇日式服裝，通常僅著和服內襯，或稱長襦袢（圖44、45）。

西式服裝和現代化的西方緊緊相連，和服則與傳統的日本相繫——這樣的想像正是源自此時。最初面對西式服裝時，日本人認為自身地位較低，因此接受西式服裝的最大動機

圖 42
豐原周延，〈於鹿鳴館貴婦人慈善會之圖〉，1887 年，木版彩印，三聯畫。

圖 43
豐原周延，〈憲法發布式之圖〉，1889 年，木版彩印，三聯畫。

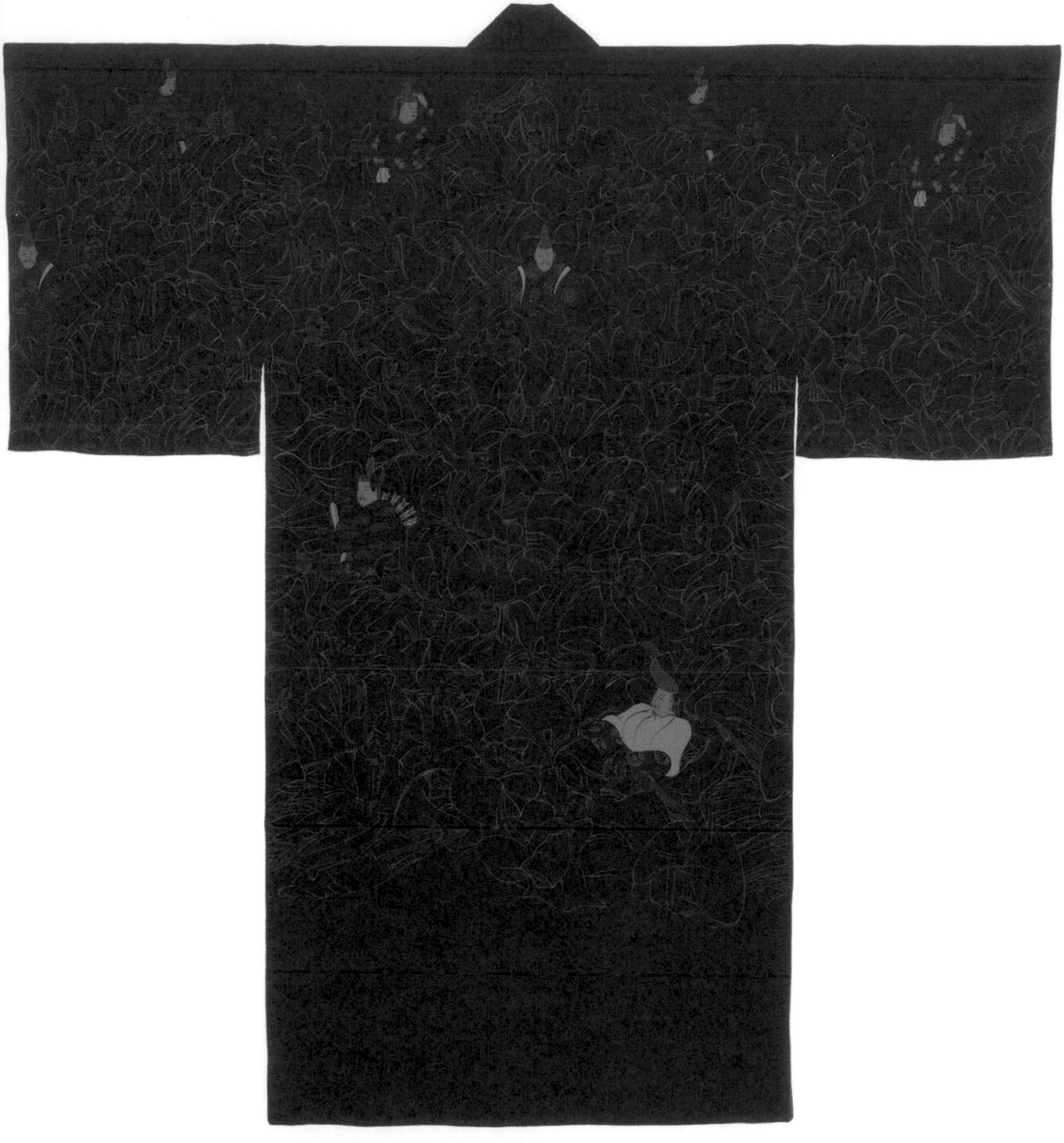

圖 44、45
男性的長襦袢及其局部，三十六歌仙，
20 世紀初期，米糊型染，絲。

是為了令自己看來像另一個國家——日本人害怕會試圖統治日本的那些國家——的成員。儘管也有「刻意拒絕全面模仿（西方模式）並追求本土合理性」的紀錄，不過在這個時代各式各樣的視覺媒體中，最大宗的紀錄仍是融合了西式與日式服裝物件及元素的都會時尚。[9]人們試圖以既「現代化」又「日本」的姿態現身，然而隨著時代演進，西式等同現代、日式等同傳統這樣的概念進一步化分，並化分進性別領域中，男性被視為進步的代表，在公共場合現身時，他們普遍身著現代的西式服裝；[10]而以和服裹身的女性則成了文化傳承的象徵，同時捍衛著國家的縫紉資產。[11]

這股風潮證實了一項長久以來的觀察：在快速變遷的社會中，女性多半「被男性歸類成『傳統』價值的承載者」。[12]在日本，另一種神話化的過程將現代化和都會空間相連，鄉村郊區則被定位於「傳統」。

一八七二年，基於持續茁壯的國家精神，日本採用了日章旗作為新裝束。[13]這面國旗象徵著封建藩鎮聯邦變成單一政治實體，而現代通訊和運輸速度的提升，亦提高了政府效能，使其可將最新趨勢及龐大的文化意識拓展至全國各地。儘管十七世紀初期有德川幕府全面掌權，但一直到了明治時代早期，日本才真正將自身視為類似西方國家那樣的民族國家。[14]也就是說，在鎖國近兩個半世紀後，日本才終於在十九世紀末期現身國際舞台。一如那面簇新的國旗，和服於是成了最顯而易見的國家象徵之一。

纖維、絲線與布料

紡織工匠的織造、染色與裝飾技藝，皆取決於生產時流通的材料及技術。而日本自十九世紀中期開始與西方接觸，便深深影響了材料、生產技術和衣物的價值。

從一份一八五四年三月日本官員針對美國政府與准將培理隨從的贈禮清單可發現，紡織品是日本當時最為引以為傲的品項之一。[15]在這場外交交流中，除了漆器、竹器與瓷器外，日本亦致贈了許多種類的布料。然而培理卻認為這眾多禮品「沒有多少價值」，[16]或許他心目中所謂的「價值」是指物品本身，而非地位的象徵。[17]美國贈與日本的禮品主要則有書冊、武器、奠酒、香水、鐘錶和器具，還有送給皇后的「絲質花卉刺繡洋裝」，以及給天皇的一匹「緋紅色絨面呢毛」與「緋紅色絲絨」。[18]

培理艦隊所致贈的禮品或日本外交使節在美國購買的羊毛製品與絲絨都很廉價，但在一八六〇年代的日本境內，這些可是值錢貨。日本外交使節於一八六〇年參訪華盛頓之際，有一位記錄者便哀嘆道：

> 在城裡的時候，大多數官員都將時間浪費在購買鐘錶、羊毛製品和絲絨，沒有一個人有興趣探索美國的制度與現況。他們一買就是兩、三件，甚至四、五件，好帶回家鄉轉賣。為了尋找最便宜的商店，他們四處奔走，這多麼不體面！[19]

在日本剛接觸西方貨品的早期，羊毛材質和絲絨可說物以稀為貴，但同一時期，日本的養蠶和繅絲工業也迅速獲得了國際讚譽。一八五〇年代中期，微粒子病襲擊了法國和義大利的蠶隻，並摧毀了其繅絲工業，歐洲對蠶絲的需求不斷增加，令日本與中國的絲綢生產者感到異常的壓力。[20]日本養蠶業與其後的繅絲技術茁壯了國內工業，蠶絲出口量在政府和私人部門雙雙支持下暴增，到了一九一二年，日本便成為世界上主要的蠶絲出口國（圖46）。[21]經由出口絲和棉獲得的外資，是日本現代化必要的資金來源，其中生產這類出口布料的勞工大多是女性。

圖 46
豐原周延，〈持手巾的美人〉（手ぬぐいを持つ美人），1910 年 4 月的月曆版畫（用於出口），1909 年，木版彩印。

在建立國內繁盛的養蠶工業之前，日本曾經一度仰賴中國進口的大量生絲與熟絲。現存的十六世紀精英的絲製衣物中，許多都以中國進口絲為原料，當時被視作最高級的材料（見圖9）。然而，德川幕府在一六八五年限制了中國生絲的進口，京都紡織業者為尋求進口絲的替代品，轉向了國內的蠶絲生產者，刺激了日本獨立的養蠶工業發展。到了十八世紀中期，京都西陣此一絲織工業發展的重鎮，則將主導地位讓予岐阜、八王子市、伊勢崎市、桐生市、長濱市和丹後國等地區。[22]這證實了日本十七世紀對中國生絲與編織絲的進口替代策略乃是先見之明，直到明治時代，某些地區仍持續為蓬勃的國內與國外市場供絲——特別是東京近郊的八王子市、今日群馬縣境內的伊勢崎市和桐生市，以及群馬西邊長野縣境內的諏訪市、岡谷市和長野市。[23]

國際間對健康蠶卵和絲捲的需求導致某些地區的產業轉變，如下伊那郡（今長野縣境內）原本製作的是絲綢和漆器這類在地及國內消費品，後來便轉向了目標為海外市場的養蠶、繅絲及相關產業，經由為了外國貿易而新開的港口輸出——比如一八五九年開港的橫濱港。[24]也有某些原本用來栽種稻米的土地，後來轉向種植利潤更高、用以養蠶的桑樹。前述的下伊那郡在轉型後，經濟上愈來愈依賴單一的製絲工業，並服務遠端的市場，到了一九三〇年代國際（特別是美國）對絲的需求衰退時，賴以維生的經濟便受到了重創。[25]

微粒子病癱瘓了法國和義大利的養蠶業，而日本養殖的蠶則證明其相對較能抵抗此一傳染病，這將日本蠶隻的出口導向了歐洲市場。[26]有段時間，法國與義大利的繅絲工廠皆仰賴從英國二次進口的中國產品，不過這兩個國家——尤其是法國——後來發現，繞過英國，直接與中國和日本交易更有利可圖，也更不具威脅性。[27]

在歐洲需要大量日本生絲的期間，日本繅絲工業採用的是手工捲絲，比起法國和義大利產的絲，日本絲製品的質量較不穩定亦不平均。為了改善這個狀況，里昂的生產者嘗試將絲與其他纖維結合，比如棉和羊毛，好將縮小的絲製品拉大。然而歐洲人很快意識到，若要讓日本絲製品符合歐洲的制式規格，勢必得將日本的繅絲技術翻新。於是外資直接投入日本的養蠶業與繅絲業，為之帶來技術變革，而後更使歐洲的製絲工業受惠。[28]

一八五〇年代至一九〇〇年代間，美國的製絲技術——尤其是動力織布機的廣泛使用——替日本生絲出口業創造了額外的市場。此外美國境內對價格低廉、重量輕巧，且為日本手工織成的熟絲產品需求增加，進一步擴展了日本絲製品的市場。一八七〇年至一九〇〇年間，美國生絲進口量增加了十倍，大多數都自中國和日本進口；到了一九一六年，日本生絲占美國進口比例超過七成，成為美國最大的生絲出口國之一。[29]

二十世紀初期，日本生絲工業的優勢在於結合「現代基因科學與日本本土養蠶業強大的生物革新傳統，催生出了一代雜種」。[30]一代雜種不只將變種標準化，確保產出的絲一致，讓繅絲更容易，還提高了生產力，使日本農夫能以低於義大利及中國對手的價格，提供高品質的繭。「到了一九二〇和三〇年代，即日本和服製作的高峰期，日本國內繅絲工業的科技堪稱全世界最先進的」。[31]不過隨著縲縈的發明，合成纖維製品的化學發展終將超越日本生絲工業的優勢地位。

日本的絲工業擄獲了歐洲和美國市場，而棉工業則出口給亞洲鄰居韓國和中國，[32]這與先前的趨勢恰好相反。十六世紀初期，棉在日本仍是稀有的產品，價格相當昂貴。在日本國內開始栽種棉花前，棉皆由中國進口，大概從十三世紀起便是如此，到了十五世紀則亦從韓國進口。當時的棉屬於新奇的布料，剛開始被當作奢侈品，許多品茗的行家會用講究的布袋（仕覆）保護珍貴的茶罐，這些布袋便是以進口棉製成。繽紛的印度印花布與印花棉布這些布料在日本的想像中十分迷人，於是同樣被製成了菸草袋（圖47）。不過，隨

圖 47
花鳥圖樣的菸草袋，18 世紀，
印染和金色，棉布。

著日本早期棉工業奠定基礎並於十七世紀擴展後，棉的精英地位不再，最後成了平民衣物的素材。比起當時盛行的堅硬韌皮纖維布料，棉更溫暖、更便宜，也更有彈性，成為供應本土需求的選擇。除了氣候宜人、宜耕季節長這類適合種植棉花的地區外，其他地區對棉的需求後來也增加了。

棉以多種型態——籽棉、紗線和織布——在江戶時期成為重要的商品，威廉·豪爾澤（William Hauser）在關於棉的貿易研究中便指出：「市場模式發生了轉變，一開始是小規模的在地市場單位，後來改以主要都會中心為主，最終成了全國性的商品分發體系，都會和郊區中心均有市場經銷活動。」[33]日本種植棉花約始自十六世紀的一五二五年至一五五〇年間，到了十七世紀初期，耕種的實務知識已傳至各個適合種植棉花的地區。一份一六七九年的研究中列出了八間棉布貿易商及十七間籽棉貿易商，均活躍於大阪地區。到了十八世紀初期依照品質排名棉布，伊勢松阪地區拔得頭籌，攝津與河內名列第二，三河國、尾張藩、紀州和泉州產的棉布則為中等。[34]氣候差異、土壤狀況和技術轉移階段的不同，都是認證特定區域產品等級時的考慮因素。

十九世紀初期，江戶的棉商向官員施壓，要求約束「外來的」競爭者。[35]正在起步的棉工業逐漸成為當地農民的小規模次級作物，讓鄉村家庭得以紡織棉布，一方面滿足其個人需求，另一方面則當作副業，供應棉產品給國內市場。[36]舉例而言，長州藩便會進口其他地方的生絲，織成家用布料，到了一七三〇年代，則開始將布料輸往大阪市場，促使附近地區也加入種棉、軋棉、紡棉與織布的行列。[37]從日本出口的棉主要有棉紗和織布兩種形式，選擇性地培育棉花可以製作出各式各樣的布料，增加可資利用的原生素材種類。而編織與染色技術的進步，則創造了各地區域的特色及專精項目。[38]一八八〇年代初期，像下伊那郡這類地方區域已不再只為了自用而紡紗、織布，亦為了供應遠端市場，到了一九一四年，日本則主導了棉輸出工業。[39]

日本紡織品的相關活動擴張至海外市場，不但出口國內製造的產品，還在中國境內興建私人工廠。當時美國與歐洲企業搶先日本跨足了中國的紡織棉工業，而日本人初期嘗試立足中國之舉並未成功——東洋紡織公司在一八九六年進入中國，三井企業則在一八九五年以上海紡織公司的名義進軍中國，但兩者都在數年內劃下句點。清朝（一六四四～一九一一年）官方對稅收的要求與抑制政策，導致日本工廠的擁有者決定將紡織棉事業留在日本，再將紗線成品出口至中國。而二十世紀初期十年間，日本企業以合資公司的方式重新進軍中國，有些企業——如內外棉股份有限公司（內外綿株式会社）——則預測中國未來數年會形成競爭威脅，於是選擇獨資設立工廠加以防範。[40]最後，內外棉股份有限公司這類在上海興建工廠的日本企業勝過了上海的英國工廠，到了一九三〇年代，中國境內的日本工廠已出產「占中國生產總額近四成的機器紡紗線，以及約莫百分之五十七的機器織布」。[41]

一份針對纖維的研究探討了擷取自多種樹木與草本植物的纖維（通稱韌皮纖維），從其中的編年紀錄可見日本國內特定纖維的實際價值與感覺價值的轉變。在日文中，大麻纖維和苧麻纖維（又稱「中國草」）一般通稱「麻」（葉子與植物纖維），種植並編織「麻」製成衣物的技能可能是在新石器時代晚期自朝鮮半島傳入。此前日本人則培育並加工野生樹木和藤蔓的纖維（或稱樹木韌皮纖維），用以製作籃子、網子、草席和其他實用的物品。隨著栽種及加工「麻」的技術傳入日本，人們開始傾向用草本纖維取代樹木纖維來編織衣物，畢竟樹木纖維製衣較耗時且費工。都會區與已建立貿易路線的地區皆可輕易取得棉，在這些地方，棉取代了「麻」成為平民衣物的素材首選，山區居民則較晚才將他們的「厚衣物」（由桑樹韌皮纖維織成的衣物）換成棉製衣物。[42]根據民族誌學者柳田國男的考據，在明治時代「大麻纖維衣物開始迅速被淘汰」，但其中值得注意的例外則是紫藤蔓製成的衣物。直到明治晚期，靜岡縣周智一地的工作服還是由當地山間野生的紫藤蔓織成，又稱為紫藤服（藤着物）。[43]

除了產自京都和江戶中心地帶及周邊地區的布料外，其他在地自製的布料也成了各地名產，有時會在以物易物的經濟中作為交換品。整個江戶時期，特定類型的韌皮纖維興起，成為武士階級使用的布料而保有其地位。一件十八世紀上半葉的帷子證明了優質韌皮纖維製成的衣物所具備的價值（圖48、49）——染色師的標誌罕見地被印在衣物內裡，並標明「編號七六六，極珍貴，優質夏季衣裝（上乘おんつじ）」。

早在十八世紀，另一款以韌皮纖維製成的手工苧麻布料便被用來繳稅，這款布料以

「越後縮」（即越後國的苧麻縐織布，位於今新潟縣）一名為人所知。在其後的幾世紀，軍官精英皆鍾情越後縮，往往徵收用於進貢或貿易。其他纖維——尤其是棉——則在十八世紀中期進入一般市場，原先對越後縮的需求不再，加上十九世紀初期逐漸採用機械化生產方式，製作過程從家庭生產變成工廠生產，導致後來幾乎不再生產越後縮。[44]直到一九五〇年代，一如其他在地產製的紡織品，越後縮亦被日本政府認定為值得保存的傳統，而被指定為國家的無形文化財產。[45]

而羊毛在日本則有另一段歷史。十六世紀晚期，荷蘭、葡萄牙和西班牙商賈將羊毛引入日本，不過當時尚未廣泛流通。在日本於一八五〇年代中期擴展與外界的接觸前，羊毛是相對新奇的產物，但用途相當有限，比如用作武士所穿陣羽織的織布，以稱頌擁有者因其出眾的能力而獲得這種罕見的素材（見圖26）。[46]一八七〇年代起，軍官階級開始發揚西式制服，然而直到一八九〇年代晚期，日本的羊毛消費品仍須仰賴德國與英格蘭進口的布料。[47]儘管對英格蘭而言，日本是貴重的海外市場，但從法國進口到日本的精紡羊毛布料最終仍勝過了英格蘭羊毛布料。[48]

至於日本的羊毛工業，則要等到和服的消費者接受了羊毛製品和精紡羊毛後才能談起。披在和服上的外衣——披風（とんび）、披肩外套（二重回し）和吾妻外套（吾妻コート）——需求增加且大多為羊毛製品，因此刺激了市場。[49]以輕巧的羊毛平紋織布（mousseline de laine）製成的紅色或紫色女性腰帶繩和七分長的羽織外套大受歡迎，是當

圖 48、49
女性的帷子及其局部，千鳥於沙洲及花叢上方展翅，
18 世紀，防染染色，苧麻。

時的時尚選擇，[50]此外因為夠保暖，所以女性也喜歡用輕盈而上等的羊毛製作和服內襯。左圖罕見的女童長襦袢便是以進口羊毛製作，採用米糊型染，圖樣則是一八七〇至八〇年代發生於橫濱的歷史事件——這件衣服可能就是此時期製作的（圖50）。

圖 50
女童的長襦袢，明治時代早期的橫濱，1870 年代至 1880 年代，染色，進口羊毛平紋織布。

本章後面將會提到，有位日本工匠發明了一項技法，可在進口羊毛平紋織布布面上印出合乎當地喜好的設計：[51]

這些印花平紋織布又稱為友禪平紋織布，後來變得極受歡迎，在一八九六年甚至占了進口羊毛製品及精紡羊毛總額的四成……一九〇七年，大阪的染色師稻畑勝太郎將此印刷技術機械化，廣泛地運用這些材質，最終致使許多大型精紡羊毛工廠應運而生——先有紡織廠，而後亦興建紡紗廠。[52]

日本國內自一八九五年開始生產羊毛平紋織布，一九〇〇年代初期，其他公司受潛在利潤吸引，紛紛投入羊毛生產的行列。[53]

採購纖維、紗線和布料的進口替代策略盛行，隨之而來的是染色技術的革新，導致需求上漲及其後的工業機械化，是外國材料與技術傳入日本市場後的普遍模式。[54]但羊毛工廠則是個例外。一八七八年，在官員井上省三的方針之下，政府出資興建了千住羊毛工廠，其代表了「唯一一間完整將新產業引進日本的工廠，更是唯一一間在往後數十年皆保有重要地位的紡織工廠」。[55]不過，真正讓羊毛工業成功融入日本國內經濟的，還是將羊毛平紋織布視為時尚和服布料而增加的需求。[56]

改良外國材料與技術

當時日本政府參與國際博覽會，既可推銷國內產品及工業，又可獲取來自西方的新技術與材料。一八七三年的維也納國際博覽會上，日本代表團便囊括了工匠、商人和養蠶專家，他們接受政府贊助在歐洲待上半年，參訪各地的工廠和工坊，[57]返日時則攜回歐洲布料、化學染劑、雅卡爾織布機、約翰．凱（John Kay）發明的飛梭以及方格紙等諸多樣本。日本採用外國技術和材料，並利用這些西方力量刺激自身的紡織工業，編織工匠與染色師並未像一般以為的那樣全盤採納或複製西方工具和概念，而是以改良與革新的方式將和服工業現代化。[58]

日本製品當時會在許多國際博覽會上展出，包括倫敦（一八六二年與一九一〇年）、巴黎（一八六七年和一九〇〇年）、維也納（一八七三年）、費城（一八七六年）、芝加哥（一八九三年）和聖路易斯（一九〇四年）（圖51）。[59]透過這些跨國經驗，日本確切地意識到展演如何影響感知。日本政府有策略地將這些博覽會視作舞台，展現國家文化資本，並評估其製品在國際間的反應。十九世紀末季與二十世紀初期，日本紡織產品成了這類文化協商（cultural negotiation）的一環，反映出其在維持自身文化完整性與認同時，亦試圖吸收西方的材料和技術。

日本政府、企業聯盟（cartel）和個人通常協同合作，以在日漸競爭的世界市場持續

圖 51
1867 年巴黎國際博覽會上展出的和服布料，後來被維多利亞與艾伯特博物館（Victoria & Albert Museum）買下。紅色的竹與梅，約 1860 年至 1867 年，米糊型染，縐絲。

推進日本紡織品的品質與成果。新材料、工具和技術的演進與傳播始自十八世紀工業化時期，如「高織布機」（高機）本是京都西陣紡織工匠間祕傳的工具，但在十八世紀時，優秀的京都工匠則將其專業傳承給了紮根於小城鎮的新興紡織工業——比如位於東日本的桐生。[60]在許多地區，「高織布機」很快取代了「背帶織布機」（腰機），而糧食和工作機會充足的地區又往往容易吸引勞工，因此在一七五七年至一八五五年間，桐生的人口數便成長了三倍，一份一八三五年的文件將人口成長歸功於紡織工業：「來到此地謀生的織匠僱用女性技工為其紡織，人潮從其他地區湧向這裡，不只在此地租屋，甚至願意在近郊村莊租屋。」在一八三六年，「據說每戶農家都……從事養蠶業、織造絲質布料，或在農務空檔造紙」，足利市等鄰近村落則開出更高的薪酬，要招攬技藝精良的工匠。[61]

地區間激烈的競爭和在地知識催生出了後來的新發明，桐生的車輪工匠岩瀨吉兵衛便將水力應用在撚絲製程所使用的大輪子上。[62]局部地區集中發展工業化，導致了各類創新與產品進化，有感於必須確保優質的產品，貿易組織桐生企業遂於一八七八年成立。[63]湯瑪斯・史密斯（Thomas Smith）對此有著極其有力的論點：

> 現代紡織工業主要茁壯自傳統產業地帶，大部分的成長皆見於村莊及以前的「郊區」；企業家、工廠廠長、買家、運輸業者和承包商亦來自這些地方，絕大多數的勞工則來自農家。[64]

江戶時期打造的基礎建設讓外國材料和技術帶來的刺激得以穩固發展。

被送往美國和歐洲的日本代表團成員於海外進行研究，並將新材料、工具和技術知識帶回日本。一八七二年，京都市長槇村正直派遣了數名紡織工匠至里昂學習法國編織技藝，這些工匠包括井上伊兵衛（一八二一～八一年）、吉田忠七（生年未詳～一八七四年）與佐倉常七（一八三五～九九年）。[65]佐倉和井上帶回了雅卡爾織布機與約翰・凱發明的飛梭之模型，之後木匠——極可能包括荒木小平（一八四三～卒年未詳）在內——則將模型改良、複製後提供西陣織匠使用。[66]然而吉田卻於一八七四年意外遭逢船難，連同他從一八七三年的維也納國際博覽會帶回的物件全數葬身在伊豆半島海域。[67]此外紡織工匠伊達彌助五世（一八一三～七六年）為這場國際博覽會造訪維也納時，曾帶上了絲織品的樣本，期望能在當地引起興趣並獲得訂單。當時除了自己的作品獲獎，他還帶回了至少兩本歐洲樣書，內容包括絲絨、絲紗（Chiné）和其他絲織品的樣本，其中部分樣本還融合了新藝術運動（Art Nouveau）的設計，[68]伊達後來更被封為「帝室技藝員」（即皇室御用工匠）。[69]

作為西陣織造工業的發源地，京都市政府認為要得到最高品質的絲製品就必須與國外企業競爭，因此不只日本政府聘請國外專家前來日本的大學、研究中心與工廠指導，京都市長槇村也在一八七六年邀請英國設計師克里斯多福・德萊賽（Christopher Dresser，一八三四～一九〇四年）赴日協助推廣英日貿易，並提供工業發展一些建議。

此外日本政府（從最初的藩鎮式到後來成為國家政府）亦利用國外專家、曾在海外受訓的日本專家及符合日本特殊需求的改良版進口機械，設立了紡織工廠。一八六六年間，薩摩藩官員與英格蘭奧爾德姆的普拉特兄弟（Platt Brothers of Oldham）及一位英國工程師簽署合同，請他們在鹿兒島設立擁有西式走錠紡紗機的棉工廠。[70] 一八七〇年，前橋藩官員決定挹注資金，以西方的模式為基礎設置繅絲工廠，並向曾為前橋藩藩士、對橫濱的絲貿易知之甚詳的速水堅曹（一八三九～一九一三年）求教，速水於是引介了瑞士技師卡斯帕．穆勒（Casper Mueller）來輔助前橋藩設立義式設備的初期環節。[71] 一八八三年，第一間私人棉紡織工廠——大阪紡織工廠開業，這座工廠決定不用英國工廠普遍採用的走錠紡紗機，而改用更後期發明的環錠紡紗技術，並改良進口機械以適用日本的情況。像大阪紡織工廠這類私人企業，可說是改良進口技術以供國內運用的先驅。政府官員澀澤榮一更特別聘僱了身在英格蘭的日本工程師山部武雄，好在普拉特兄弟將紡織機械出口至日本前先獲取第一手經驗。[72]

明治時代最知名的模範工廠之一，是一八七二年由伊藤博文與澀澤榮一一手打造的富岡紡紗廠。這座紡紗廠主要仰賴的是法國技師與專家，但諷刺的是，雖然政府聘用了法國專家保羅．伯內特（Paul Brunat）提供營運上的意見，出資者卻漠視伯內特的建議，不使用以日本材料製造的本土機械，反而為了突顯政府為現代化付出的努力，而選用西方最新科技與技藝來規劃工廠——儘管這些新技術毫無用武之地。[73] 而富岡紡紗廠最終則在

圖 52
歌川芳虎，〈東京築地進口發條絹絲紡織廠圖〉（東京築地舶来ぜんまい大仕かけきぬ糸を取る図），約 1872 年，木版彩印，三聯畫。

一八九〇年民營化。

一八七一年後期，第一間大規模的私人絲工廠於東京築地成立，出資者為京都富商世家之一的小野家（圖52）。[74]小野找來曾參與設立前橋藩繅絲工廠的瑞士技師穆勒協助，一如莫里斯－鈴木（Morris-Suzuki）所言：

> 儘管築地工廠的靈感源自國外，但工廠內部的技術已大幅調整至適用日本的狀態，木身機械為日本製，機械驅動機制既非蒸氣也非水力，而是採人力運作，工匠必須鎮日不停地踩踏驅動輪。[75]

後來箕地工廠內的設備被移轉至小野家位於長野縣的其他繅絲工廠，這樣一來就更靠近當地的蠶繭供應區。到了一九二〇年，長野縣甚至有「蠶絲王國」的美譽，蠶絲可說支配了當地的經濟，[76]然而到了二十世紀晚期，整個長野縣卻只剩下一家紡絲工廠，以及一戶仍從事養蠶業的人家。[77]

至於日本的精湛技術與日式改良的經典範例則是豐田自動織機，其創始者為來自名古屋棉織中心的木匠豐田佐吉（一八六七～一九三〇年）。豐田在政府贊助的工商展覽會上細膩地觀察各式織布機的模型，於一九一六年發明了自動織機並申請專利。他認為擁有品質保證的規格化產品具備廣大的市場，因此修整了三十種織布機原型，花費數年心力一一測試，最後生產出自動織機，且最終在三井企業的經濟支援下，將其棉紡織產業拓展至中國。[78]

到了一九二〇年代，私人工廠產出的紡織品占了市場上很大比例，不過，工廠製紡織品並未從根本上取代家庭或地區性產品。家庭生產的製品依然是其自身生活必需品的來源，同時，對生產絲或棉製品供給在地和遠端市場的郊區家庭而言，這仍是一筆接近正職的額外收入。二十世紀初期，絲出口的需求持續增加，可能促使當地將重點放在養蠶業和繅絲業，漆器或陶器等利潤較低的市場則居次。地區製造者利用勞力密集的生產方式，讓產品得以配合當地及遠端市場的需求，從而獲得了相應的支持——某些小規模的郊區紡織業者因此存活到戰後。

傳播模式

全球市場上纖維價值的轉變、紡織工業融合了進口材料與技術，以及對其他形式衣物的注意力逐漸增加——這些重大改變在各個方面影響了和服的生產。以日本國內建立的織造與染色產業為基礎，和服設計師將新近進口的材料和技術融入作品中。染色型版這項簡單的工具有了三種創新的用法（下面有更詳盡的說明），且和服染色師會將進口的新化學染料整合在其創作中，以固有的精巧手法應用、調整進口材料，讓作品符合各類型的國內市場，充分展現出日本染色師的能力。

首先，化學染料在十九世紀下半葉引進日本，讓和服製造者可用染色型版創作出友禪染和服，也就是所謂的「型友禪」。一八七三年被派至維也納博覽會的日本代表團帶回了化學染料，[79] 一八七〇年代，日本化學所於京都成立，來自德國與荷蘭的化學家在初期負責督導，到了一八七五年，訪維也納日本代表團的成員中村喜一郎（一八五〇～一九一五年）已開始教授西方染色技法。[80] 型染友禪和服代表現代化學染料和傳統設計的結合，其中的傳統設計是由專研日式傳統繪畫（膠彩畫）的藝術家所創造。而透過染色型版，染色師便能直接使用真正的有色染料，不需要再利用米糊——這項革新的技法因十九世紀晚期引入的化學染料而得以落實。在其顯著的T型輪廓中，十九世紀末季的和服反映出日本在保有自身文化認同時，亦試圖快速吸收西方材料與技術。

一八七九年，染色師廣瀨治助（一八二二～九〇年）改良混合化學染料和米糊的方法，創造出可透過染色型版應用的複合物，亦即充滿染料的米糊。型友禪技法替和服設計帶來了革新——十八世紀發明的友禪染實現了手繪圖樣，而使用染色型版和化學染料則可產出更多種圖案。切割特定色彩所用的染色型版既耗時又昂貴，且有些圖樣甚至會使用超過三十種顏色（圖53、54），不過染色型版的成本會由多件同款的和服分攤，若該款設計相當受歡迎，可能就會有二十或三十件訂單。這種型染工序可模擬出漸層色彩與渲染的效果，京都和服名店「千總」的第十二代傳人西村總左衛門（一八五五～一九三五年）便率先僱用了多位首席膠彩畫師——創作日式畫作的藝術家——運用這樣的工序來生產和服圖樣。[81]

十九世紀下半葉，和服製造者與西方開啟了一場技術與美學的對話，這令和服的消費族群產生了轉變。明治政府正式廢除了由武士、農夫、工匠與商人所構成的四民階級體系，而中產階級崛起則促使消費者行為轉變。在日本近代早期社會，階級凌駕了財富，但明治時代的消費者則逐漸依照社經條件選擇衣服，而非依從禁奢令。與服裝相關的選擇不再受出身所限，而是取決於消費者的品味與經濟地位，不受限制的消費者需求促使工匠創造出各式各樣的設計，好迎合多元化的顧客。

當以階級為基礎劃分的美學界線逐漸模糊，地區性品味於是變得更加顯著，關西（京都和大阪）和關東（東京及其近郊）大都會的消費者間，各自掀起了對特定色彩搭配或組

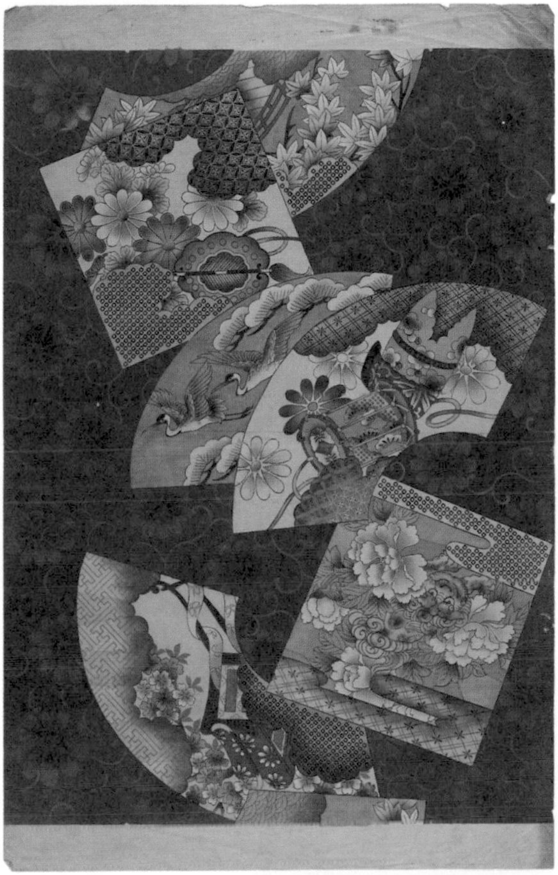

圖 53、54
和服設計（図案），扇子、歌牌，1902 年，彩墨，紙本。背面（下圖）則列出了 34 種在製作過程中會用到的顏色。

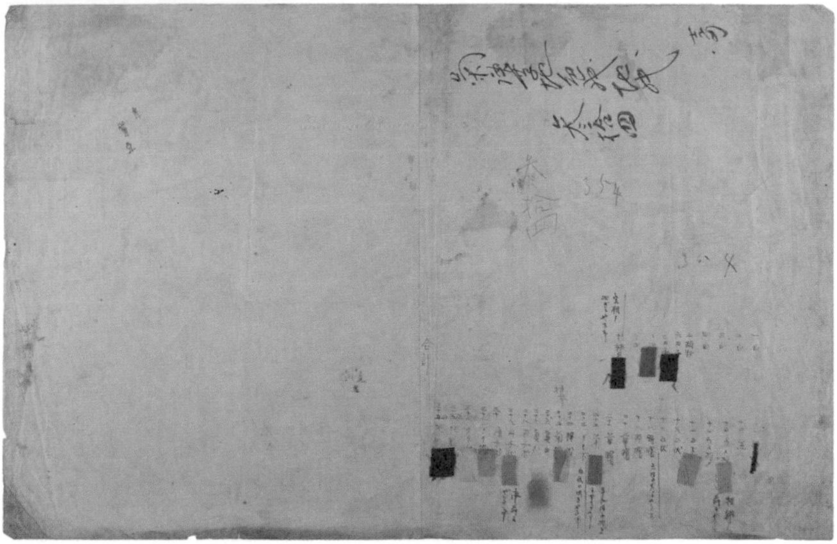

合的喜好。有些地區性差異在早先的德川時代便已出現，如在《雛形注文帳》（見第一章）的插畫中，就會個別呈現出適合江戶、京都與大阪顧客的款式，而後相對於江戶的「江戸褄款」，坊間亦開始強調京都的「島原款」或「宮古款」。在東京，定居隅田川沿岸下町一帶的商人與工匠則偏好「下町款」，此款往往被拿來與「山手款」比較，後者通常出現在較富裕的山手地區，最初居住的多是侍奉德川將軍的武士階級。到了大正時代，當各大百貨公司滿是友禪染和服時，和服製造者自身展示的和服圖樣則均源自京友禪或東京友禪的作品。增山隆方（生卒不詳）約於一九一九年創造出兩國橋的和服圖樣，是東京友禪中精美的佳作（圖55），他的學生中村勝馬（一八九四～一九八二年）其後則成為東京友禪設計師的領導人物，並在一九九五年被認定為人間國寶。[82]

染色型版的第二種新式用法，是將曾專屬武士階級和新貴商人的「小紋」這一繁複的圖樣做成底圖，以強調不同階級女性喜愛的各式手繪友禪染圖樣。從十九世紀晚期到二十世紀初期，設計師皆持續精進並擴展友禪作品，這些作品形式包括型染、直接用染料在未打草稿的布料上手繪，以及在輪廓線內繪入染料的傳統手繪。有些和服的友禪染圖樣會搭配其他技法，好創造出嶄新的「外在」。底圖採用重複的紋樣或小紋紋樣，再交疊手繪友禪染圖樣，像這樣納入兩種技法自十九世紀晚期開始變得相當普遍，尤其常見於女性的和服裝飾紋樣。十九世紀時，重複的小紋染色型版設計打破了性別與階級的藩籬——採用小紋技法的特定小紋圖樣最初只用來裝飾武士階級的男性服裝，後來則被歌舞伎演員及富商以逗趣而幽默的方式挪用，最終在十九世紀變成了女性和服的底圖花紋。以一件十九世紀晚期的女性和服為例，其採用精緻的米糊友禪染，底圖為連綴的松樹針葉與菊花小紋，上面則有一捆捆稻草、抽象的雪花（雪輪）和枝垂櫻（圖56、57）。

圖 55
增山隆方繪製的女性和服，〈隅田川向晚〉，約 1919 年，米糊型染（友禪），絲。

圖 56、57
女性的和服及其局部，枝垂櫻、稻草束和抽象的雪輪，
19 世紀晚期，白色松樹針葉和菊花的型染小紋紋樣，
精細染色，刺繡，黑色平織，絲。

為了迎合市場需求，染色型版的第三種新式用途是製作特定的織布，稱為「銘仙」。這款織布最初產自東京以北的地區，在二十世紀上半葉格外受歡迎。[83] 如今某些銘仙的織品會將染色型版作為染色工具（但其形式有別於廣瀨治助發明的型友禪），結合小紋紋樣的底圖，再搭配指定的圖案。至於型友禪則是以小紋紋樣為底圖，於布料織好後再使用染料或米糊。此外若布料是在織好後才染色，稱為「後染」，織成布前先染色的紗線則屬於「先染」（或稱紗線染色），銘仙製品的紗線便均在織成布前就先染色，而非直接在完成的織布上頭上色。在製作過程中，染料會透過染色型版著色至經紗上，隨著工序，經紗和緯紗皆會上色，但這個過程會依不同地區而有所差異（圖58、59）。拿一項地區性的款式來說，會用略鬆的交織紗線，採之字形固定住要先行染色的經線，隨後送進織布機中；在移除固定用的毛線後，再將緯線嵌進平織結構內。坊間歷來都將低廉的絲質布料「太織」（即較厚的織物）視為銘仙的先驅，其約在一八三五年由定居東京北方的紡織小鎮伊勢佐木的加藤治左衛門所發明，[84] 此外關東的其他城鎮——如秩父、足利、桐生和八王子——亦皆擅長製作優良的銘仙。[85]

以宏觀的角度來看，絲與棉製造業的諸多發展，拉近了小規模手工製與工廠機械製之間的落差；以微觀的視角而言，如染色型版這類簡易工具的用法改變，或意欲產出具地區特色的織品（如伊予絣和大島絣），都激發紡織工匠和染色師創造出新穎的和服紋樣。

現代和服工業模式

紡織業的巨大轉變連帶影響了和服工業。過去的窄幅織機僅可使用寬約三十五公分的和服布料，這導致了先天的貿易壁壘，可說既保障日本紡織工業，又將其與外界隔離，[86]畢竟進口布料往往難以符合日本和服工業特定的長寬需求。[87]和服工業在製作和服的各個階段確實接受也改良了進口材料及技術，但這些改變其實是源自國內期待，而非國外壓力。

十九世紀初期，緞絲仍是市場中價位最高者，其次則為絹絲與苧麻布料。絲與優質苧麻僅在武士和富商間流通，也就是只有約兩成的人口利用，餘下約八成皆穿著棉質衣物，而條紋與紋樣棉布又比純白棉布來得昂貴。[88]當時不斷生產著條紋和紋樣棉質和服，直到十九世紀末，和服工業開始發展其他布料，如銘仙、印花棉絨、印花羊毛平紋織布和其他廉價的新布料，才搶走了和服著裝者的注意力和消費力。[89]紡織工業在採用進口材料與技術的同時，既能降低製造成本，亦可激發創意並生產新商品。

一如前述，十九世紀下半葉進口的化學染料為傳統技藝注入了新的應用技法，同時延伸出新產線。約莫在廣瀨治助發明米糊型染時，來自大阪的紡織工匠堀川新三郎（一八五一～一九一四年）也發明了另一種類似的羊毛布料染法，[90]由這種染法發展出來的新產品則稱為平紋織布友禪（モスリン友禅）。羊毛平紋織布最先在一八六〇年代以未上色的布料進口到日本，後來才以染色布料進口，一八八〇年代起，日本染色師採用直接

圖 58、59
女性的和服及其局部，城郭與楓葉，
1930 年代，米糊型染，生絲。

染色（色糊捺染）的方式，透過染色型版在羊毛平紋織布上彩色染糊，再將成品販售到國內市場。[91]與此同時，滾筒印花法亦有大幅度的進展，並被應用在許多類型的織布上。[92]自十九世紀中期至二十世紀初期，許多人渴求平紋織布友禪製的和服、和服襯裡與內襯，令日本國內產品的需求量十分穩定（圖60）。

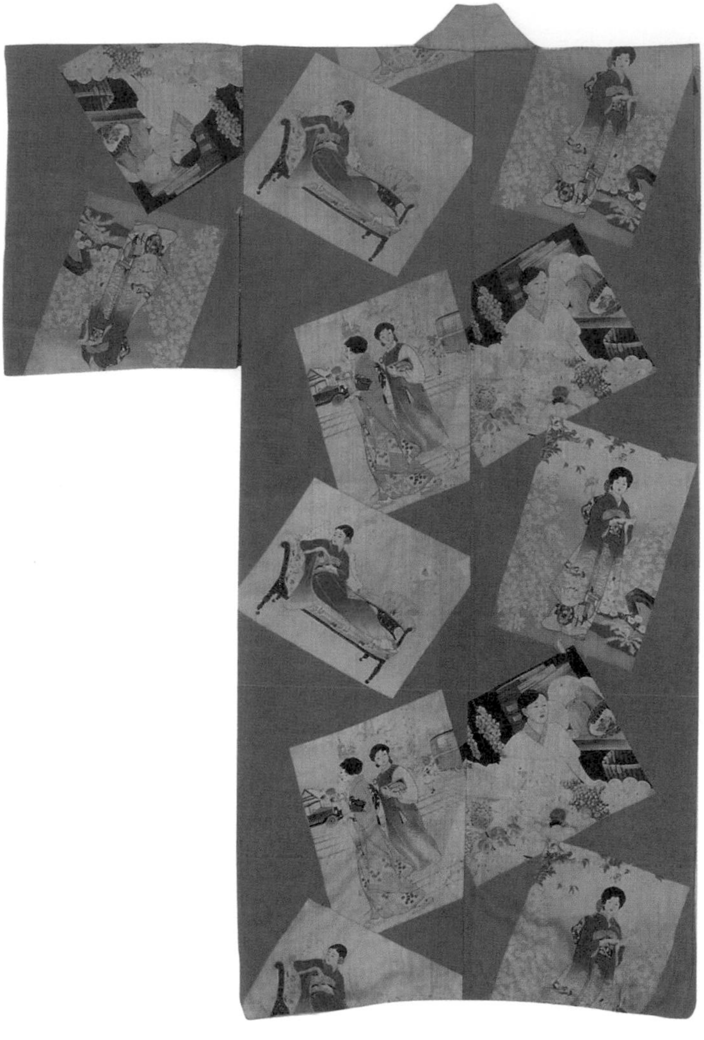

圖 60
女性的和服內襯（襦袢），現代畫作，1920 年代晚期至 1930 年代初期，米糊型染，羊毛平紋織布。

一八八〇年代晚期出現了另一種用於和服與和服內襯的棉布，[93]稱為「棉絨」（nel，ネル），英文源自「法蘭絨」（flannel）的最後一個音節。這款棉布最初在一八七〇年代早期於紀州織製，當時紀州已有布料類似的織品「紋羽織」。而棉絨產品自一八七九年到一九〇〇年一路傳至京都、大阪、堺市與和歌山。[94]染色型版及印於絲與羊毛平紋織布上的化學染料法幾乎同步發展，然而目前並沒有紀錄證明這是巧合或刻意合作；至於條紋與紋樣棉絨和服內襯的發展，是否為印花羊毛和服內襯大受市場歡迎所引發的合理反應，也沒有相關記載。然而，參與整個產製過程的經銷商、銷售網絡、技術勞動人才的流動，讓技術知識打破了地域疆界，並透過媒體（包括木刻版畫、插畫書和後來出現的照片）廣泛傳播新的趨勢。由於商業網絡的擴展及生產過程的諸多努力，使其在新興大規模市場經濟中得以獲得競爭優勢。

和服的整體設計與層次感也隨著染色進程同步改變。一八五〇年至一八七〇年間，獨占設計師注意力的是和服的袖子下緣、下身及前片交疊處。年輕女性的絲質和服會在袖子下緣與裙襬部分進行裝飾；已婚女性的和服設計則會聚焦在下襬；至於年長女性的和服紋樣則主要局限在前片交疊處。此外紋樣的高度（由下襬為起點往上測量）也會隨著主流時尚轉變。一八七〇年代的設計普遍聚焦於前片的其中一邊，若從下襬開始丈量紋樣高度，則約莫二十公分，當交疊的前片兩邊都有紋樣時，設計的高度則為三十公分左右。從一九一〇年代開始，設計元素從前片交疊處向後延伸至整件和服背面（圖61、62）。在下

圖 61、62
女性的振袖及其局部，菊桐鳳凰紋，1900 年至 1925 年，
防染染色，縐絲。

襬與前片交疊處增添精巧設計的小紋型染絲質和服，在明治時期通常是社會上富裕階層的正式服裝。[95]當時的和服設計亦可見地區性差異，比如關西的女性喜好由下襬一路延伸至和服背面的設計；關東的女性則一直以來都偏好圖樣聚焦於前片下襬的江戶褄款。

除了顧及特定地區偏好的各式新設計外，新商品的吸引力也風靡了日本紡織工業。聰明的製造商認為每種新產品都應該有專屬的獨特名稱，因此許多新款織布皆擁有個別名稱或品牌，銘仙便是其中一例。只是儘管發音相同，但「銘仙」這個詞彙的日文漢字寫法卻曾幾經調整，好讓它更能捕捉當下所代表的精神。「銘仙」此一專有名詞出現在二十世紀的前十年間，一九〇八年的三越雜誌《時好》的封面上，使用的便是與現今不同的另兩個漢字。不過，命名系統——特別是在經銷市場上——本身就是一門精準的科學，日本的紡織術語尤其複雜，因為專有名詞的意義與用法會隨著時代演進而轉變，一旦定義模糊的專有名詞被譯成相對應的外文，原本的意義多半也在翻譯過程中消失了。舉例而言，「縮緬」係指一種採平織結構織成的絲質布料，其緯線會極度扭曲，以令成品布料產生縐織質感，而這樣的縐織經調整後，便可做出多種新款布料。儘管傳統作法是採用平織，高度扭曲緯線且每兩針交替一次，但在十九世紀晚期到二十世紀初期，令人眼花撩亂的織法仍遍地開花。其中「壁縮緬」會採用未扭曲的經紗，搭配極度扭曲的厚薄兩種紗線，將三者一起織成一股緯線來使用，形成不像縮緬那麼柔軟的織布，這樣的織布自一八七〇年代晚期開始流行；而「鶉縮緬」顧名思義，暗示了如鵪鶉那樣質感斑駁的羽毛紋樣，經由每四到六針交替一次極度扭曲的緯線，便可創造出鶉縮緬。其他種綢織款布料還包括一越縮緬（未扭曲的經線搭配極度扭曲的緯線，每一針交替一次）、紋縮緬（編織圖樣的綢絲織布）和縫取縮緬（不連貫補充緯線的綢絲織布），此外某些綢織布的質地也會被認為適用於特定的染色工序（圖63）。

圖 63
繪有火車與橋梁的織布，約 1918 年，
米糊型染，綢絲。

「御召」是另一個棘手的紡織專有名詞，指的是硬挺而厚實的縐絲織布，其紗線會在織造之前便先染好色。來自紡織重鎮桐生的岩瀨吉兵衛發明了水力紡紗機，能產出高度扭曲的紗線，紡織工匠則可在進口的雅卡爾織布機上應用這種新款紗線，織出特色鮮明的「御召」。[96]根據日本紡織學者山邊知行與藤井健三的說法：「自明治……到大正時期，各個階級的人最想擁有的就是御召。」[97]大約自一八八四年起，一款稱為「風通御召」的雙層織造縐絲織布大受歡迎，單是一卷風通御召的書冊內便網羅了三百四十種範本，令和服零售商能密集提供諸多樣本，讓顧客詳細閱覽。風通御召的需求量在一八九五至一八九六年達到巔峰，而後被「縫取御召」這種紋樣緯線織布給取代，但後來又在一九二七年重新流行起來。[98]

至於其他絲產地則發展出了當地特產，販售到全國各地。如「明石縮」是一種很薄的平織縐絲織布，產自明石，因材質通風且輕巧，多被用來做成夏季和服，且其材質反光，加上製絲過程及方法——繅生絲做成紗線及帶有光澤感的扭曲緯線——催生出上頭的垂直條紋紋樣，獲得了全國性的認可，導致需求日增，也令西陣、京都和新潟縣十日町等地的紡織工匠從中獲益。[99]十日町的織匠原本就熟悉一款名為「透綾」的細絲製品，因此也改革自身技術來生產明石縮。透綾最初由絲紗線和苧麻緯線織成，經過改良，後來由無光澤繅絲製成的經線及緯線編織而成，[100]而以「越後縮」（帶有光澤感的縐織布，以苧麻製成，曾在武士間風靡一時）聞名的越後國（新潟縣），正是生產透綾的地方。

在過去，都會時尚和地區款式的衣飾往往得以共存，然而辨識度高的地區特產推動了當地衣飾的競爭力，地區款式的銷售量持續增加，因而催生出採用各種材質的嶄新和服設計。書冊中充斥著無數種染色紋樣的棉布樣本，企業聯盟、與特定地區相關的貿易團體紛紛成立，在在顯示和服布料市場的成長。對農民而言，過去織造衣物僅為了一己之用，如今則成了可賺取商業利潤的季節性副業。

貿易團體或企業聯盟是根據江戶時期公會體系的模式建立，其角色能讓地方團體參與各式討論，包括提升栽種和產製過程、促銷在地商品及維持品質水準。舉例來說，在一八八六年伊予紡織公會的一場聚會上，便集結了在地商人、紡織工匠和染色師，讓成員彼此交換資訊並共同努力，以精進技藝。[101]歷來認為是四國的鍵谷加奈（鍵谷カナ，一七八二～一八六四年）將絣織——咸認此技法由東南亞經琉球群島（今沖繩）傳入日本——引入伊予地區（今愛媛縣），在當地發展出特殊紋樣，人們至今仍十分欣賞此款紋樣設計。[102]絣的製程屬於先染（紗線染色），若要創造紋樣，經線和緯線皆須以防水材質包紮起來，避免染料滲入悉心包覆的地方，接著將紗線反覆浸泡在藍染盆中，浸泡的次數取決於想要的顏色濃度。當織匠將染好的緯線嵌入彎曲織布機時，先前想定的紋樣便會顯現出來。其他地區也會生產棉製絣紋樣的衣物，上頭帶有各自的地區標誌，比如久留米絣和備後絣（圖64）。

至於融合了歷史發展的地區特產則有宮古上布、大島紬和伊勢佐木銘仙。如今以宮古

圖 64
有蒸氣機關車的一截布料，約 1870 年代，
線防染（久留米絣），棉。

上布之名為人所知的細苧麻布料，在明治時代是高檔的夏季和服衣料，最初在江戶時代則稱為薩摩上布。宮古上布以經線為主，是二十世紀初期紡織工匠和染色師向鄰近的奄美大島工匠學習絣紋樣技術的應用。[103]

約莫自一八七七年起，大島的紡織工匠開始產製大島紬作為商品。大島紬織匠參考了久留米地區的絣編織傳統及專門技術，認可當地的棉絣產品久留米絣，於是將其染色技法運用到大島紬。大島紬最初是由背帶織布機及手紡絲線製成，在技術革新後，轉而使用平衡性相對更好的踏板式高織布機及優質繅絲製作。[104]在雅卡爾織布機和一項簡易設計工具——法國里昂織匠使用的方格紙，用來生產絲紗——進口後，大島絣的織匠便能以較低成本創作日漸複雜的設計。[105]當時的時尚偏好在時髦和服或御灑落（御洒落，一種新的和服分類，介於正式與非正式和服之間）上加細碎的紋樣，而大島絣也跟上了這時尚的腳步。在應用上，一九二七年至一九四一年間，織匠大量使用方格紙來設計大島絣，附加的好處是留下了其設計紀錄，且遠比個人記憶明確。使用方格紙的知識始自西陣，在一九一四年傳到紡織興盛的伊勢佐木，又於一九一九年從伊勢佐木傳入奄美大島。巧合的是，伊勢佐木也是另一款織布銘仙的主要產地，其重要特色則是輪廓的暈染。[106]而在方格紙上記錄技術資訊的傾向，或許跟其他織造與染色技藝在各地間相互流傳有關。

以上是現存的多種和服布料概述，可作為現今和服製作的歷史背景。至於戰爭時期中斷的和服生產、和服製作者的生活以及和服的附加價值，均將在第五章詳述。值得注意的是，現代的和服材質、製程與技法移轉所產生的議題，至今仍然存在。在大量機械化生產的時代，日本的生產體系與勞工皆相對分散且分層——產製纖維、紡紗、織造、染色，使得日本即便對製程有所調整，亦無須中止整條產線。二戰後，水平整合體系中某些衰弱的部分最終致使和服工業停歇——老一輩相繼過世，卻無後繼的學徒傳承其技藝。諷刺的是，正是「術業專攻」這樣的作法危及了戰後的特產織布。在較新的垂直整合體系中，一間企業得以控制所有生產面，可透過持續訓練新進人員遞補年長及退休員工，延長了產製的壽命。相反地，傳統模式則是基於水平體系的慣性，在失去某條產線或產業鏈中某些工匠的技術後，最終會導致某些紡織工藝傳統消失或衰退，在伊勢的白子地區，負責生產著名的伊勢型紙的染色型版切割工匠便是其中一例。

二戰後，日本政府提倡保護由人間國寶製作的和服，或是具備特殊命名的織布，這與當年昭憲皇后的作法相似——她在時尚潮流傾向西方時，支持日本布料及服裝製作者。對最初因市場需求而生產和服成衣、如今卻面臨逐漸衰退的工廠而言，政府贊助的計畫有助他們繼續維持。但無論持續產製的和服與傳統日式織布是用來製作特殊場合的衣裝、作為傳統日式工藝典範，又或者當作藝術品，都帶出了更深遠的問題——維護「傳統」的依據與理由為何？舉例來說，吸收新事物（無論靈感源自日本國內或國外）算是跨越了「傳統」領域嗎？進口材料與技術融入了新增的各式發明，且這些發明已大規模進入日本紡織工業，促使都會和地方的和服設計師為蓬勃的全國市場發展新產品。此外再看村落間的競爭，其透過貿易團體和企業聯盟分享、巧取工業進展的知識，發展出地區性特產織布，有時被稱作「名物」。二戰後許多名物是由相關組織合作製作的傳統工藝，被認為是特定縣市或地區的文化遺產，日本政府則將其指定為無形文化財產，好繼續產製，有能力保存特殊織造或染色技藝的工匠，則被表彰為人間國寶。

昭憲皇后呼籲子民穿上採用日本素材製成的西式服裝，考慮到當時僅有極少數民眾負擔得起西式服裝昂貴的剪裁和素材，因此這項呼籲的效果可說充滿爭議。但毫無疑問的是，西方進口衣物的材料、技術和款式對整個日本紡織工業產生了巨大的影響，從都會到地區的和服生產中心皆出現了迴響。

在下一章，我們將把焦點放在和服推廣及行銷的重大改變及消費者需求的轉變，同時也會探討日本面對西方並融入國際市場的情況。

第三章

購買和服，形塑認同

我們也將提到，「日本人適應歐風」服裝的習性，實際上是出自一種象徵性的愛好。進步論者亟欲拋棄衰敗東方的枷鎖，且認為自身與進步的西方文明同步，而服裝便是他們表現此欲望的一種方式。我們的和服代表閒適，而歐式服裝則代表活躍，並成了軍隊的制服，一如法國大革命時的紅帽子（chapeau rouge）那般。但現今則開始出現反動性，進步分子反而較常穿著在地服裝。除了皇室以外，很少女士喜愛歐洲服裝。

——岡倉天心[1]

✤

岡倉天心是位相當具影響力的教育家與文化評論家，亦是將日本藝術和美學翻譯引進英語世界的權威。一九〇四年之際，他發現一股針對「西方事物」的反動情緒席捲了日本——日本在此前九年的中日戰爭中打敗了最強盛的亞洲鄰居，又在一九〇四至〇五年間涉入日俄戰爭，若考慮到這些，其愛國情操逐漸茁壯一事便不足為奇了。在此動亂期間，岡倉出版了如今被視為經典的《東洋的理想》一書，書中一開始便提出了影響深遠的「亞洲一體論」，[2]接著他又在一九〇四年完成了另一本影響卓著的《日本的覺醒》，並在書中顯示他對亞洲觀點的認同。一年後，日本在日俄戰爭中取得勝利，並開始使鄰近的亞洲國家成為其殖民地。

日本致力於與其他亞洲國家區隔，以獲得西方列強認可，這種態度顯見於日本民眾的服裝上。身著日式衣物，即明白顯露出保衛本土文化的態度，也是以日本文化為榮的表現；而披上西式服裝，則象徵日本想與西方列強平起平坐的欲望。

然而，日本人穿著和服抑或穿著套裝和紳士帽的象徵性意義，遠比表面所見複雜許多。出國旅行時，岡倉通常會帶著挑釁的心態刻意選擇和服，即使這會招致同胞——包括具影響力的日本駐美人使九鬼隆一——的批判。誠如學者克莉斯汀．古斯（Christine Guth）所言：「岡倉透過這般打扮所主張的是一種象徵性的反抗，反抗西方文化殖民日本。」[3] 岡倉擁有出色的英語能力和西方文化知識：

> 能用適切的語彙與西方交流。一如（岡倉）對其子所言：「從我第一趟歐洲旅行開始，多數時間我都穿著和服。若你自認英文夠好，那麼建議你穿和服出國旅行，但若你說得一口蹩腳英文，就永遠別穿著日本服裝出去。」[4]

岡倉實踐的是某種形式的自我東方化（self-orientalizing），他完全清楚自己在西方穿著日式服裝會帶來的影響。美國雜誌《評論家》（*The Critic*）的一名記者如此評論岡倉：「在現正來訪的外國人當中，他是最有趣的人之一。」並強調：「岡倉先生長年穿著其本國服裝，他擁有絕佳的藝術家敏銳度，這使他不可能披上歐洲文化的衣物。」[5] 一九三〇年代備受讚揚的理論家九鬼周造——即前述政治家九鬼隆一之子——則恰恰與岡倉形成了對照，九鬼周造會穿著俐落的西式服裝漫步於京都帝國大學，與其他身著和服的同儕截然不同。[6] 在這段時期，不同地區的著衣風格差異十分顯著。

在一張由三代歌川廣重（一八四三～九四年）於一八七四年所繪製的木刻版畫中，詳細描繪了沿著銀座散步的男女（圖65），畫中有些人穿著日式服裝——和服與袴（分成兩片的褲裙），其他人則以西式造型現身——洋裝、褲裝與制服。最有趣的是日式服裝搭配靴子或紳士帽的組合，儘管在二十一世紀的眼光看來，靴子和袴混搭可能顯得奇怪，但在當時，融合世界各地的時尚則是日常生活熟悉的光景，同樣地，一個人可能會在辦公室坐西式椅子，但回到舒適的私人空間後則坐臥在榻榻米上。

二十世紀初期新成立的商業中心會協助消費者在國內外商品的兩股潮流間找到方向。百貨往往會採取行銷策略，將自身定位成現代日本的品味達人。[7] 在先前的江戶時代，傳統和服店會遣店員去向顧客收回絲綢樣本，但二十世紀初期的百貨則有所不同，會將商品陳列、展示於玻璃櫃和商店櫥窗，讓顧客在沒有購買壓力的情況下自由瀏覽，至於新進口的商品則交由受過嫻熟國外商品訓練的業務負責。木刻版畫系列被許多人視作現代廣告的先驅，而在喜多川歌麿《夏衣裳當世美人》系列畫作中，便可見和服商家越後屋的商標，

圖 65
三代歌川廣重，〈東京開化名勝京橋石造銀座通，兩側煉化石商家盛榮之圖〉，
1874 年 12 月，木版彩印，三聯畫。

這部分已在第一章討論過（圖66）。

二十世紀初期，越後屋的商標雖未改變，但更名為「三越」，持續引領風潮，以新奇的廣告策略刺激消費需求，[8]並贊助主打新一季時尚的海報設計競賽。在最新的宣傳素材——三越所發行的雜誌中，一名身穿和服的女子坐在椅子上翻閱繪有江戶人物圖像的木刻版畫集，且其室內設計與裝潢靈感全自新藝術運動汲取而來（圖67）。這張由橋口五葉（一八八〇～一九二一年）設計的雜誌海報，贏得了一九一一年的三越海報競賽。海報右上角的色塊中有「三越吳服店」（即和服店）幾個字，上方則有明顯的三越商標。五葉這幅獲獎海報揉合了傳統與現代的雙重象徵，在視

圖 67
橋口五葉，三越海報，1911 年，
彩色平版印刷。

圖 66
喜多川歌麿，〈越後屋新款縐織布〉
（越後屋仕入のちぢみ向キ），出自
《夏衣裳當世美人》系列，約 1804 到
1806 年，木版彩印。

覺上替日本消費者展示了在地與異國的融合。

無論是西式或日式、傳統或當代，抑或融合數種款式，都不僅僅關乎服裝選擇，更與裝飾圖樣息息相關。一九〇五年，三越推廣的和服設計主題為元祿時代及其氛圍——日本人往往將元祿時代刻劃成浪漫的年代，因為在新貴商人階級大舉推動下，當時的文化相當蓬勃。[9]三越當年所推廣的風潮影響深遠，讓文化評論家林田春潮認為必須在早期探討西洋與日本文化品味的論壇——藝術與文學雜誌《明星》上，針對元祿設計復興的政治意涵發表評論。[10]當時，藝術、政治和時尚三者確實匯流到日本人身上，也匯聚於新建的百貨商場內。

於是藝術設計師崛起，在平面設計上留下了痕跡，同時為消費潮流打造新方向，尤其是杉浦非水（一八七六～一九六五年），他推進了《明星》版面中日本與西洋美學的融合。一九一〇年至一九三四年間，非水的聲名鵲起並成為三越的首席設計師，當時的總監則是高橋義雄（一八六一～一九三七年），三越於一九〇五年那場復興元祿風格的行銷活動便是出自高橋之手。[11]紋樣書出版商、商業廣告和女性雜誌傳播著時尚潮流的資訊，百貨則贊助行銷活動和展覽，加上大城市間運輸系統的改善，替日本紡織工業打造了理想的條件，為逐漸拓展的消費群體提供所需的商品。

非水可說一手打造了「三越的形象」，[12]其設計不僅反映出他受過膠彩（日式）畫的正式訓練，還展現了對西方藝術運動的知識，這可能與其結識洋畫畫家黑田清輝

（一八六六～一九二四年）有關。一九一四年，他為「新品展示會」（新柄陳列会）所設計的海報，與五葉那幅一九一一年的海報同樣描繪一名女子身著和服端坐著（圖68）。然而，非水海報中的新潮女子腿上擺的是一本三越雜誌，且斜倚在一只插滿鬱金香的花瓶前——當時日本正廣為栽種，鬱金香因此逐漸變成熱門的主題，更在一九二〇年代中期至晚期的和服作品中大受歡迎。海報中的室內裝潢則顯然不再是五葉那時的新藝術風格，而是分離派風格（Secession），反映出其時品味的轉變。

圖 68
杉浦非水，三越海報，1914 年，彩色平版印刷。

百貨與紡織業者合作，聘用藝術家來設計廣告，一段源自歌麿那時代的三角關係似乎就此成形。當時的海報會明確展示一名身穿流行和服的時髦女子，該款和服是由特定款式的織布製成，而商家名稱則會出現在女子上方。舉例而言，足利銘仙會便聘僱知名畫家與圖案設計師設計女性身著銘仙和服的海報，其中有許多畫家擅長繪製美人畫，如山川秀峰（一八九八～一九四四年）等。[13] 著名的藝術設計師亦獲聘替女性雜誌設計封面，並參與和服設計的研究會，[14] 本書第五章也將詳細探討，以繪畫訓練為主的藝術家亦會被委託設計和服紋樣。

百貨的海報皆明顯展示出特定年度或季節的流行趨勢，並在視覺上推銷新「形象」，好刺激消費欲望、提升銷量。[15] 此外百貨與紡織業者亦會透過季節性的展示會來推銷商品，由時裝模特兒首次披露和服成衣（圖69），[16] 有時每位模特兒還會分別代表不同類型的女性。[17] 這項推銷特定形象的銷售策略透過打造並激發想像或理想中的品味來獲得顧客青睞。

百貨及其批發商當時亦會起用田中絹代與水谷八重子等廣受歡迎的女演員或歌手擔任新款和服的模特兒（圖70）。早在一八九六年，三越便首開先例，在推廣「伊達圖樣」（伊達模様）時聘請「名人」行銷和服，並將繪有新圖樣的和服分發給新橋藝妓，讓她們在表演時穿著。[18] 在一張一九〇七年三越行銷團隊設計的海報中，藝妓便身著復古的元祿款和服（圖71），此外三越還會在宣傳刊物《時好》封面上刊登知名顧客的照片。

恒例春の調和美衣裳展の幕は開きました。絢爛花の彩りを添える柄と色、それに精選した生地の映え何れも清新な彩巧を誇り、とりわけ調和の妙は流石京都名匠苦心の作と御鑑賞願へる自信の品々着物は十八圓、帯は十圓と時節柄特別の廉價奉仕を敢行仕ります。
尚一層よき調和へと和裝雜貨の粋を加へ人形六十余体に着せ付け御高覧に最も御便利に展列致しました。
間近かにせまる花の春御知己様方御誘ひ合せられ御光來の程偏へに御願申上げます。
昭和十二年三月
松坂屋
大阪日本橋
絢爛！花の彩り
人形着用同品、同柄いづれも
着物……十八円均一
訪問着、小紋着尺、絞り着尺、お召
帯……十円均一
染、刺繍加工名古屋帯、綴名古屋帯
パラソル……五円均一
ショール……五円均一
ハンドバッグ……五円均一
帯止……三円均一
履物……三円均一
着物…東雲縮緬社交服
藤鼠色に絞りの笹、大膽の構圖と配彩の妙ある趣味作品
帯……錦織名古屋帯
納戸地に金と銀との波の丸、草彩の間に莊重味を失はず
着物…烏帽子縮緬社交服
納戸地に白上げの藤花たわゝに垂れ下り陽春のどかに、かげろううつる
帯……錦織名古屋帯
黄地に桐書卒古調新様上品作
着物…烏帽子縮緬社交服
曙色ぼかしに春咲く花のとりどり、流行の新御所模様
帯……錦織名古屋帯

圖 69
松坂屋百貨的宣傳小冊子，1937 年 3 月。

調和美衣裳の展望
着物…金糸入東雲縮緬社交服
帯……錦織名古屋帯
着物…西陣お召
帯……眞砂錦織
着物…美裳縮緬小紋着尺
帯……錦織名古屋帯
着物…西陣お召
帯……こうけつ織名古屋帯
着物…烏帽子縮緬社交服
帯……錦織名古屋帯
着物…綸子縮緬絞り訪問服
帯……金茶地錦織名古屋帯
着物…美裳縮緬社交服
帯……錦地壽織
着物…西陣お召
帯……眞砂錦織名古屋帯
着物…綸子縮緬社交服
帯……錦織名古屋帯

圖 71
三越海報，身穿「元祿款」和服的新橋藝妓，
1907 年，彩墨，紙本。

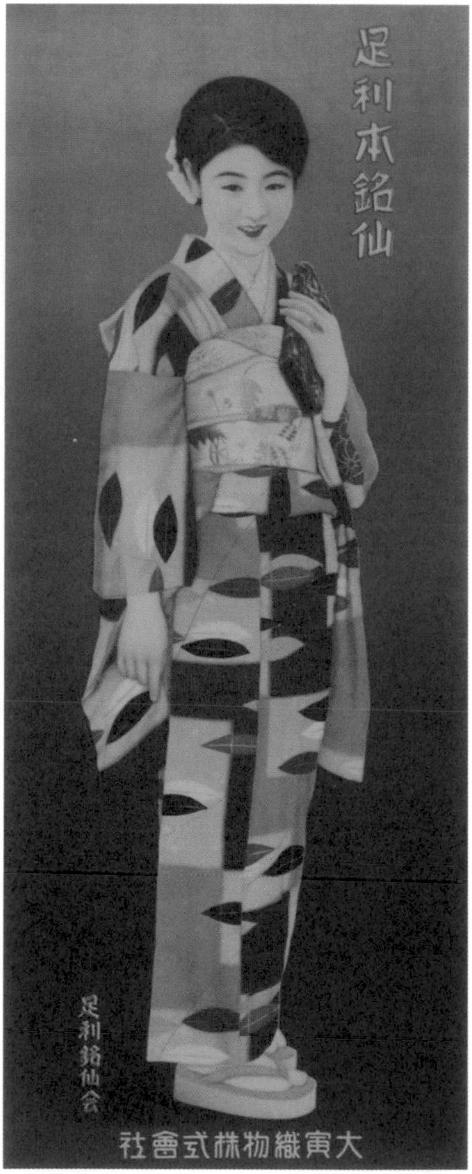

圖 70
以女演員田中絹代為模特兒的足利本銘仙
海報，1932 年，彩色平版印刷。

由藝妓與名人行銷和服紋樣的流行影像背後，現代和服設計反映出的是十九世紀晚期到二十世紀初期女性扮演的多重角色。在這個轉變的時代，典型的職業婦女通常擔任的是咖啡店的服務生、商店店員、紡織工廠作業員、文書職員、電話接線生、老師或護士，[19]三越亦在一九〇一年僱用了第一位女性櫃員，成為跟上這股女性勞工風潮的象徵。[20]而都會中產階級的妻子則形成了另一種消費類型。典型的「良妻賢母」通常身穿和服，[21]「一般女性」（只の女）則會選擇較傳統且司空見慣的紋樣，避免引人注目，至於其開放且時髦的姊妹則會以「摩登女性」（モダンガール）的姿態現身，有時可能會選擇流行和服搭配一頭時髦的西式鮑伯卷髮。

三越百貨在一九一〇年的宣傳刊物中有一張〈家庭的衣裳配對新遊戲〉（新案家庭衣裳あはせ）的插頁（圖72），[22]其中家庭成員在上方一字排開，由右至左分別是丈夫、妻子、祖父、祖母、青少女、青少年、嬰兒與女傭，每個人物下方皆有五個格子，當中有適合每位成員的各類衣物和配件。這張插頁是由三越首席設計師杉浦非水設計，他依照都會精英家庭成員的性別和年齡，以圖表將適用各成員的物品分門別類。在二十世紀的前十年，許多家庭成員的衣物都混合了日式與西式物件，但值得注意的是，母親、祖母、青少女及女傭主要選擇的是日式服裝，並參雜了陽傘和披肩等西式配件，至於男性成員的服裝和配件則明顯偏好西式，帽子、手套、懷錶、鞋子和大衣皆然。

穿不穿和服取決於年齡、世代和性別。非水筆下一張一九二五年的海報，繪製的是新

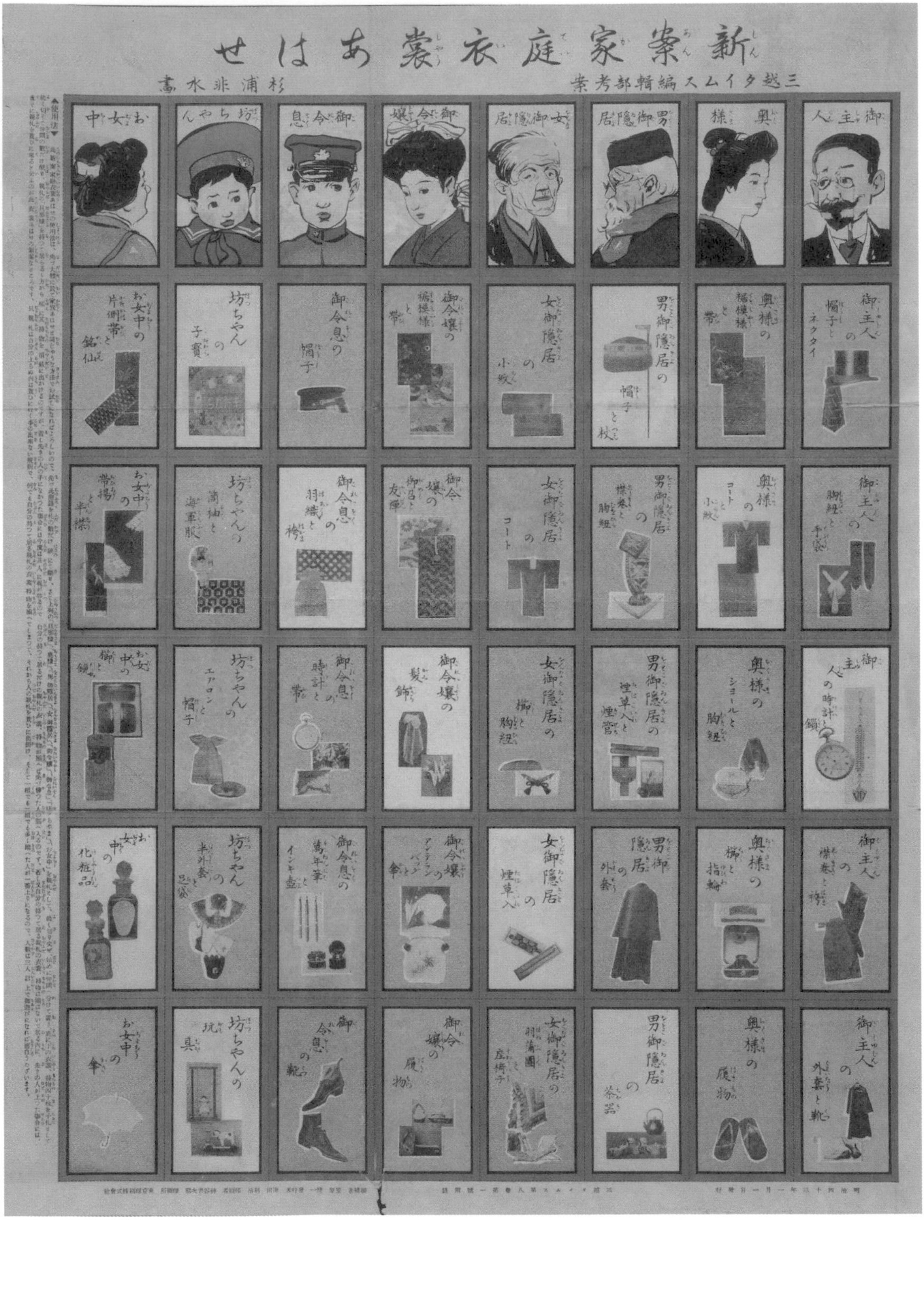
新案家庭衣裳あはせ
三越タイムス編輯部考案
杉浦非水畫
御主人
奥様
男御隠居
女御隠居
御令嬢
御令息
坊ちやん
お女中
御主人の帽子とネクタイ
奥様の縞模様と帯
男御隠居の帽子と杖
女御隠居の小紋
御令嬢の縞模様と帯
御令息の帽子
坊ちやんの子寶
お女中の片側帯と銘仙
御主人の胸紐と手袋
奥様のコートと小紋
男御隠居の襟巻と胸紐
女御隠居のコート
御令嬢の御召友禅
御令息の羽織と袴
坊ちやんの満袖と海軍服
お女中の帯揚と半襟
御主人の時計鎖
奥様のショールと胸紐
男御隠居の煙草入と煙管
女御隠居の櫛と胸紐
御令嬢の髪飾
御令息の時計と帯
坊ちやんのエプロンと帽子
お女中の櫛と鏡
御主人の襟巻と袴
奥様の櫛と指輪
男御隠居の外套
女御隠居の煙草入
御令息の萬年筆とインキ壺
坊ちやんの半外套と足袋
お女中の化粧品
御主人の外套と靴
奥様の履物
男御隠居の茶器
女御隠居の蒲團と座椅子
御令嬢の履物
御令息の靴
坊ちやんの玩具
お女中の傘

宿三越開幕的廣告，海報上有名頂著鮑伯頭的女子帶著兩樣時髦的舶來品——右手拿著一把陽傘，左手則拎著手提包（圖73），傳統和服與時髦的西式配件同時出現在這名女子身上。儘管身著和服，但腰帶透露了她纖細高䠷的身形，加上飄逸的服裝，在在讓人聯想到那個年代風靡西方時尚的飛來波風格（Flapper-style），至於站在女子身旁的小女孩則從頭到腳都穿著西式服裝，兩者形成了對比。這名女子與小女孩看似外出逛街的母女，然而兩人卻分別看往不同方向，或許預示著將來購買的服裝也會有所不同，不過在當時日本人的觀念中，兩種風格是並存不悖的。

圖 73
杉浦非水，三越百貨新宿分店的海報，1925 年，彩色平版印刷。

圖 72
杉浦非水，〈家庭的衣裳配對新遊戲〉，三越《時好》附錄，8 卷 1 號（1910 年 1 月號）。

高畠華宵（一八八八～一九六六年）替雜誌《婦人世界》所繪製的一幅插畫，揭露了其時盛行的折衷主義。插畫中，兩名女子坐在椅子上玩牌，雖然皆留著西式的鮑伯頭，但其中一人穿著橘色洋裝、紅色披肩及皮鞋，另一名女子則身穿和服，雙腳莊重地藏在衣物的下襬。值得注意的是，那件和服是用進口鬱金香作為圖案，鬱金香從和服袖子下緣向上延伸，營造出異國風情。當時的女性或許從頭到腳皆穿著西式服裝，她的同伴則可能選擇繪有新進口的西洋圖案的和服，儘管服裝選擇不同，但兩人均可被視為現代日本女性。無論當時的時尚屬於日式、西式或折衷，部分觀察家都質疑這些發展的重要性，女性主義作家山川菊榮便在一篇雜誌文章中評論道：「將物化女性的服裝從日式更替為西式……這不過是表面上的現代化。」[23]

華宵的畫作描繪的是閒暇的女性，然而縱貫整個二十世紀上半葉，在經濟成長的背景下，愈來愈多女性得以找到有酬的工作——尤其在紡織工業。誠如經濟史學家珍妮特·杭特（Janet Hunter）所言：「一九四九年前後，勞工市場中多數參與者皆把紡織工作視作女性生命週期的一部分。」[24]一八九四年至一九一二年，女性勞工在日本的工業勞動力中平均占了六成；[25]一九〇〇年，女性在棉花工業的勞動力中占了百分之七十七；[26]一九〇九年，女性紡織工在工廠勞工中占了百分之五十二；[27]到了一九一一年，超過十九萬名日本女性找到了生產重鎮的職缺，在繅絲機器前奮力工作。[28]藉由女性勞工的付出，紡織工業提供了政府亟需的資金，使其得以致力發展工業化及現代化。

現代日本女性不再受限於政府強加的禁奢令或階級規定，能相對自由地依照個人品味來打扮。她們大量投入紡織製造業，並有愈來愈多優秀女性躋身文壇，而這兩種現象則被壓製成單一和服的精選圖樣——攤開的書卷暗示女性擁有更高的學歷，而線軸則象徵其參與紡織與衣物製作的地位（圖74）。當時紡織工廠林立，女性除了離鄉背井至工廠做工外，通常也要替自己及家人縫製衣服，誠如某位京都商人之妻的私人日誌所記述，無論和服布料是購自行商、和服店或他人餽贈，將其縫製成和服仍是女性必須擔負的家務之一。[29]

日本的女性雜誌發行於一九一〇年代，並在一九二〇年代盛行，迎合了識字率提高且因參與勞動而增加了可支配收入的女性。這些女性的特質使其成為《主婦之友》、《婦人俱樂部》、《婦人畫報》等眾多出版品完美的目標讀者。[30] 一九二五年，這些刊物的首刷量皆有數萬本，產業的總發行量則估計為一百二十萬本，[31] 其主題、內容與版面皆反映出想占據的特定女性市場。出版商細心地依據地區、階級、婚姻狀態及年齡來區分客層，一部分以已婚婦女為目標，聚焦在與其相關的議題上，比如如何做一名好妻子與持家，一部分則鎖定單身的職業婦女。有些出版商將重心放在都會與精英女性，有些則著重郊區女性，連居住在國外的日本移民也會是目標讀者。[32] 這些雜誌的共通點是鼓勵女性思考其於日本社會及整個世界所扮演的角色，當中有許多納入了女性工作與出遊的圖像，並主打關於穿著與舉止的文章。這些出版品既明確又充滿煽動性，薰陶並教育讀者對於當代理想女性的觀點，當時日本女性的角色恰如其國家本身，正在經歷勢不可擋的轉變。

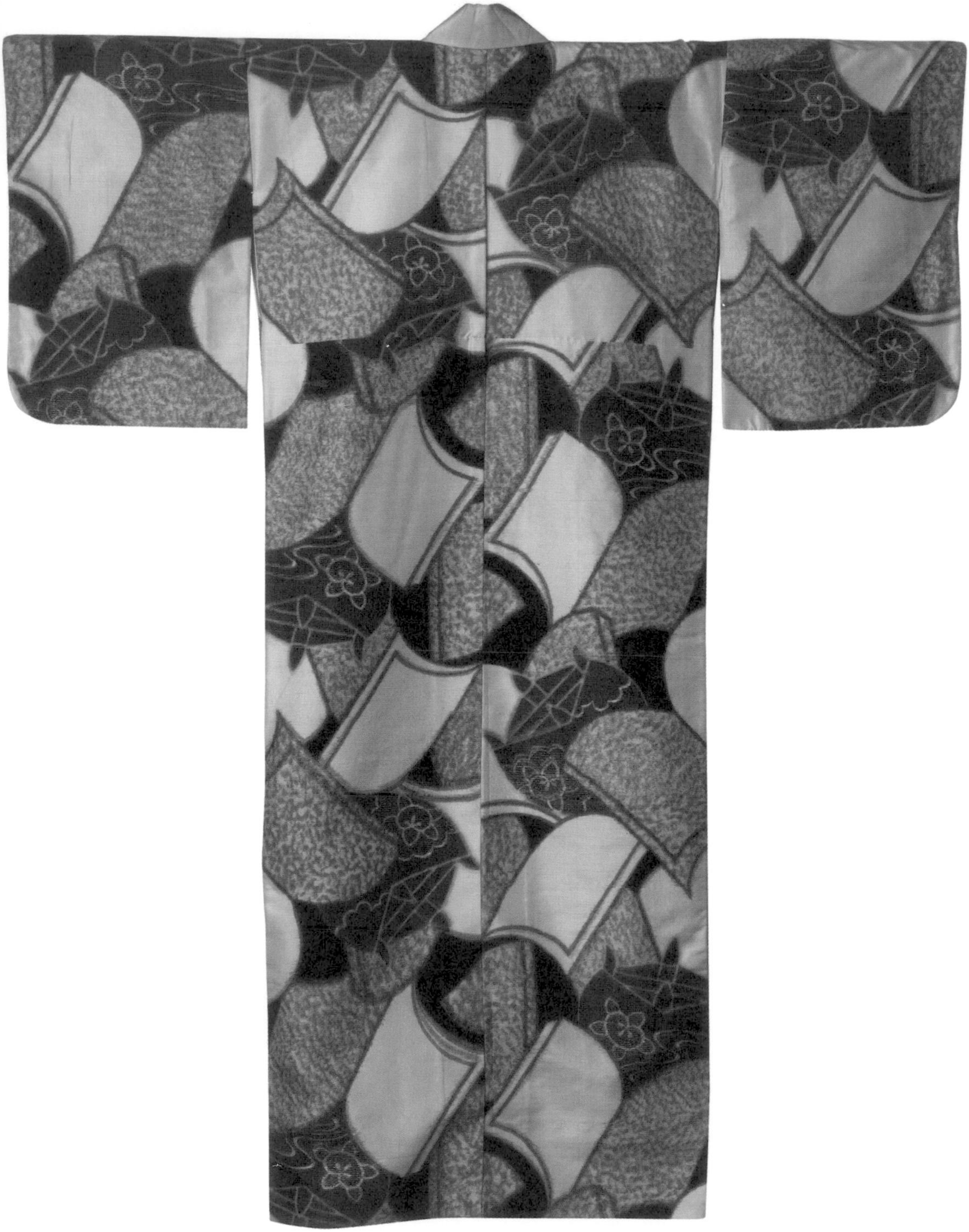

漫步在銀座

鹿鳴館時代（一八八四～八九年）象徵許多日本女性對西方時尚的態度——先是敞開雙臂擁抱，而後頹然放棄。從鹿鳴館時代到一九二三年間，關東大地震摧毀了大半個東京及其周邊地區，而居民處在瞬息萬變的都會區，穿著和服代表的是敬愛及牽掛傳統，但這類表現卻被西式建築與服裝等具吸引力的新事物沖淡了。傳統與新潮兩股力量所形成的張力，形塑了二十世紀初的過渡時期。

毀滅性的關東大地震和隨之而來的大火將東京大多數地區夷為焦土，兩年後，隨著重建災區並恢復日常活動，整座城市開始逐漸復甦。一九二五年，民族誌學者今和次郎、吉田謙吉與助理 同考察了在東京高級購物區銀座逛街的男女衣著。他們共觀察了一千一百八十名在銀座漫步的人，「男性中有百分之六十七穿著西式服裝，而女性則幾乎都穿日式服裝，僅有百分之一穿著西式服裝」（圖75）。[33]今和次郎的目的是考察「現今文化人的日常作風」，[34]這與其另一份更大規模的考察相似，在那份考察中，他透過類科學的研究方法觀察當時的社會樣貌，認為服裝的選擇演繹了生活，並提出「考現學」這個新詞彙。

米瑞安．西爾柏格（Miriam Silverberg）曾研究今和次郎與其同僚權田保之助這兩位活躍於一九二〇和三〇年代的民族誌學者，並記述道：

圖 74
女性的和服，展開的書頁和線軸，20 世紀上半葉，防糊型染，銀線，絲。

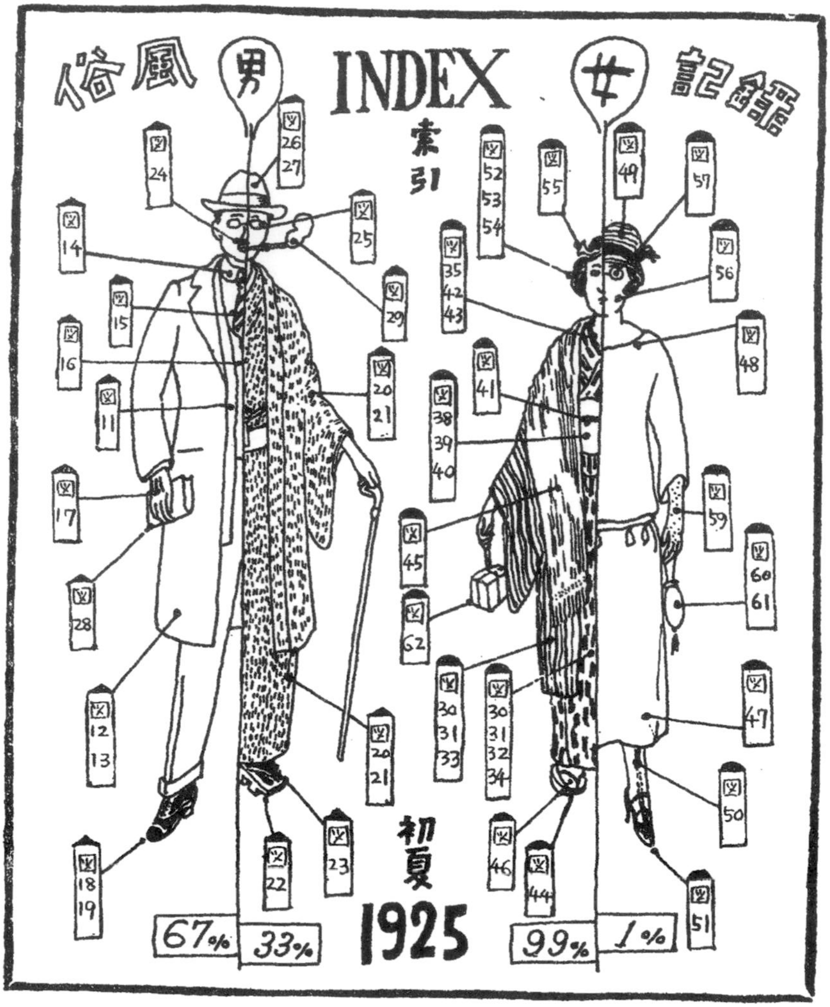

圖 75
今和次郎，統計圖表索引，〈1925 年初夏 東京銀座街頭風俗紀錄〉，1925 年，刊載於《婦人公論》。

日本民族誌學者的筆記、繪畫和照片替我們開啟一道嶄新視野，讓我們看見日本不同階級的女性與男性如何以相異的方式融合東西方之間的元素，其既非單純借用西式服裝，亦非過著在白領西裝與和服間來回擺盪的雙重生活，而是將西方材質和大眾文化融入日常生活，透過轉換文化符碼（cultural code-switching）的方式建構出綜合的身分。[35]

比起各類西方物件剛引進日本的前數十年，西式與日式服裝、建築和食物的差異已不再那樣顯著。在日常生活中，西方事物不僅被納入日式脈絡中，還臣服於亞洲（東洋）的概念之下，這反映了日本人的嶄新心態。百貨公司不只將舶來品介紹給日本顧客，同時也是重要的轉譯者，教導顧客如何使用過去被視為「外來物」的商品，並將其融入生活。[36]

身為民族誌學者，今和次郎不僅對人們的穿著感興趣，也想知道他們都買些什麼、又如何在家使用。無論是否曾關注托斯丹·范伯倫（Thorsten Veblen）的《有閒階級論》（*Theory of the Leisure Class*，一八九九年）及其炫耀性消費理論，他始終好奇身分焦慮（status anxiety）與消費模式間的關係，這也驅使他做出和范伯倫類似的行動——考察百貨公司中的消費者行為。

新興的商場提供了些什麼？其如何陳列商品以締造最佳業績？今和次郎曾在女性雜誌《婦人之友》（婦人の友）中發表了一篇考察，針對的是一九二八年的百貨公司，其中提到三越百貨會依照氣溫調整作法，在寒冷的日子提供溫暖環境，在暑氣炎炎的夏日則打造涼爽環境，藉此吸引顧客或在外閒逛的人。[37]當顧客或逛街的人進入一樓商場時，迎面看到的可能是適合作為禮物或紀念品的商品、食品、化妝品及個人配件。日本的百貨首次安裝電扶梯是在一九一四年，電扶梯以緩慢而閒適的速度搭載顧客滑向各樓層，搭乘時，顧客還可眺望著剛剛離開的樓層。而二樓與三樓陳列著琳琅滿目的和服布料，二樓有棉織品和平紋織布（モスリン），三樓則有御召和銘仙等質感較佳的絲製品及腰帶，顧客可仔細逛逛這兩層樓，至於四樓有西式服裝與髮飾，家具和居家用品則在五樓。

今的研究中將消費者分成三組：僅是經過或隨意逛逛的人、純欣賞的人，以及認真購物或主動挑選的人。他與調查小組某天在銀座三越門口著名的獅子像旁統計半小時內進出的人，其中有一千零七十七名男性、一千零六十五名女性以及九十二名孩童。這組數據中的女性有百分之八十四穿著和服，然而著日式裝束的男性卻僅占百分之三十九。[38]受到一九二三年的大地震重挫，即使東京居民的個人物品多半被毀壞，女性顯然仍舊喜愛和服——至少其並未選擇西式服裝來取代毀於地震的和服，而是換上了新的和服。根據今的考察，在銀座逛街的女性中有百分之五十一穿的是銘仙和服。

海報、木刻版畫及雜誌持續主打身著和服、搭配西式配件的時髦女性。在渡邊幾春（一八九五～一九七五年）的系列作《昭和美女姿競》（約一九三〇年代）中，十二月的女子便身穿紫色與褐色條紋的和服，上頭還有亮紅色竹葉圖樣（圖76），頸後則別了兩朵花搭配她的鮑伯燙髮。那西洋風情的披肩、紅色手拿包與灰色手套均將她塑造成一名時尚而現代的女性。[39]

圖 76
渡邊幾春，《昭和美女姿競・春待月・雪空》，
約 1920 年代至 1930 年代，木版彩印。

百貨公司及其先驅

二十世紀初期，許多和服商將商店轉型成現代百貨，以便更廣泛地服務那些不斷進步的現代女性。其中江戶的商店越後屋的轉型過程便留下了完整的紀錄——三井家最初於一六七三年創立越後屋，隨後更名為三越（圖77）。除此之外，大丸由下村家在一七一七年建立，一九〇八年轉型；松坂屋由伊東家在一六一一年創辦，一九一〇年轉型，[40]而高島屋則在一八三一年創立於京都，當時為專門販賣二手和服的商店，一八五五年開始販售全新商品，到了一九〇七年，則將旗下商店全數轉型成百貨公司。[41]前述絕大多數的店鋪不僅在實體上轉型，販售的商品亦全數更新並現代化。至於白木屋則是歌磨《當世美人》系列中主打的和服商家之一，在一八八六年率先成為日本第一間販賣西式服裝的商店。[42]

一八六〇年代，日本廠商得以在國際展覽會上推廣日本商品，此時便呈現出展演的再現政治。既然日本確實汲汲營營地想躋身列強，那麼在較量國際聲望時，本國的商品便成了國族建構的標誌。彼得．科尼茨基（Peter Kornicki）在針對公開展示的研究中，強調由商業角度觀看商品與國族建構之間的關係，他提到：

> 在展覽會上，「國家」展示了自身，將自己包裝起來，準備獻給「國際」的觀眾。然而，構成國家展示品的主要元素是商品，亦即不是尋找出口市場的加工製

圖 77
歌川廣重，〈駿河町之圖〉（畫出了越後屋和服店），
出自《東都名所》系列，約 1844 年，木版彩印。

品，就是在商業展演中轉化為商品的物與人。前者的展出是為了與其他產品角逐獎項，一旦獲獎就有宣傳的機會；後者則非為了實際銷售，而是販賣考察他們的機會。商品可說是參與大型博覽會時無可避免的面向。[43]

宣傳該國的商品無非是為了證明其工業實力。

早在一八六二年，一名前往倫敦博覽會的日本代表團成員便已認知到「目的是要讓各國認識該國的產品」。[44]岩倉使節團在一八七一至一八七二年的報告亦提出了展示國家商品的價值，只是報告中指的並非國際博覽會，而是博物館的陳列。在十八個月的美國與歐洲生活後，使節團成員大久保利通寫道：

> 當一個人經過博物館時，那個國家啟蒙的過程便會自然呈現在眼前，傳達到心中。若研究一個國家富足的基本原因，便會發現那富足並非一蹴可幾，總是有個過程及步驟，那些覺醒的人以及那些晚一點才醒悟的人……再沒有比博物館更適合展示這步驟的地方了。[45]

先是國際博覽會提供了日本百貨公司發展的模型，其次則是博物館這個珍貴的文化機構。除了與博覽會之間的關係，百貨公司亦被視為明治時期另一個現象——「勸工場」所衍生的結果。[46]史學家愛德華・山第斯笛卡（Edward Seidensticker）指出，「勸工場」這一嶄新的詞彙指涉的是：

> 用來刺激產業發展的地方，（此處）有為數眾多的小商店齊聚在屋簷下或騎樓……第一個市集隸屬公有，於一八七八年舉辦，販售前一年度在上野舉行的第一回內國勸業博覽會剩餘的商品。[47]

勸工場內所展示的商品是為了刺激消費欲望，過去日本人陌生的產品會被陳列在熟悉且經改良的國產品旁。

日本政府開始著手促進工商行銷，並透過一系列展覽會來達成目的。一八七一年，京都市長槇村正直在一冊商品型錄的序言寫道，展覽會是為了「廣泛傳播知識，而非炫耀一己的財產」。[48]在募集展覽會的展出品時，主辦單位亦會發布傳單說明：

> 西方國家有舉辦博覽會的優良傳統。新發明的機械、古玩和多款物件皆展示於人們面前，藉此傳播知識、鼓勵創新，並從其發明中獲利。吾人期望能追隨此優良典範，故尋求縣市政府首肯，舉辦類似的活動，現正計劃向大眾展出日本與中國古老、新奇的收藏品。[49]

有趣的是其中強調古老與新奇的事物——當其承認借鑑、受惠自西方的博覽會時，募集的卻是日本與中國的工藝品，而非一定要是西方舶來品。無論如何，和服商逐漸注意到嶄新的展覽模式和促銷手法，並累積了這類展覽經驗，加速其轉型為百貨。[50]

企業家日比翁助（一八六〇～一九三一年）在與三越百貨長達二十年的合作關係中，將其轉型成文化的堡壘與購物天堂，[51]一如他的前輩——曾在名校慶應義塾大學求學、受到福澤諭吉賞識的高橋義雄，日比亦曾赴海外考察百貨。但有別於高橋將費城的沃納梅克百貨（Wanamaker）視為仿效的對象，日比則前往倫敦，在老字號的哈洛德百貨（Harrods）所觀摩到的一切皆令他印象深刻。當時高橋主要關注顧客的認同感及後續的流行趨勢，好令他的商店能銷售更多商品；日比則期望三越能日漸繁榮並創造利潤，且其動機亦帶有強烈的利他精神，相信三越百貨能為社會與國家的進步帶來貢獻。為此，他安排三越百貨招待國外貴賓，並招徠許多知名的知識分子成立研究團隊。[52]

在高橋與日比的努力下，三越開始透過宣傳刊物《花衣》（花ごろも）打造百貨公司的時尚身分。《花衣》發行於一八九八年，內容涵蓋三越的商業活動、織造和染色品的文章，以及日式與西式衣物的區別等。《花衣》的發行十分成功，促使三越於同年又發行了《夏衣》，之後再出刊《春模樣》與《夏模樣》，全都是日比主編的。[53]一九〇三年，三越開始發行《時好》，內容包括時尚文摘、新上市的商品、店家活動以及知名作家執筆的文章，[54]且會贊助寫作比賽並提供獎金給最出色的作品。森鷗外曾在一篇題為〈流行〉

（一九一一年）的諷刺文章中描述一名被流行時尚擺布的男子，但即使是這樣一篇文章亦替三越吸引了關注。[55]體認到這些刊物能帶來無價的品牌宣傳機會，三越於是在一九一一年初次發行同名雜誌《三越》，除了在一九二三年因大地震而停刊外，每月皆持續發行，直至一九三三年。[56]

不讓三越專美於前，其他百貨亦開始效法，白木屋推出了《持家指南》（家庭のしるべ）、《流行》及《白木屋時代》（白木屋タイムス）；高島屋出版《新衣裝》；大丸則發行《衣裝》和《婦人俱樂部》，[57]當中充斥著各種資訊，包括最新時尚、各項商品、活動和文藝文摘，精巧地製作並傳播了關於品味的資訊。在琳琅滿目的進口新產品與最新服裝款式中，這些刊物會通知消費者有哪些產品可供購買，同時刺激其想透過機械化與現代化來提升生活品質的欲望。

但所謂的現代化和機械化，對前和服商大丸而言卻是致命的打擊。大丸百貨在十八世紀中期創立於日本橋，曾一度可與三井家的三越百貨匹敵。一九三五年間，劇作家兼評論家長谷川時雨追憶道：「大丸百貨……曾經是日本橋文化與繁榮的中心，如今日的三越百貨。」然而，誠如山第斯笛卡所指出：

> 大丸百貨不像其競爭對手位於主要的南北向電車幹道上，在明治時代結束時，大丸結束了在東京的事業，退至關西，直到近幾年才重回東京，這回大丸不再錯過

交通運輸系統，而盤踞在東京車站的入口處。[58]

一九二九年，阪急鐵路公司在大阪人潮熙攘的梅田車站開設百貨，創立了世界第一間由鐵路公司直營的鐵道百貨。[59]一如今日，立地條件對企業的營運成功與否至關重要，而新成立的「鐵道百貨」成了原有的眾多百貨的競爭對手，為了區隔市場，大型百貨持續招攬精英客群，而鐵道百貨則聚焦大眾市場——那些經過其交通站點的大量通勤族。[60]

其中三越百貨更開闢了許多道路，奠定其品味泰斗的地位。一八九五年，高橋發表了一篇文章，批判和服仍停留在江戶時期的傳統設計。為了振興這項商品，他成立了設計部門，並邀請膠彩畫家創造嶄新的和服圖樣，土佐派、住吉派、琳派與浮世繪的知名前現代畫家筆下的繪卷和屏風等素材則被當成了範本。一九一〇年，三越百貨還贊助了一場新紋樣的展覽，並頒發獎金鼓勵新穎的設計，在日本的織造與染色圈中蔚為話題。[61]

一九〇五年至一九二四年，三越百貨亦資助了名為「流行會」的名人聚會，當中涵蓋知識分子、作家和「文化人」等各界成員，最初主要負責每年春秋兩季舉辦的年度設計比賽及商品考察。當時高橋帶起了日本贏得日俄戰爭後的元祿款風潮，流行會則效法高橋，於一九〇九年時將比賽聚焦在復興江戶繪師尾形光琳的設計上，一九一五年則舉行以大正款式為主題的競賽。[62]此外流行會也會調查服裝趨勢，並記錄男女穿著日式或西式服裝的人數。儘管他們不科學的考察方法招來某些批判，但其調查顯示在一九一〇年的東京，男性主要穿著西式服裝，女性則主要穿著日式服裝，或以日式服裝搭配西式元素。[63]流行會舉辦了多次討論會，探討「流行」（趨勢、時尚或典範）這個詞彙的意義，並試圖解讀流行趨勢，以便預測或塑造一股新的流行。[64]此團體亦腦力激盪出多種展覽企畫，令大眾能鑑賞、評價新潮流，之後更將展出的物件變成主打商品。[65]一九一六年，為紀念光琳逝世兩百週年，三越百貨推出了一場光琳文物的展覽會，和以「光琳款」為主題的設計競賽。[66]

而其他如哥德款的推廣活動雖然也出自流行會之手，並有三越的廣告支持，卻不若光琳款的活動那般長壽，反而在一年內便落幕。當時之所以推廣「哥德款」，部分源自對國外新哥德式建築的興趣，流行會的某些成員宣稱哥德款可追溯至日本的中世，亦即戰國時代（一四六七～一五六八年），並可藉以掌握武士精神。[67]無論三越百貨的活動是否成功引起消費者的興趣，其都運用了優越的地位來影響和服設計的趨勢。

在實務上，百貨的主事者在致力推廣商品及企業品牌時，也應用了新輸入的技術——印刷技術的發展以及海報這種有效的廣告手段，雙雙替商店的行銷開創了一條嶄新道路。木刻版畫傳單與單頁版畫——比如歌麿的《當世美人》系列——被大型海報所取代，這些海報多半由知名藝術家繪製，並主打名人或著名的美女，如北野恆富（一八八〇～一九七四年）這位膠彩畫家，便曾替足利銘仙會繪製海報（圖78）。而其他與百貨合作繪製海報的知名畫家還包括：石川寅治在一九一四年為白木屋繪製；池田蕉園在一九一五年替大丸繪製；鏑木清方則在一九一六年替松坂屋繪製。[68]現存一張一九一六年的照片捕捉

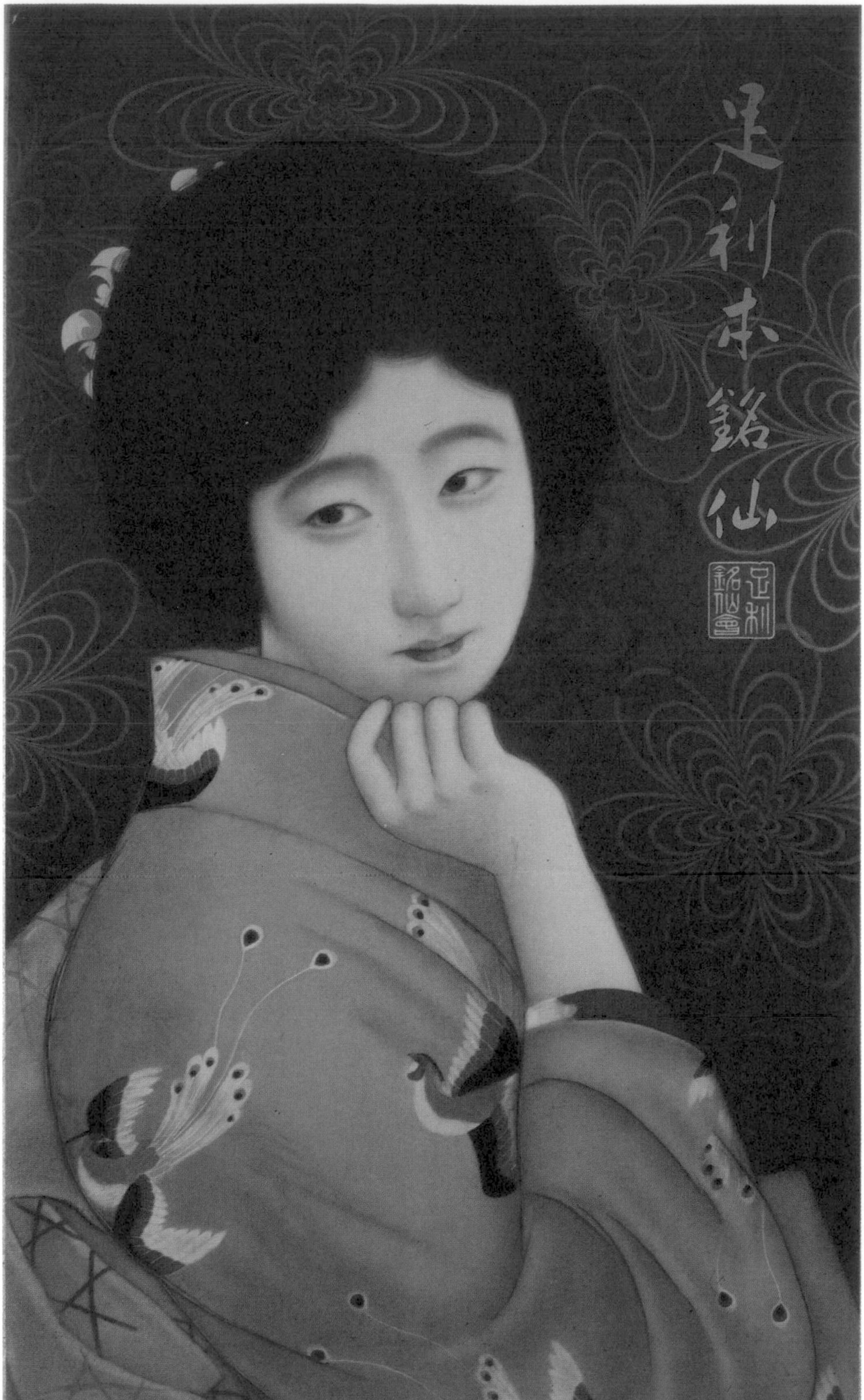
足利本銘仙
足利銘仙會

了當年松坂屋的櫥窗，可見櫥窗主打清方的海報，前方還有一匹匹垂下的和服布料。[69]

由知名畫家繪製的海報多半會主打知名女性。一張於一九〇九年由洋畫家岡田三郎助（一八六九～一九三九年）所繪製的三越海報，便描繪了總監高橋義雄之妻——穿著元祿款和服的千代子，而元祿款恰好是當時三越百貨銷售活動的重點（圖79）。[70]另一張一九三一年秩父銘仙公會的明信片上，描繪了舞台劇女演員水谷八重子，她穿的是一件繽紛鮮明的銘仙和服（圖80），而電影女星田中絹代（後來成為日本第一位女導演）則獲選為一九三二年足利本銘仙海報的模特兒。[71]一般認為銘仙和服之所以受歡迎，是由於其在經濟衰退時期所需的花費相對低廉，[72]然而高品質和高成本的海報則顯示出銘仙的需求量或許與複雜而純熟的市場行銷活動有關。經由商家或紡織企業的贊助，由知名畫家繪製及名人背書的海報提供了視覺性的連結，將人物、產品與產地串連了起來。

從品名到品牌

在日本文化中，很早就建立了產地和產品之間的連結，打從十六世紀中期開始，兒童精英的讀物中便會列出各個地區及其名產，令這些產品得到「名稱與名聲，因其完美展現出在地智慧」。[73]兒童讀物不僅教導學齡孩童習字，亦帶領他們認識國內最優秀的製品，以及生產這些製品的地方。十七世紀初期，一位旅人的日誌上列出了可作為紀念品的「名

圖 78
北野恆富，足利本銘仙海報，1927 年，彩色平版印刷。

三越呉服店

圖 80
秩父銘仙模特兒——女演員水谷八重子，1930 年代，明信片。

圖 79
岡田三郎助，三越百貨總監高橋義雄之妻千代子，三越百貨海報，1909 年，彩墨，紙本。

產」，比如出自鳴海的絞染布料「鳴海絞」（圖81）。[74] 將產品與產地相連一事導致了：

各個商品品項的細瑣分類——比如斑點布料「諸國名物鹿子」等，（這些）在十八世紀開始流行……一直以來，各地教科書都會有一長串基本的產品清單，一般書冊如《萬民重寶名物往來》則僅聚焦在國家的資源、美術和工藝品上。這些讀物教導人們對土地虔誠，並向孩子說明經濟價值，或許還帶有一點吸引人消費的意味。[75]

到了十九世紀中期，帶有「品牌」特性的地區性產品已經發展成熟，可以略過大阪中央市場，直接發送到全國各地的忠實顧客手中。[76]

早在一六七〇年代，各大城市便出現了以個人消費導覽手冊（独案内）為形式的商業指南，上頭列有商家地址、商標及所販售的商品類型，直到十九世紀都被當作實用的資訊來源。[77] 許多紡織品皆被列在讀物與商業指南中，比如產自明石的縐織布「明石縮」、京都的錦緞「京都錦」，這些品名不僅收錄在地區導覽手冊內，亦保留在現代語彙當中。探訪當地的旅人可浸淫於導覽手冊裡，盡情想像自己擁有這些過往未知的物品，讓自己學著認識必需的裝飾品，一邊努力適應從鄉村轉換到城市的生活，抑或不同社經階級間的轉變。

從郊區前往大城市的旅人所行經的路線，恰好與想在鄉村尋求新體驗的城市居民所經之路交會，發達的交通運輸系統不僅促進了國內旅遊，亦讓原先偏遠的地區得以大量接觸到各階層的人。東京到京都之間繁忙的幹道上——包括知名的東海道以及許多無名的參拜小徑——商家林立，專門針對那些要帶「土產」返家的遊客。[78]當時喜好休閒旅遊的新興中產階級興起，讓「名物」或地區性商品的市場變得相當蓬勃。

圖 81
歌川廣重，〈鳴海　名產有松絞染店〉（鳴海　名産有松しぼり店），出自《五十三次名所圖會》系列，1855 年，木版彩印。

日本消費者意識到其可選擇的國內產品十分多元，與普遍認同的國際市場持續擴張密不可分。隨著傳統文化逐漸受到外國勢力威脅，知識分子與精英之間於是掀起了重新欣賞日本美術和工藝品的風潮。[79]一九二〇與三〇年代，像柳宗悅（一八八九～一九六一年）這般的知識分子便效法岡倉天心，蒐集韓式鍋罐和衣飾，並進一步將這些韓國物件吸納——殖民——到剛成形的民藝運動中。日本國內外此時確實都開始注意到地方工藝品的價值，這股意識亦延伸到日本所占領的地區，包括一八六九年占領的蝦夷地（今日北海道），一八七九年占領的沖繩（前身為琉球王國），一八九五年占領的台灣，一九〇五年成為日本保護國並在一九一〇年被占領的韓國，以及一九三一年九一八事變後淪為日本傀儡國的滿洲國。[80]誠如金・布蘭特（Kim Brandt）所言：

一九三〇年代，日本將帝國擴張至亞洲大陸的野心勃勃，同時與中國爆發了戰爭……日本若要一舉擊敗西方，顯然必須先回歸位在東亞卻與其截然不同的日本，這並不表示多數日本人長久以來並未區分日本與其他亞洲地區，亦不表示柳宗悅並未高度意識到西方是一善變之地，反而顯現出人們面對與各式各樣、不斷變化的「他者」之間的關係，試圖從中鑑別日本與日本特色。[81]

民族主義情操構成了民藝運動，目標是為了在更大的文化圈內定義日本及其工藝品。

日本的民藝擁護者與百貨公司合作，利用百貨的行銷專業在都會中心展示地區產品，恰如布萊恩·莫倫（Brian Moeran）所指出：「商店顯然必須兼具觀光與購物的吸引力，因此成了文化和消費的殿堂。」[82]從二十世紀的前十幾年開始，三越百貨便在美術和工藝品的產地贊助相關展覽。針對其推廣地區產品的努力，布蘭特表示：「極具爭議的一點是，民藝改良實際上是在鼓勵發展相對同質化的美學，同時又傷害了真正的區域多元化。」[83]在意識到這樣的同質化後，一九三〇年代初期的日本發生了反作用力，農村生產者受到如此鼓勵：

在消費上，將地區產的麻和（所有種類的生）絲用來取代如羊毛和棉這類進口纖維……（而出版品如）《家之光》則強調特殊農村美學的概念，並認為農村美學下的衣物製品需由家庭製作，布料得為手工織造及染色。[84]

換句話說，地區特色顯然與其農村特性緊密相連，不應為了追求、模仿都會生活型態和商品而放棄。努力在大型國家企業底下保存地區特色，反映出日本亟欲抗拒已然滲入其風尚與服裝的西方風格。而《家之光》的讀者群包含了移居至巴西與其他國家的日本移民，顯然不受地區或國界的限制。[85]

在維護本土文化的風氣逐漸升高下，伊東深水（一八九八～一九七二年）的木刻版畫中夢幻地凝望遠方的女子圖像，則看似掩蓋了當代理想女性美複雜的內涵（圖82）——這幅《新美人十二姿・島女》中，女子穿著剪裁不明顯、有著白色十字紋樣的服裝，深色的露指手套看來與衣物成套，乍看還戴著法式貝雷帽，左下角的一桶水稍稍則遮住了她的右手肘。然而仔細端詳後，我們會發現這並非一名現代、時髦的女子，而是來自伊豆大島、通稱「大姊」（あんこ）的女性，[86]看來像貝雷帽的配件，其實是島上的婦女提水時纏在頭上的藍染布料，「露指手套」實際上是袖套，類似大原地區的「大原女」在城市與鄉村間運送柴薪及生活必需品時所戴的袖套，且這些勞動女性通常會像畫中一樣將腰帶綁在前方。誠如這幅畫所示，一九二〇年代初期，女性美並不僅限身穿絲質和服的都會知性女子，一位穿著藍染棉質樸素和服的勞動女性仍可顯得傳統而時髦、既田園又都會。與伊東的畫作不同，這時期的明信片則以英語群眾為目標，展示鄉間婦女將水桶頂在頭上運送的姿態，其定位既非田園亦非都會，但穿著則明確喚起了傳統感和鄉村感（圖83）。

依據穿著的情境，和服逐漸演變為國家典範的顯著象徵，同時也是與「日本」這個特定地區連結的「品名」。十九世紀中後期，隨著西式服裝的浪潮湧入日本，形成了新的分類概念——「和服」表示日式服裝，「洋服」則表示西式服裝。[87]而國際市場則擁有更為廣泛的服裝分類概念，吸收了日式長袍這一新穎觀念，使和服漸漸被重新定義成特殊的日式服裝。如前所述，在日本的脈絡中，剪裁、結構類似的不同款式服裝都有特定的名稱或商標。日本塑造了和服典範的一部分，但完成此典範的，主要卻是納入更多特定服裝類型

圖 82
伊東深水，《新美人十二姿・島女》，
1922 年，木版彩印。

的西方，「和服」一詞於是被普遍認為是日本人所穿的多款長袍。無論日本人或西方人、在日本境內或世界各地，所有和服著裝者皆傳遞且接收著複雜的符號，這個部分將在第四章深入討論。

圖 83
〈大島風俗〉，1930 年代，明信片。

市場的美學品味

一如本章開頭所引述的岡倉天心之語，二十世紀早期，日本的重要人物為了定義國族認同會策略性地選擇服裝。對住在歐洲或美國城市的日本國民而言，服裝議題象徵日漸高漲的全球化意識，如波津（日本駐美大使九鬼隆一的妻子）之子九鬼周造便是一例。傳聞波津在嫁入九鬼隆一所屬的地方武士家庭前，「在京都祇園的花街曾有一段過去」。[88] 九鬼周造的傳記中提及其父母的家系，父親的家系源自武士家庭，母親的家系則關乎京都花街，另外還有一脈血緣較遠的家系，則是他的「叔叔」和「精神上的父親」（據傳是其親生父親）——熱切宣揚日本藝術與文化在全球脈絡中之定位的岡倉天心。

九鬼周造在一九二一年離開日本遍覽世界，在旅居歐洲時讀了岡倉的名著《東洋的理想》，隨後在巴黎振筆寫下《「粹」的構造》（一九三〇年），後來亦成為他最知名的作品。「粹」是一個微妙的日本詞彙，用來描述不同歷史時刻中代表不同意義的美學品味、態度或感受，總的來說，「粹」是以低調而精湛的手法表達輕鬆幽默的態度。根據九鬼周造在一九三〇年代為「粹」一詞所下的定義，於十九世紀晚期，其代表一種都市化的瀟灑，同時包含了調情（媚態）、傲氣（意気地），以及其後的放下（諦め）。[89] 周造宣稱這是一種顯現於外的態度或意識型態，比如一個人穿著的衣物類型或著衣方式。舉例來說，用某種方法突顯女性的後頸或將和服稍稍掀開，露出腿部或和服下的紅色內襯，都被視作「粹」的表現——一種特殊的情緒或感受。儘管這主要是十九世紀的概念，但周造復興「粹」的美學一事，代表他試圖定義出一種特殊的日式感受，且這番感受推崇的是江戶時代的品味先驅。在文化上熱切借用並吸收西方典範後，這股「回歸日本」的渴望並不令人意外，此外同時還有逐漸興起的民族主義進程。

傳統圖樣在日式設計中歷久彌新，某些特定的主題反覆出現在文學與影像傳統中，將前現代與現代設計連結起來。只要觀察特定主題——比如千鳥與青海波——於不同時間點在各種媒介上的模樣，便可得知日本設計和美感的變化，亦可觀察和服行銷策略如何因應並適應這些變化。

十八世紀中期的紋樣書中，千鳥與抽象的波浪幾乎覆蓋了整件和服，自下襬向上彎，延伸到雙肩（見圖27），但到了十九世紀早期，設計空間被壓縮得只剩和服的下半邊，主要集中在下襬與前片交疊處，一如一八〇〇年代的紋樣書所示（圖84）。下圖這件十九世紀至二十世紀初期的和服（圖85、86）融合了「粹」的美學，若從遠方觀賞，很難在一片朦朧的藍色背景下看出和服的原色嗶嘰霧面質感，然而若近距離觀察，會發現布料採用近似網狀的開放編織，十分近似歐洲蕾絲刺繡——就像一張網那樣，至於成群翱翔在海面上的千鳥則由珍珠母組成。專注於細節，而掩蓋耗時、費工及昂貴的素材，在在象徵著「粹」的美學所偏好的低調優雅。

如上所示，「粹」的美學的重要面向，便是挑戰觀看者能否辨識衣物所隱藏的價值。

圖 85、86
千鳥與青海波圖樣的和服，
19 世紀晚期至 20 世紀初期。

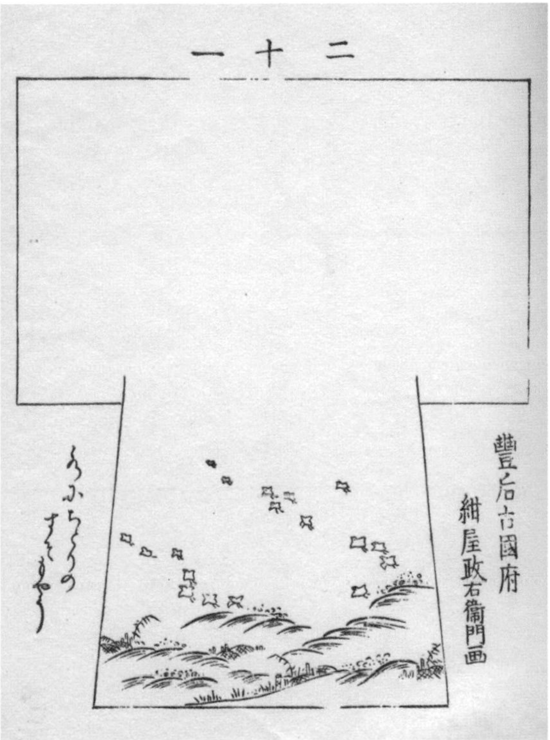

圖 84
第 21 幅，千鳥與青海波，《新雛形千歳袖》（1800 年），木版墨印。

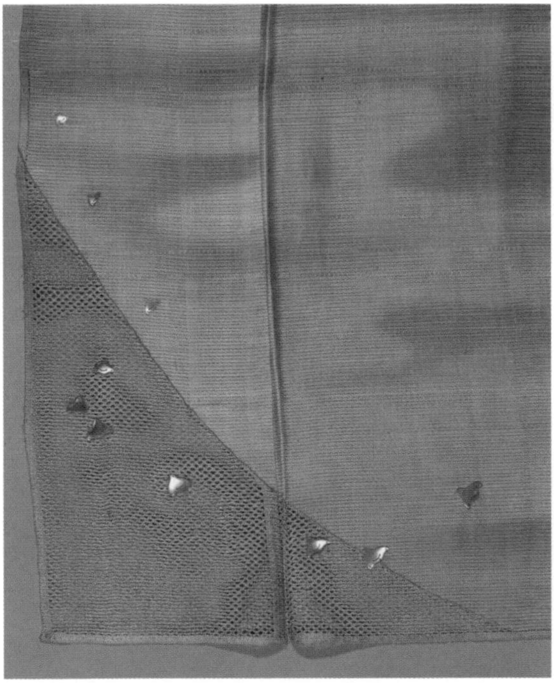

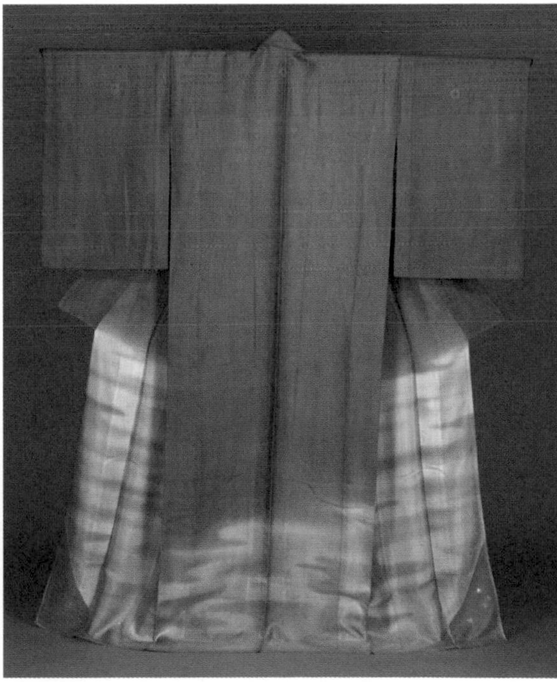

帶有兩層或更多層絲的和服，即代表美學品味的改變。下面有一件十九世紀晚期的和服，上頭是千鳥和青海波，吸引著觀看者檢視其精細的做工（圖87、88、89）。其中千鳥採用的是小型天然珍珠及珊瑚圓珠，在精緻的友禪染波浪紋樣上飛翔，富於層次感的架構、在細節使用講究的素材及精緻的表現技術，都讓人忘卻整件和服所費不貲。在和服上運用珠寶之類的特色，或許會令人聯想起第一章提到的那襲據稱是尾形光琳所設計的和服——上頭由稀有的珊瑚做成了南天竹的漿果。從十九世紀晚期到二十世紀初期，所謂的時尚，指的即是有內、中、外三層結構且圖樣全數設計在下半部的絲質和服。[90]到了一九二〇年代，刺繡千鳥翱翔在垂直的海浪上，海浪則由和服中央的前片向外延伸（圖90、91）。

和服設計的構圖變化大多映現出某種改變，這種改變不僅體現了和服和腰帶間的關係，亦反映出穿著和服的環境。二十世紀初期，當女性穿著和服出席正式場合時，她們是坐在椅子上而非榻榻米，和服的上半身於是變成能見度最高的設計空間，因而獲得了更多關注。此時設計元素主要出現在和服正面左側與背面的肩膀處，下襬則有與之呼應的圖樣。有別於桃山時代刻意將和服中段留白不設計的「肩裾」技法，當時則將整件和服都視作空白的畫布，全當成設計的範圍，但會特別留意肩膀與下襬的設計。

和服設計師一旦受聘於製造商或百貨，開始推廣特定的和服圖樣、晉升品味大師後，便會令特定圖樣廣受歡迎，像三越這類的百貨會將企業形象與「流行」或「時尚」結合，並灌輸顧客某種獨特的品味。[91]外界的資訊與靈感則為日本奠定了新的設計時尚，舉例而言，當設計師從一九〇四年的聖路易斯博覽會返日後，西方花卉遂成為和服的主題。一九〇六年，三越聘僱了設計師平田秀輔（生卒不詳）來描繪早稻田大學創校者大隈重信溫室裡的蘭花，和服製造商千總則為其打出「早稻田的香氣」（早稲田の薫）的名號，而後這些設計亦出現在三越發行的明信片上（圖92）。此外知名企業家岩崎彌之助花園內的秋海棠也曾被描繪為和服圖樣，至於其他日本染色師原本不熟悉的花卉，比如鈴蘭、鬱金香和紅花草等，亦皆在此時期首次於防糊染和服上亮相。一九〇七年，知名作家夏目漱石開始在《朝日新聞》連載小說〈虞美人草〉，東京大彥染坊的虞美人草和服靈感便源自此，三越推廣的浴衣亦有類似設計。[92]其他和服圖樣也以近似的方式受到推廣，如一九二九年，京都西本願寺販售的歌牌上即繪有三十六歌仙選集的圖樣，其中風靡平安時代（七九四～一一八五年）、象徵宮廷風雅的歌仙藤原道長，就被重新包裝成優雅的設計，裝飾在一九二〇年代晚期、據說畫家上村松園（一八七五～一九四九年）曾穿著的和服上。[93]

百貨公司——特別是三越百貨——開始注意時尚趨勢並研究當下的流行，從而演變成對消費者品味的關注與監控。日文中最能反映英文單字「品味」（taste）的詞彙是「趣味」，與其他代表美學傾向的專有名詞——如前述的「粋」（都市化的瀟灑）一樣，「趣味」亦有其使用上的歷史脈絡。在二十世紀剛開始的前十年，這個詞彙已然普及，約莫與此同時，百貨公司亦在都會地區急速增加。誠如神野由紀所言，正是在這段時期，品味的美學概念滲透進日本上流與中產階級的語彙內。[94]

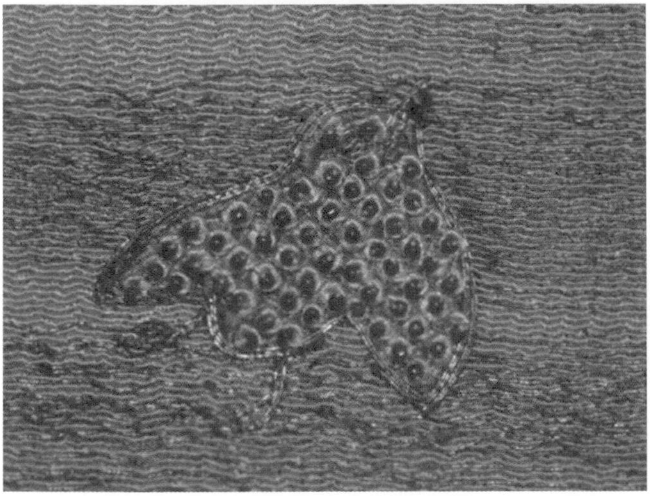

圖 87、88、89
三層女性和服及其局部，千鳥與青海波，20 世紀初期，輔以金色金屬絲線編織，染料手繪，墨水和色彩，漸層刷染色，以小型天然珍珠和珊瑚圓珠做絲線刺繡，縐絲。

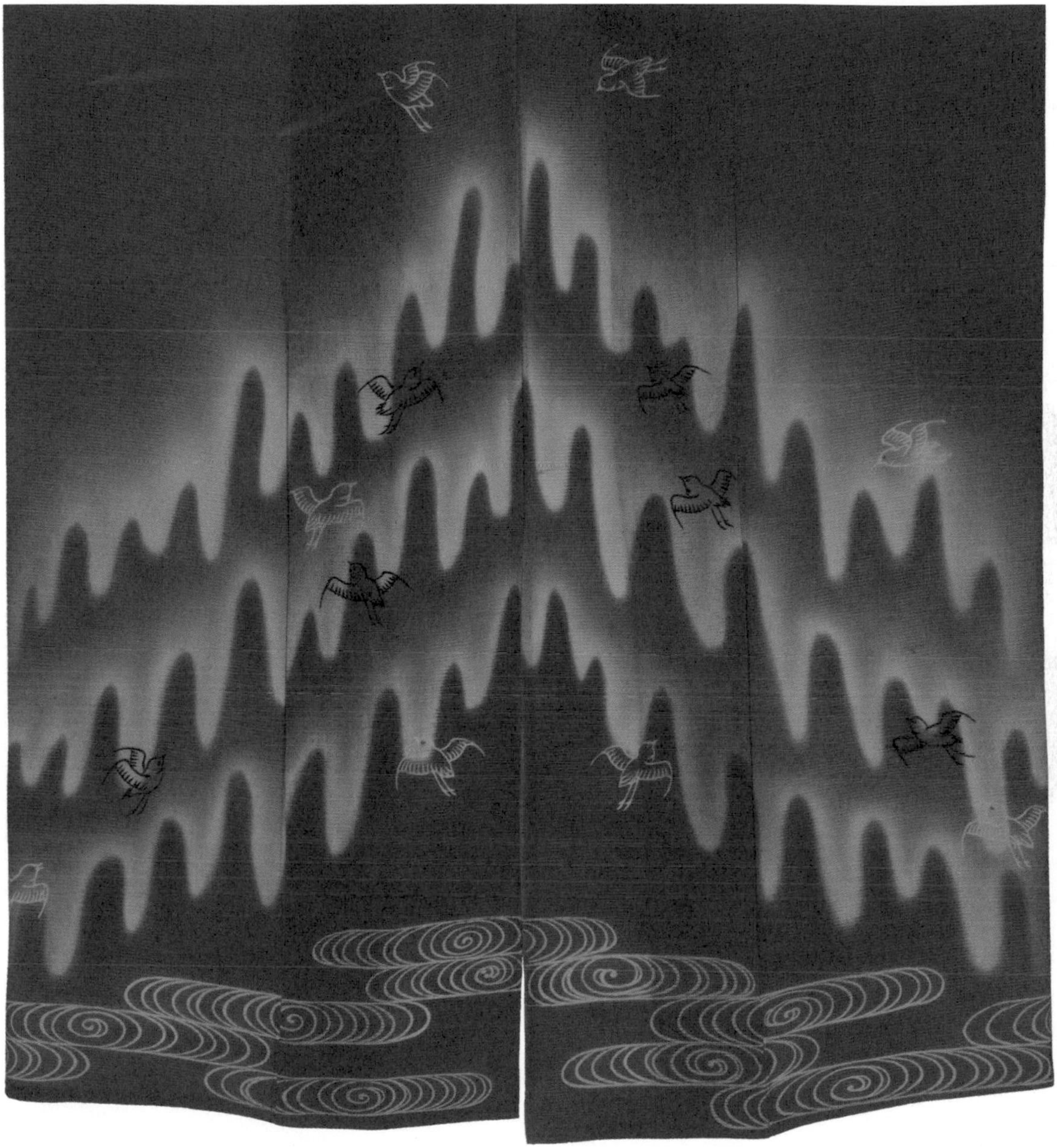

圖 90、91
女性的單衣及其局部，千鳥翱翔於抽象的波浪上方，
1900 年至 1925 年，絲線刺繡和金線，絲。

圖 92
「早稻田的香氣」，蘭花，三越明信片廣告，
印於 1909 年，彩色平版印刷。

「趣味」一詞在日文中也有比較通俗的涵義並沿用至今，即「嗜好」或「愉悅的消遣」，收藏紡織品亦被分至「趣味」一這一語境（儘管由前述討論來看，從「愉悅的消遣」到更為正式的因素都可能是收藏的動機，包括在國際博覽會上展示以獲得國家聲譽，在博物館陳列以體現「國家啟蒙的過程」，又或是民藝創始者所嘗試的——維護自身或其他文化的傳統）。

十九世紀晚期開始，日本商品的貿易範圍逐步拓展，蒐集與販售古董日本紡織品的事業隨之急速成長，並發展成一個有別於買賣新製和服的獨立市場。二戰前至少有兩組團體——末廣會與珍裂屋——參與了組織性的古董紡織品交換與交易活動。末廣會會在古董商暨收藏家野村正治郎（一八七九～一九四三年）位於京都新門前的店鋪二樓舉行拍賣會（圖93），[95]通常約有十二至二十位貿易商或收藏家穿著正式的黑絲和服出席，眾人聚在一起展示各自珍藏的紡織品，並彼此察看。每位與會者前方都擺有毛筆、硯台與倒扣的亮漆小碗，在仔細檢查過拍賣物件後，成員們便會在碗中寫下各自的出價，再把碗推向委任的拍賣商，最後商品便由出價最高者得標。隨著時間流逝，這些拍賣會替紡織品建立了貨幣價值，也藉以提升出席者的聲望——他們可證明自己擁有珍貴物品且具備鑑賞的能力。

物品被分類、記載、安排和展示的方式取決於收藏家的動機，而這些動機持續形塑了文化記憶並傳達關於「品味」的見解。當時日本藝術家會組成專門團體，積極研究、蒐集和展示日本紡織品與服裝，而畫家則仰賴研究家及收藏家提供畫作中使用的紡織品資訊與範本，以創造出精準代表歷史主題的作品。野村正治郎也會與其他研究家合作舉辦展覽會、發行書籍，並運用其收藏為藝術家舉辦素描課，更在一九二七年至一九三九年間，和京都出版商芸艸堂一起將他的和服收藏品編製成七冊彩色插圖本，據傳畫家伊藤小坡、上村松園和中村大三郎皆曾借用野村的收藏品來繪製草稿。[96]而西畫畫家岡田三郎助亦研究、收藏、繪製日本紡織品，並撰寫相關作品，事實上，雖然岡田使用油彩與帆布作畫，

圖 93
野村正治郎的明信片，絲線刺繡加工廠，第 25 號，京都新門前，
19 世紀晚期至 20 世紀初期，珂羅版印刷。

但他的模特兒多半都是身著和服的日本女性。[97] 此外和服設計師田畑喜八（一八七七～一九五六年）先後在幸野楳嶺與竹內棲鳳門下研究日本畫，他所收藏的紡織品亦令許多藝術家欽羨，至今備受推崇，且喜八畫作的裱框師也收藏了許多古董織布，曾被上村等畫家作為參考素材。

日本古董收藏家、藝術家、貿易商與畫作裱框師顯然都分享了其紡織收藏品及相關知識，逐漸認可了新舊日本服裝與其配件的社會及經濟價值。他們研究並蒐集古物、古董衣物及配件，並發展出一套分類系統，依據其專業知識，以稀有度、相對的品質和奠基於當代品味的需求為準則，列出每件單品在市場上的排名及等級，在這個過程中，他們亦為符合自身品味的物件創造出不同的分類選項。這樣的情形不僅發生在紡織品上，日本藝術有許多領域都存在著模糊不清的分類。舉例而言，繪畫術語中的「大和繪」，陶器術語中的「織部」，美學領域中的「粹」皆模糊而難解。[98]至於紡織品中則有所謂的「辻花」（辻ヶ花），指的是十六世紀稀有而精緻的紡織品，這部分在第五章將有更完整的討論。一九三〇年代到五〇年代間，有一群主流的男性紡織品鑑賞家蒐集、保存了一批紡織品，並為之命名，建構了稱為「辻花」的文化記憶，而這過程影響了物品分類的歷史、美學與經濟價值。二十一世紀初期，被列為「辻花」的物件在拍賣會上曾以高於七萬美金的價格售出。

當前的古董和服市場瞬息萬變，堪稱物以稀為貴。關於現代和服的資訊相當匱乏，這個主題直到近期才獲得收藏家、貿易商、博物館員和學者的關注，導致人們會以不同等級看待現代和服。如今在日本國內外的跳蚤市場仍可購得現代和服，它們被歸類成「適合收藏的物件」而非「藝術品」，日本的國立博物館亦不會主動收藏現代和服，因其不夠古老、不夠稀有，也不夠「有價值」，無法成為典藏品。現代和服——尤其是可追溯至一八五〇年代的和服——的經濟價值目前仍有待商榷，但歷史價值則無庸置疑，其反映出日本人在歷史關鍵時刻的美學選擇，同時保存了這個時代的集體品味。

日本在一八五〇年代中期遭遇了西方，雙方文化快速而密集地碰撞，一度創造出融合兩種文化元素的混合體。隨著西方習俗與服裝知識深植日本，最終出現了更精緻而複雜的時尚。在進入二十世紀及最初數十年間，披上和服不過是一項簡單的動作，卻是意識到日本外在環境威脅後的象徵性反應，可以是愛國情操或重返傳統價值的表現。另一方面，選擇西式服裝則象徵了與西方強權平起平坐的欲望，或是拒絕過時日本典範的表現。日本社會的精英及受過良好教育的人不再基於日常所需而穿著和服，穿和服成了一種有意識的選擇，經由個人的服裝選擇象徵性地區分出「我們」和「他們」，則進一步表現出品味的差異。

法國社會學家皮耶·布赫迪厄（Pierre Bourdieu）注意到「品味（即明顯的偏好）是必然性差異的實際佐證」：

> 一如各種品味（美感）往往既結合又分開，特定類型的產物與特定階級的存在息息相關，這將身處相同狀態的一群產物（人）結合，同時又將其與其他人分開。這是一種極根本的區分方式，品味既然是所有事物——人和事——都具備的基礎，也是能夠給予他人的全部，人們於是藉由品味分類自己並被別人分類。[99]

以布赫迪厄的論文為基礎，社會學家川村由仁夜解釋道：

在任何具有區別性的社會，無論個體、群體或社會階級都無法逃脫這個邏輯，且此邏輯在將他們與其他人分開的同時，又把他們聚在一塊。我們所創造的界線是象徵性的，文化消費在過程中扮演了核心角色。因此，分析人們與文化物件間不同的關係可以幫助我們了解支配與從屬，而時尚則可作為概念性工具，用以了解象徵性活動的本質。[100]

現代日本史學家蕾斯理・平克斯（Leslie Pincus）則透過布赫迪厄的論述分析了九鬼周造對品味的處理，並總結道：「由布赫迪厄對品味在社會性功能的洞察來看，關於《粹的構造》所描繪那介於日本和西方間的區隔，極可能還隱藏著其他差異，存在於九鬼個人想像的共同體（Imaged Community）中。」[101]對平克斯而言，「儘管九鬼論述時，辯論的是國家文化的差異——亦即反對吸收西方文化形式，但在其評論中，無疑也存在著日本內部的社會差異」。[102]

日式服裝——特別是和服——即演示了以上的論述。和服實質地包覆身體，不只代表了「國家文化的差異」，還象徵「日本內部的社會差異」。隨著時間流逝，日本在動盪不安的時期尋找、塑造國族意識時，無論是作為服裝或收藏品，和服都既暴露又隱藏了其中的模糊性與焦慮。

第四章

和服典範移植西方

我不知令我心燃燒者，是和服本身所勾勒出的東方意境、是模特兒身著和服所萌生的海市蜃樓，抑或是我對日本的嚮往。但透過和服優雅的線條，我在體內發現了新生命，那是一道極為迷人的謎團。

——川勝堅一筆下的B先生[1]

❖

虛構的B先生表達了對和服的浪漫想像（圖94），然而約莫一百年前，美國准將馬修・培理對日本女性服裝的評價可沒這麼討喜（圖95）。培理如此描述一位在橫濱市長家中服侍自己的女性：「赤腳，腿上亦無遮蔽，像是穿著某種深色睡袍，用寬帶子緊緊在腰間。」[2]他在日誌中更進一步提到：「各個階級的服裝在款式、剪裁或顏色上都無法更動分毫，一如他們的律法和習俗那般。人們的穿著顯現出其地位與背景。」[3]培理的評論暗示了他對和服的看法——不得體且未能與時俱進。

在培理抵達的兩世紀前，葡萄牙人陸若漢（Jesuit João Rodrigues）亦對和服有類似的印象。相較於培理從服裝上看出階級差異，陸若漢則觀察道：

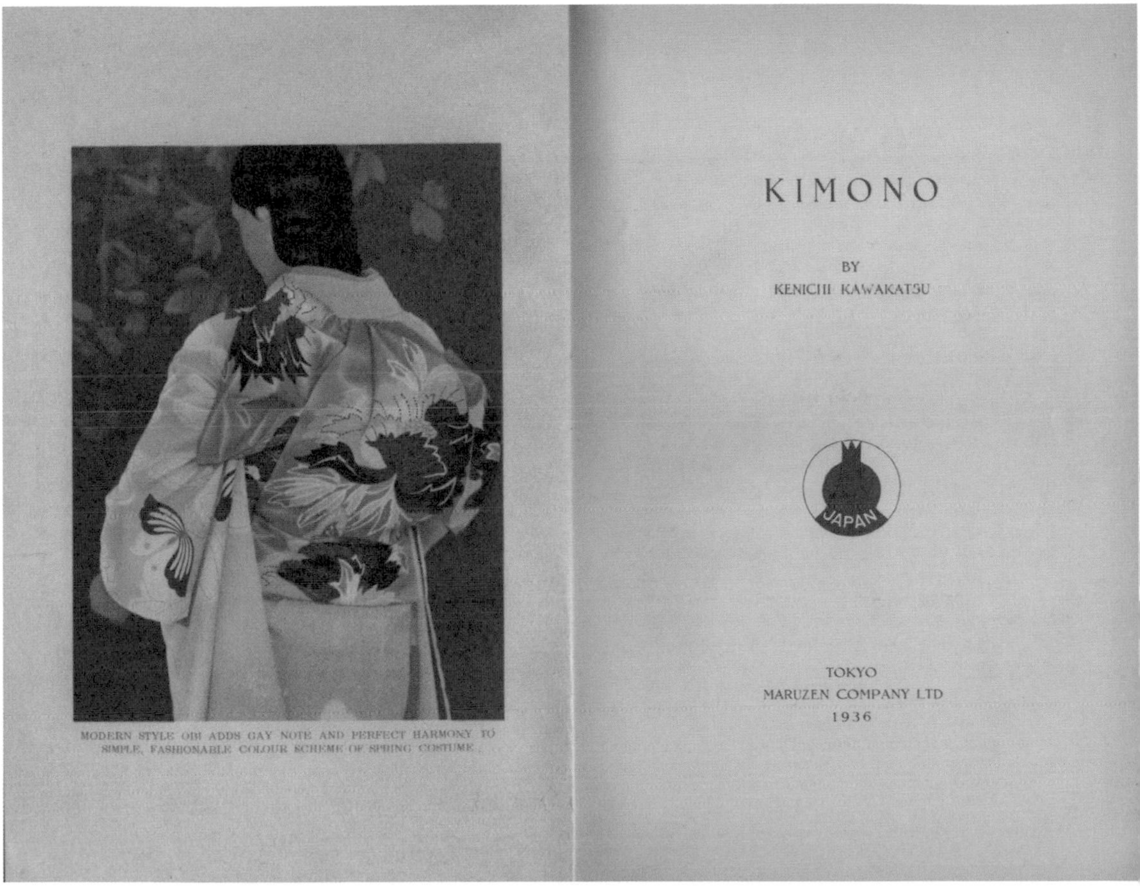
MODERN STYLE OBI ADDS GAY NOTE AND PERFECT HARMONY TO
SIMPLE, FASHIONABLE COLOUR SCHEME OF SPRING COSTUME
KIMONO
BY
KENICHI KAWAKATSU
JAPAN
TOKYO
MARUZEN COMPANY LTD
1936

圖 94
川勝堅一，《和服：日式服裝》（*KIMONO: Japanese Dress*，1936 年）
的卷頭插畫，鐵道省國際觀光局出版。

圖 95
女性的打掛，松竹梅（據說在培理約 1854 年第二次遠征日本時，這件衣服被送給了他手下的一名船員），約 1825 年至 1850 年，絲緞、金錄盤釘繡。

> 無論貴族或平民、男性或女性，總以袍子為主要穿著，在整個國度內以「和服」或「着物」稱呼，它是從睡袍演變而成的長衣，從前長至腿部中央或脛骨，如今則長及腳踝，被視為較優雅而正式的穿著。[4]

西方之所以感覺和服與「睡袍」相關，並認為日本「無法更動分毫」，或許正是葡萄牙人陸若漢開了濫觴，而培理這樣後繼的觀察者則鞏固了這個概念。看在西方人眼裡，和服被視為正式服裝的窄版流線剪裁的確更像睡袍，而非西方人習以為常的正裝——即裙襬寬且剪裁講究的款式。

十九世紀中期的視覺圖像強化了西方視和服為長袍或睡袍的看法。一八六四年，詹姆士．迪索（James Tissot）完成了一幅畫作，名為〈沐浴的日本女人〉（*La Japonaise au bain*，圖96），畫中出浴的白人女子身上套著一件寫實的和服，姿態誘人。在日本，與迪索畫中衣物類似的服裝是「打掛」，但絕不會當浴袍或睡袍使用。這類衣物上有特定的圖案，以絲線和金線刺繡裝飾，是武士階級中富有的女性所穿的正式服裝。但這一點對迪索顯然無關緊要，引發他興趣的，是服裝設計上的異國風情、剪裁與材質，而非衣物原本的用途。

然而當一個文化挪用了另一個文化中的物件後，會發生什麼事？該物件會被置於新的脈絡中，脫離其原先的社會、經濟和政治意義，而擁有了新生命。比如在迪索筆下，富有

的武家女性那要價不菲的袍子便橫跨地球，從日本穿越至歐洲，在新的脈絡中，這件和服被轉化成新穎的物件，在一名歐洲畫家的想像中被用來體現日本這個異國。[5]

十九世紀歐洲與美國畫家的畫作中，皆將和服描繪成異國日本的象徵，但是手法上稍有不同。在迪索的畫中，女子半裸、和服成了浴袍，背景的室內包括日式紙拉門、櫻花與敞開的窗戶，這些效果加總起來，清楚地將和服置於異國的情色想像之中。在迪索完成〈沐浴的日本女人〉後數年，皮耶－奧古斯特．雷諾瓦（Pierre-Auguste Renoir）於一八八二年畫了一幅肖像畫〈赫瑞夫人〉（Madame Hériot），畫中的赫瑞夫人身穿和服，蓋住了高領、扣齊的紅色上衣（圖97），腰間則以金色腰帶繫住和服。她坐在西式椅子上，室內的布置暗示了她是上流階級的貴婦。在雷諾瓦筆下，和服代表著經常旅行的富裕女性，因此畫中的和服可能是赫瑞夫人購買的紀念品，又或是她收到的禮物。儘管雷諾瓦肖像畫中的和服象徵異國，但並不情色，只是在他與迪索的畫中，和服象徵日本武家女性的原始意義皆蕩然無存。

在西方想像中最顯著的和服意象之一，是將其與迷人的女性連結起來，如知名的《蝴蝶夫人》中女主角便身穿華麗和服。一八八七年，皮耶．羅逖（Pierre Loti，本名朱利安．維奧〔Julien Marie Viaud〕）出版了自傳小說《菊夫人》，描述一位海軍軍官與長崎藝妓的愛情故事，五年後，《菊夫人》被搬上了歌劇舞台，不久，普契尼（Giacomo Puccini）則參考這則故事寫出了知名的歌劇《蝴蝶夫人》，於一九〇五年初次上演。直

圖 96
詹姆士．迪索，〈沐浴的日本女人〉，
1864 年，油畫，帆布。

圖 97
皮耶－奧古斯特．雷諾瓦，〈赫瑞夫人〉，
1882 年，油畫，帆布。

至今日，《蝴蝶夫人》仍不斷在舞台上搬演，讓這個一八八〇年代法國海軍軍官的羅曼史所改編的故事永垂不朽。

十九世紀後期，西方收藏家取得了大量浮世繪與版畫，畫中描繪了身處江戶遊廓、穿著和服的美人。在這些技藝精湛的圖畫中，每件和服的紋樣和款式皆帶有細膩的差異，明顯區別出遊女與藝妓、茶屋女侍與商賈妻子——儘管一般西方人無法看出這些細微差異。

在這段時期，和服、藝妓與遊女之間的關聯經常受到嚴重誤解，甚且沿襲至今。在普遍的誤解中，往往將藝妓（字面意義為「藝術之人」）與和服文化相連，使西方對於和服及其著裝者的認知有所扭曲，也誤解了衣物與人物背後的社會文化脈絡。相對地，日本人則以「自我異國化」（auto-exoticizing）的方式來操作西方對和服的認知，以便從中獲得好處。[6]

揭開和服的神祕面紗

一八七九年，為紀念美國總統尤利西斯・格蘭特（General Ulysses Grant）與夫人茱莉亞（Julia Dent Grant）訪日，日方設計了一系列手冊（圖98），手冊封面畫了一群歌舞伎演員，每位演員皆身穿條紋與星星設計的和服。[7]對日本人而言，將美國國旗穿上身是為了表示歡迎，但將國旗設計成衣物，卻可能令美國人困惑或沮喪——何況茱莉亞這邊的

圖 98
三代歌川國貞，攤開的手冊封面，出自《格蘭氏傳倭文賞》，紀念尤利西斯・格蘭特總統和夫人於 1879 年 7 月訪日，木版彩印。

美國國旗畫反了，而總統格蘭特則與日本國旗放在一起。根據西方人的社會及歷史脈絡，他們傾向將日本放在陰柔且古典的位置，考量到這點，手冊中將美國國旗與女性並列，又將日本國旗與美國男性軍官並置，對美國人而言恐怕十分刺眼。

而透過木刻版畫這個媒介所呈現的日本，原本可由日本人自行掌握，但當一八五〇年代引進了攝影術，西方人便有能力操縱日本的影像了。比如奧地利攝影師斯蒂弗利德男爵（Raimund von Stillfried）

當時在橫濱開設了一間工作室，最初稱為斯蒂弗利德公司（Stillfried & Co.），之後在一八七六年與赫爾曼・安德森（Hermann Andersen）合夥，更名為斯蒂弗利德與安德森公司（Stillfried & Andersen）。在斯蒂弗利德公司的資助下，斯蒂弗利德男爵曾出版一本攝影集，名為《日本的風景與服飾》（*Views and Costumes of Japan*）。[8]根據艾倫・霍克利所言：

> 斯蒂弗利德刻意透過編製情色肖像，滿足西方人對日本女性的普遍妄想……儘管或許沒那麼直接，但在推廣藝妓的性事上，不能低估斯蒂弗利德所扮演的角色。[9]

在斯蒂弗利德男爵的照片中，許多被拍攝的對象皆身穿和服，且通常袒胸露乳。

若要從歷史角度了解藝妓與和服間如何發展出異國情色（exotic–erotic），則得先區分藝妓與遊女的差異。英國舞台劇史學家兼評論家奧斯曼・愛德華（Osman Edwards）曾致力去除西方人認為藝妓會賣身的錯誤認知，他於一九〇一年寫道：

> 日本傳統一向禁止女演員登上舞台，藝妓自然承襲其角色，成為男性愛慕的對象。其往往受到強烈追求，有時會選擇與之完美匹配者。許多藝妓藉由這一行來

吸引富有的仰慕者，一如在清教徒較多的地區，「女演員」之名往往得以掩蓋許多罪惡。但藝妓並不是專業遊女，她的垂青並不總是賣給出價最高者。[10]

藝妓是一流且重要的藝人，她們受過音樂、舞蹈和談話藝術的訓練，誠如愛德華所指出，其「有時會選擇與之完美匹配者」，這通常是指與贊助者（旦那）培養出一段關係，然而，藝妓的首要之務始終是其精湛的技藝所帶來的娛樂。

藝妓一如品味出眾的大師，通常走在時尚最前端引領潮流。一八六〇年代，當日本民眾開始能購買西式服裝時，「一名長崎丸山的藝妓被拍到身穿一襲荷葉邊的西式連身蓬裙，轟動一時」。[11]到了二十世紀前幾十年，潮流轉變了，模仿西式穿著被認為是對日式生活的不忠與侮辱：

到了一九三〇年代，（藝妓）不再嘗試引領主流時尚，轉而穿起和服，且透過保存古典藝術與服裝，將她們的新角色定位為傳統的守護者。[12]

前一章曾提過文化評論家兼理論家九鬼周造——據傳他的生母即是京都祇園的藝妓——即「主張以江戶藝妓的名義，回歸文化本真」。[13]身穿時髦的洋裝且儀態西化的咖啡廳女侍興起，或許也推動了藝妓回歸傳統之路。從這個時期開始，誘人的女體（多半做被誤解的藝妓裝扮）與和服被配對推廣，兩者明確地融合於西方影像，成為日本傳統的象徵。

有些在歐美廣為人知的日本政治家會與藝妓結婚或有藝妓情婦，因此藝妓與和服的搭配並不令人訝異。[14]愛麗絲・馬貝爾・貝肯（Alice Mabel Bacon）於一八九一年出版的《日本女孩與女人》（*Japanese Girls and Women*）一書中，評論了她認為社會地位低但周旋於政治精英間的女性：

> 這些藝妓如此輕盈、充滿活力而吸引人，她們之中有許多人已成為上流男性的妻子，如今堪稱最有影響力的婦人之首。在明治初期，當社會規範一時瓦解的失序時期，這類婚姻尤其常見。[15]

當年一路由伯爵之位晉升至總理大臣的政治家伊藤博文（一八四一～一九〇九年），便娶了曾是藝妓的梅子（生卒不詳）為妻，將她的地位從藝妓一舉提升為「第一夫人」。[16]伊藤梅子所受的藝妓訓練令她十分適應官員之妻這個新角色，她教導鹿鳴館時代的女性應具備的禮儀修養，並指導官員妻子於公眾場合的男女社交，而這恰好是這些妻子所不熟悉的領域。[17]

一如伊藤梅子，另一名曾是藝妓的女子「奴」，後來亦搖身一變，成為享譽國際的女演員川上貞（一八七一～一九四六年，又以「川上貞奴」之名為人所知，結合了其武士家庭賦予的「貞」及其藝名「奴」），且同樣和當時顯赫的家族過從甚密。[18]在丈夫兼所屬劇團的導演川上音二郎於一九一一年逝世後，貞奴成了初戀情人岩崎（福澤）桃介的情婦——岩崎正是極具影響力的教育家福澤諭吉的養子，當時已與諭吉之女福澤房結婚。[19]在二十世紀這個瞬息萬變的時代，有些藝妓回歸文化守護者的角色，成為日本傳統藝術的象徵，其他如貞奴這樣的藝妓則轉型成現代女演員。貞奴與其劇團曾前往舊金山、西雅圖、紐約、倫敦、布魯塞爾、維也納、巴黎等海外巡迴演出，她在整個演出期間皆於舞台上穿著和服，私下也多半以和服姿態現身（圖99）。

圖 99
阿爾佛雷多．穆勒（Alfredo Müller），川上貞奴海報，1899 年至 1990 年，彩色平版印刷。

日本政府曾聘僱貞奴的丈夫川上，請他將劇團在一九〇〇年巴黎博覽會上的表演編成管絃樂：

> （貞奴的）表演評論廣泛見於知名媒體，並引發大眾的興趣，感興趣的包括數名藝術家，特別是畢卡索（Pablo Picasso），他為貞奴畫了素描，此外威廉．尼克爾森（William Nicholson）亦以貞奴為其木刻版畫的主角。[20]

除此之外，女演員花子（一八六八～一九四五年，本名太田ひさ）原本也是藝妓，一九〇六年，她在法國馬賽被雕刻家羅丹（Auguste Rodin）相中，羅丹說服她為一系列素描與人體研究擺姿勢。[21]透過海報、舞台與歐洲知名藝術家的作品，藝妓身穿和服的影像廣為流傳，進一步鞏固了和服與誘人的日本女體連結的概念。

巴黎的一間商店奧米卡多（Au Mikado）甚至利用貞奴在巴黎的名氣，購買了她名字的使用權，用來行銷香水、護膚乳霜與名為「和服川上貞奴（KIMONO SADA YACCO）」的和服。有別於市面上較昂貴的和服，「和服川上貞奴」僅以十分之一的價格出售，大約十二至十八法郎，且不住在巴黎的顧客也可透過郵件訂購。京都服飾文化研究財團收藏了一件「和服川上貞奴」，其形式（長襬衣袖和交疊的領口）與鳳凰圖樣可能出自日本的範本，但剪裁上的某些不協調，則顯示出是由裁縫師配合西方品味縫製而成。[22]貞奴與其夫曾經將數場歌舞伎戲碼改編為短劇，取悅不懂原始劇本的西方觀眾，而「和服川上貞奴」就像這種混合式戲劇，也被改編成合乎西方刻板印象的和服。

貞奴以舞台劇女演員的身分退休後，與岩崎桃介在名古屋蓋了一棟房子，與其為鄰的包括生產紡織機的豐田家族。[23]貞奴在這段期間建立了自己的紡織事業——川上絹布股份有限公司，並以奴銘仙與奴絲等品牌製作絲，直到一九二三年關東大地震後銷量銳減，才退出了紡織事業。[24]歷經漫長的藝妓、女演員與絲商生涯，貞奴不僅揭示了日本女性在此一動盪時期所經歷的洶湧波濤，亦證明女性如何以創新的方式拓展了和服的生命。

其後隨著收音機、電影與電視上市，過往藝妓的才華開始吸引經紀公司，勝利娛樂公司當時便挖掘了曾是東京藝妓的市丸（一九〇六～九七年），在一九三一年與她簽下專屬契約。成功的歌手身分令市丸放棄了藝妓的角色，但卻受到戰爭影響，在一九四四年停止錄音。戰爭結束後，市丸成為第一位受邀到夏威夷表演的日本歌手，並於一九五〇年代晚期成為聞名全國的電視名人。[25]基於市丸對藝術的文化影響，她的和服等遺物在二〇〇一年被送到西方，捐贈給大維多利亞美術館（Art Gallery of Greater Victoria），並在二〇〇六年時展出。

西方的日本紡織品

詹姆士・迪索、克勞德・莫內（Claude Monet）和詹姆斯・惠斯勒（James Abbott McNeill Whistler）等畫家皆曾描繪身穿和服的東方女性肖像，這些畫作驗證了與和服相關的歷史情境。以這些畫作中搶眼的和服為例，其便指出了十九世紀中期國際市場上存在著日本紡織品。英格蘭畫家但丁・加百列・羅塞蒂（Dante Gabriel Rossetti）在一八六四年十一月十二日從巴黎寫了一封信給母親，信中提及他參觀了販售日本商品的巴黎商店：

> 我只買了一點點東西——僅四本日文書……但發現所有衣物都被法國藝術家迪索搶購一空，他似乎正在繪製三幅日本畫作，商店女主人告訴我，迪索那三幅畫是世界三大奇蹟，在她看來，惠斯勒的作品顯然相形見絀。[26]

藝術家之間爭購這些物品想必相當激烈。當時的歐洲藝術家明顯傾心於和服，經常將和服放入作品中，而不太在乎其原本的社會用途。在巴黎工作的畫家通常光顧里沃利街上一間叫作「中國帆船」（La Jonque Chinoise）的古玩店，或者維維恩街上的古董店「中國門」（La Porte Chinoise）。[27]由商店名稱與店內販售的物品來看，日本與中國商品的差異顯然不明顯，中國帆船會販賣日本和服，即使到了今日，都還有人誤以為中國風的服裝就是和服。而日本人不僅鼓勵、甚至利用西方人無法分辨中國與日本商品間的差異來獲利，日本商人讓商品搭上中國風和東方熱潮，提升了日本國貨的聲望。

而許多美國人——包括企業家亨利．海梅維爾（Henry O. Havemeyer，一八四七～一九〇七年）——首次邂逅日本藝術品，則是在一八七六年於費城所舉辦的美國獨立百年世界博覽會上。海梅維爾及其妻露易莎（Louisine Havemeyer，一八五五～一九二九年）曾於一八七六年購買了許多紡織品，並在十幾年後用來來裝飾其圖書室的天花板，以及音樂廳與接待廳的牆面。[28]露易莎在《十六到六十：一名收藏家的回憶》（*Sixteen to Sixty: Memoirs of a Collector*）一書中，描述了購買那些物品的情況及圖書室天花板的設計：

> 一八七六年，賽謬爾．柯爾曼（Samuel Colman）先生與海梅維爾先生參觀了在費城的一百週年博覽會。他們對中國展覽品興致勃勃，尤其對日本展品感興趣，因此我丈夫買下了許多美麗的藝術品，以及一系列日本紡織收藏品，那些美好的錦緞有著亮麗的金銀色、濃郁的藍色、紅色與綠色……柯爾曼先生告訴我丈夫：「總有一天我要用這些美麗的絲織品來裝飾你家天花板。」一八八九年，亦即十三年後，柯爾曼先生的話成真了，他將這些驚人的物件送往他紐波特的家，在工作室中，他以靈巧的雙手將這些物品變成各種想要呈現在我家圖書室天花板上的設計。[29]

最終，海梅維爾家將超過兩千件十八與十九世紀的日本紡織品都捐贈給了大都會美術館（Metropolitan Museum of Art）。[30]

除了在國際博覽會上主打的日本商品外，日本作品在國際藝術市場上的曝光率也逐漸提升，其中有些相當出色的作品，是明治初期——約一八七〇年代——受日本國內政策刺激而出現的產物。當時政府開始推廣神道為國教，佛教因而受到牽連，政令要求在神社中抹去佛教的影響，與佛教傳統有關的寺廟因此失去了原有的聲望及資助，亦導致許多神像、器物等禮器被摧毀，僅剩的——包括紡織品——則流入蓬勃的藝術市場。大都會博物館現存一件佛教僧侶的袈裟，記錄了日本紡織品物理上的轉變及流傳的過程——最初是設計給女性的衣袍，後來布料被重製成袈裟，最後這件袈裟則從神聖的日本寺院被送至紐約的博物館（圖100）。[31]

一八七一年，明治政府廢除了藩鎮體系而設立了地方政府，許多坐擁土地的士族因而被剝奪了財產。其中有些士族得以獲得龐大的補貼，其他家族則開始拋售財產，於是先前被保存在富家倉庫的物品便忽然出現在市場上。愛麗絲・馬貝爾・貝肯曾在《日本女孩與女人》中描述她當時「想買復古刺繡和服，當今日本已完全找不到這類款式的和服，僅能透過二手衣物商店或私人拍賣取得」。最終她獲得了一件「理應屬於大名屋中任何一位女官衣櫥」的「罕見衣物」。[32]在日本及國際收藏家眼中，古董紡織品可說是在市場上占有一席之地的物件。

圖 100
佛教袈裟，楓葉和扇子，1750 年至 1850 年，
防糊染，絲線與金線刺繡和絞染，綢絲。

此外經由山中定次郎（一八六六～一九三六年）和野村正治郎這樣的商人，西方民眾便更容易取得日本紡織品。一八九五年，野村在曼哈頓開設了第一間海外商店，接著又在波士頓、芝加哥、倫敦和北京等大城市開分店，他的店鋪皆販售亞洲藝術品及古董。[33]野村受到威廉・斯特吉特・畢格羅（William Sturgis Bigelow，一八五〇～一九二六年）、愛德華・摩斯（Edward Sylvester Morse，一八三八～一九二五年）和恩尼斯特・法蘭西斯科・費諾羅沙（Ernest Francisco Fenollosa，一八五三～一九〇八年）三位的資助，[34]這三人如今被稱為波士頓三巨頭（Triumvirate of Bostonians），與亨利・海梅維爾這類收藏家一樣，幫助美國東岸的精英建立了對日本藝術品的鑑賞力。

而山中和野村認為，那些以費工的染色和裝飾技藝織造的華麗絲綢和服，一直以來都因其珍貴的價值而受到重視。一些十六世紀後期及十七世紀早期的傳世品中，許多都曾是武士階級的所有物，被當作傳家寶而繼承、保存了下來。野村聞名世界的收藏品也確實源自他的愛好——蒐集佛教袈裟，並將其重新改回原本的和服，這與前述和服設計師田畑喜八廣大的收藏品有著異曲同工之妙（將於第五章詳細討論），其皆來自家族經營的和服產業——十九世紀晚期，貧窮的士族紛紛拋售高價的衣袍，用以換取田畑和服工坊所產製的新式和服。時至今日，日本國內外皆有活躍的紡織品收藏家，對於提高這些服裝的評價貢獻良多，這些服裝是日本社會與歷史的證明，也是日本織匠、染色師精湛技藝的展現，更是珍貴的藝術品。

在日本與美國，野村正治郎皆是最具聲望的日本紡織品收藏家及商人之一。出身衣物商世家的野村，在十三歲那年前往名古屋探訪姨母時買到了第一件衣袍[35]——他在前往名古屋城的路上經過一家攤商，被一件江戶早期的袍子吸引，於是將所有盤纏花在那件衣服上，他的母親還因此不得不另寄旅費給他，好讓他得以返回京都。一九〇八年，母親幫他在京都開了一間店，野村從此開始販售古董給外國人，很快地成為國際知名的商人，服務中國、印度、澳洲和美國的客戶，此外還曾向許多美國的日本紡織品私人收藏機構與公共機構提供意見。野村經手的物品中，許多成了露西・楚門・奧德利奇（Lucy Truman Aldrich，一八六九～一九五五年）與貝拉・馬布里（Bella Mabury，一八七一～一九六四年）的收藏品，前者的收藏後來捐給了羅德島設計學院（Rhode Island School of Design），後者則收藏在洛杉磯郡立美術館（Los Angeles County Museum of Art）。大都會博物館與波士頓美術館（Museum of Fine Arts, Boston）亦收藏了原為野村所擁有的日本紡織品，包括許多其參與波士頓柯波拉協會（Copley society of Boston）一九一四年的展覽會時型錄中所列的袈裟。此外在大都會博物館購入的藏品中還有一件精緻的袈裟，其布料通常是用來製作能劇戲服的（圖101）。

袈裟原本是佛教僧尼的衣裝，在西方脈絡中，則往往轉換成富貴人家裝飾室內的紡織品。露西・楚門・奧德利奇之妹艾比（Abby Aldrich Rockefeller，一八七四～一九四八年）在緬因州的別墅中便展示著日本的紡織品，其於一九三六年的財產清單上記載著：

圖 101
佛教袈裟（由能劇戲服所製），秋草和蝴蝶，1750 年至 1850 年，
絲線與金線，斜紋絲織附加緯線紋樣。

「圖書室內有三件『神袍』，佛教廳內有四件，客廳則有兩件。」[36]佛教廳內還裝飾著「佛教雕像和畫像，以及東亞家具、地毯與紡織品」。[37]房間的照片中可見袈裟並排垂掛在牆上，而非以較適切的水平方向展示（圖102）。

日本紡織品轉移至西方手中的，不僅是衣物與袈裟，還有一匹匹在日本國內販售的布料。如前所述，恩尼斯特・費諾羅沙是影響西方欣賞日本藝術的波士頓三巨頭之一，他於一八七八年旅日，並在知名的東京帝國大學授課，後來成為波士頓美術館第一位東方藝術館館長，並廣泛教授日本與中國藝術。[38]一八九六年十月八日星期四這天的日記，記錄他與妻子瑪麗（Mary McNeil Fenollosa）兩人逛了日本的高島屋百貨，同時購買了日式與西式服裝。根據記載，他們認為這裡「有各式各樣華麗且上等的紡織品，法國無法（與之）匹敵」。[39]費城藝術博物館（Philadelphia Museum of Art）如今藏有一件曾屬於瑪麗・費諾羅沙的衣物，看起來是採用日式材質，但製成符合西方品味的樣式，據說瑪麗曾穿著它出席日本皇室的典禮。這件衣服上頭沒有標籤，博物館收藏之際，同時獲得了另一件由查爾斯・弗雷德里克・沃斯（Charles Frederick Worth）所設計且有其標籤（約一八八六至七年）的衣物，而瑪麗所穿的衣物與有沃斯標籤的衣物兩者剪裁一樣。[40]推測她那件菊花紋樣的絲質布料可能購自日本，後來交由裁縫師參考沃斯的衣物做成洋裝。

高島屋百貨亦認同和服作為紀念品的潛在市場，以一件出口用的早期高島屋和服為例，其採用的縐絲（縮緬）布料，與一八六七年巴黎博覽會上展示的一卷縐絲布料質地相

圖 102
佛教廳內部，緬因州別墅，錫爾港，緬因州（洛克菲勒家族在芒特迪瑟特島上的夏季別墅），1960 年，彩色照片。

圖 103、104
高島屋，專為西方市場所設計的女性和服禮服及其領標，雲彩和櫻花，19 世紀晚期，防糊型染，縐絲。

似（見圖51），這件和服如今則收藏在倫敦的維多利亞與艾伯特博物館。[41]有別於提供日本消費者的和服，這件和服在邊縫處多了兩片布，令裙襬更寬，此外衣領內亦添加了勾環，以便掛在掛鉤上。衣領的標籤寫著「S. IIDA, "TAKASHIMAYA," KYOTO, TOKYO & YOKOHAMA（飯田新七高島屋，京都、東京與橫濱，圖103、104）」。其他出口用和服除了在邊縫處加布，袖緣亦不縫合，並沿著整個袖緣織入麻花辮。日本的和服腰帶通常會有繁複的裝飾，出口的和服則會搭配有流蘇邊的腰帶成套販售，高島屋飯田新七東店（S. Iida Takashimaya Silks and Embroideries）還會將西式服裝展示於出口用和服旁（圖105）。高島屋史料館的館藏中有一本手繪設計書《給外國人的和服圖案》（外人向着物図案），書中歸納了六種款式，而前述的款式就是其中一種（圖106）。[42]這本設計書內描繪了許多圖樣，包括特別受外國人喜愛的日本經典主題：紫藤、蝴蝶、櫻樹、飛鳥和楓葉——一件現存的絲質和服禮服即以楓葉刺繡，剪裁和設計都類似《給外國人的和服圖案》中的設計，上頭還客製化地繡了顧客的名字「Emmie」（圖107）。

圖 105
京都的高島屋商店，1893 年，照片。

無論作為紀念品或收藏品，在擁有者的想像中，和服皆指涉了日本，卻並非真正在日本的脈絡內。誠如前述，日本紡織品輸入西方的形式包括經銷貨品、國際博覽會商品，以及之後會做成西式服裝、成為紀念品和收藏藝品的絲布匹。蘇珊・史都華（Susan Stewart）在反思紀念品的意義時，捕捉到想以某些方式擁有或體驗日本的意圖，她認為：

圖 106
《給外國人的和服圖案》，1909 年至 1916 年，
草圖，彩墨，紙本。

對一項既非實用也非必要之物的渴望成為語言，紀念品與其產生的脈絡透過此語言對話，這項物品背後滿是永遠無法滿足的懷舊需求。紀念品產生出一場僅能「往後」的敘事，是一場持續盤旋於內心的活動，而非往外邁向未來。[43]

擁有者可以無視和服在日本的用途與象徵意義，將自身渴望投射其上——無論渴求的是「傳統」、異國情調、永不改變的日本，抑或任何符合其想像的形象。其後當日本人尋求在國際脈絡下合乎自身認同的國服時，這類懷舊或渴望也就受到了改造。

受和服激發靈感的設計師

一八八九年，奧斯卡．王爾德（Oscar Wilde）有句經常被引用的名言：「事實上，整個日本都是純粹的發明，不存在這個國家，沒有這樣的民族，日本人單純是種風格，是一場精緻的藝術妄想。」[44]

可以確定的是，西方視角中的日本與現實的日本十分不同，然而由日本紡織工匠與染色師所製作的有形物品卻激發了歐洲與美國藝術家想像的火花。日本美學——特別是紡織品——如何隱微地影響西方品味，至今已有許多著名的例子，只要回顧主流藝術家運用及改造日本紡織品與設計、使之合乎西方市場的過程，便可資佐證。

圖 107
針對西方市場的女性和服禮服與腰帶，楓葉，20 世紀初期，絲線刺繡和打結的絲質流蘇，平織，絲。

自詡為「裝飾藝術家」的克里斯多福・德萊賽曾在一八七六至一八七七年間旅日，當時距離德川幕府垮台、明治政府成立還不到十年。一八八二年，德萊賽在《日本：其建築、藝術與藝術工業》（*Japan: Its Architecture, Art and Art Manufactures*）一書中發表了他這趟日本旅行的發現，[45]但他其實在旅日之前就發表過對日本設計的見解——眾所周知，他在一八七三年的維也納國際博覽會上曾購入一件和服，並視其為優秀設計的典範，讚揚是「我所看過最好的服裝」。[46]德萊賽尤其著迷日本工匠透過設計來賦予大自然的生命力，他在兩本不同的出版品中提及和服的設計如下：

> 沒有人在看著這件美麗的衣裳時會不受其影響。陽光普照的大地、繁盛繽紛的花卉，逗留在花朵上那輕快又耀眼的蟲子，這些都讓我們在凝視這件衣服時感受到夏天。[47]

德萊賽明言日本寫實的設計展現其對自然的喜好，此語反映出維多利亞時代英格蘭對日本的浪漫觀點。德萊賽對和服讚譽有加，並感嘆日本人採納歐洲服裝一事，憂心西方元素與日式美學結合會令他讚賞的純粹設計走樣。伊莉莎白・克拉曼（Elizabeth Kramer）在反思艾瑞克・霍布斯邦（Eric Hobsbawm）所謂「被發明的傳統」這項概念後，亦於評論德萊賽時提到：「和服是日本認同和傳統的強烈視覺符號，當傳統開始與新的事物互動時，打亂一個，便會打亂全部。」[48]而日本人則同樣在這道課題中掙扎不已，試圖在兩者——符合日式品味的國產品，以及能吸引蓬勃且利潤豐厚的海外市場的設計概念——之間尋求平衡。

德萊賽在日的活動及其對日本國產品的意見堪稱是一把雙面刃，他一方面鼓勵日本人保護自身的在地工藝，但另一方面，他的在場及所表現的喜好，不過是反映日本人自身品味與西方品味差異的指標。他在關於日本紡織品設計（見圖108）的文章中曾評論道：

透過單調的手法、平穩的配置，其產出了能回應一切需求的優質產品——儘管與此同時，亦挑戰了所有經典的歐洲藝術。

若一名英格蘭藝術家被要求用電線桿與電線設計紋樣，又或者如小孩的遊戲般，被要求在特定範圍內以單調的色彩創作，他會怎麼想？然而日本人卻用來演繹布料！日本藝術簡直像在嘲笑歐洲設計師鍾愛的經典，且將我們的作法當成笑柄。沒有規則也毫無秩序顯然一樣能組成紋樣，而這與其他國家在特定規範下製作的紋樣同樣能被接受。[49]

在讚賞日本織匠與染色師的努力後，德萊賽則譴責英國設計師，認為他們未能將印刷和編織、印刷與刺繡等多種技藝相互融合並運用得當，好得到更多出色的結果：

電風之圖

> 沒有比我們這些守舊的豬腦更蠢的了。如果我們只做前輩做過的事，便不可能有所進展，如果要進步——我們應當進步——勢必得橫跨不同產業間的鴻溝。我們還要學習的是，運用所有技巧和材料以達到最佳的結果。儘管這麼做可能遭遇懷有偏見與忽視的顧客反對及商業難題，但這是必要且必須克服的過程，否則我們的製造業終將被日本製造業大幅取代。[50]

為了達到近似日本紡織品的裝飾效果，德萊賽鼓勵國人打破同業間的高牆——那道牆讓織匠不和染色師合作，刺繡師亦不與畫家合作。針對日本工業興盛的潛力及其於國際市場上的競爭力，他的評論中亦透露出焦慮。

一八八〇年，湯瑪士・科特勒（Thomas W. Cutler，一八四一或四二～一九〇九年）出版知名著作《日式圖樣與設計入門》（*A Grammar of Japanese Ornament and Design*）時，也將日本物件當作靈感來源，[51]目標是呈現出：

> 自然而傳統的日式圖樣範例，且是謹慎挑選的一系列典型，這些範例需提供全面而概括的視野，讓人看見日本裝飾工藝的主流特色。[52]

科特勒書中的圖樣「皆忠實地複製自原件，且採用最能維持原件精神的製作方式，所有不

圖 108
小林玉年，《玉鏡》（玉かが美），1901 年，木版彩印。

同處皆已攝影」。[53]其中那張昆蟲列隊便複製自一幅掛軸（圖109），描繪出：

> 一排蚱蜢、黃蜂等昆蟲，籠子裡則載了一隻甲蟲，昆蟲手持的許多花草是其地位象徵，而螳螂則被當作馬一般的坐騎。整體而言是一幅大名列隊的諷刺畫。[54]

這幅畫諷刺大名隊伍華麗的盛況，只可能是在大名失勢後才畫出來的。另有一件十九世紀下半葉的和服，上頭有著近似的列隊主題，證明了圖樣如何轉移至西方——此一主題出現在日本掛軸中、在一本關於服裝的英國書籍裡，也出現在一件和服上（圖110、111）。[55]科特勒曾讚揚日本紡織品：

> 紡織布料構成了日本人眾所周知的優秀藝術品……從紡織品的底色以及對比又和諧的設計，可見日本人絕對有著完美的品味，能結合最精細的色階，與同樣細膩的協調或豐富的對比。[56]

坎達絲・惠勒（Candace Wheeler，一八二七～一九二三年）通常被譽為最早在美國成功經營設計公司的女性之一，其十分欣賞日本的自然主義傾向的設計。她在一八九三年替雜誌《家庭藝術》（*Household Art*）撰寫了一篇名為〈裝飾藝術與應用藝術〉

圖 109
出自湯瑪士．科特勒《日式圖樣與設計入門》的插畫（組圖 20），1880 年，倫敦貝斯福特（W. Batsford）出版。

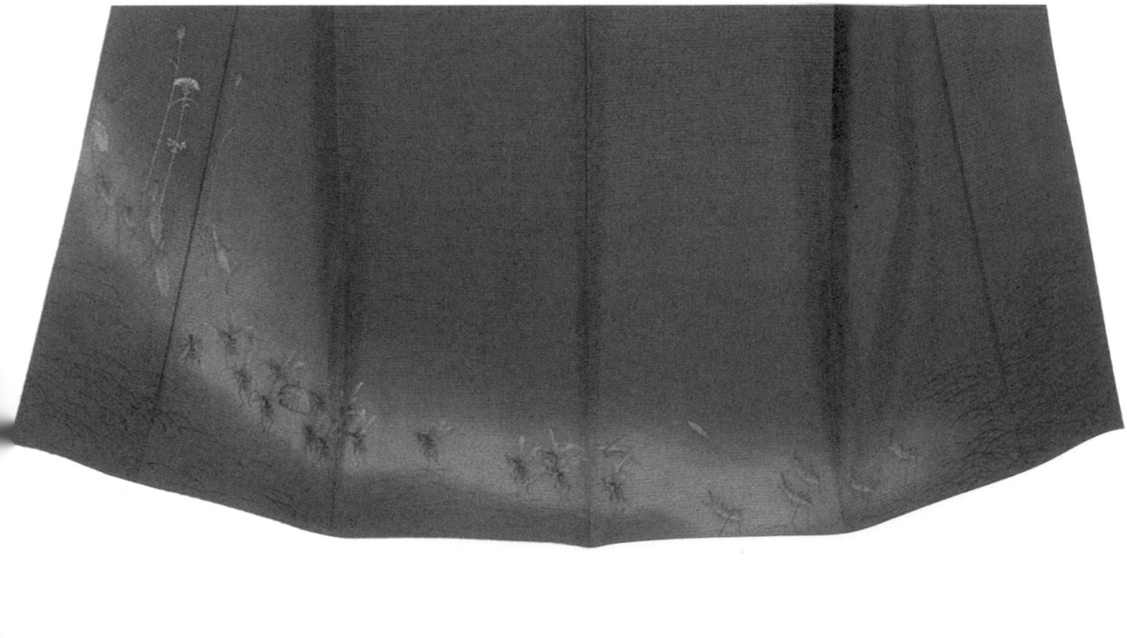

（*Decorative and Applied Art*）的文章，說明她認為吸引人的事物：

> 這是日本的設計獲得全球知名度——且當之無愧——的地方。出現在日本設計中的每朵花、每片葉子與每株植物絕對都是獨特的樣本，既獨立存在，又十分貼近這些物種原本的樣貌，在日本的設計中，較少大量且規律重複的群體，那些繪畫優雅而寫實，其置於服裝上的精準品味，令日本藝術既有影響力又深受世界喜愛。[57]

在成立自己的公司前，惠勒曾與路易斯・康福特・蒂芙尼（Louis Comfort Tiffany）、賽謬爾・柯爾曼（即海梅維爾圖書室的設計者）和洛克伍德・德福雷斯特（Lockwood de Forest）一起在藝術家協會（Associated Artists，盛於一八七九～八三年）的名義下合作。[58]協會贊助生產的一項早期紡織品圖樣中，描繪了在蜿蜒的河流中嬉戲的鯉魚，其靈感顯然來自類似的日本圖樣，[59]而其他設計亦證明了藝術家協會對日本紡織品或日本圖樣參考書——比如科特勒的《日式圖樣與設計入門》——的依賴。[60]

一般認為，蒂芙尼公司（Tiffany & Co）最初對室內裝飾的興趣是來自其首席設計師愛德華・莫爾（Edwad C. Moore，一八二七～九一年）的啟發。[61]莫爾曾蒐集了許多亞洲和伊斯蘭文物，其中很多成了他設計的靈感，而一部分藏品實際上可能是克里斯多福・

圖 110、111
女性的單衣及其局部，昆蟲列隊，1850 年至 1900 年，防糊染和刺繡，絲。

德萊賽旅日時所採購的，[62]且他於一八九一年捐贈大都會博物館的物品中就有許多日本紡織品。雖然莫爾的日本收藏與其作品間的關係僅能靠推測得知，不過他的視覺創作顯然包括了日式工藝。他曾擁有陶藝家宮川香山（一八四二～一九一六年）製作的一只冷水罐（水指），其上描繪了蟋蟀列隊，近似科特勒書中的諷刺畫，後來則在一八九一年捐贈給大都會博物館。[63]

設計師會依照自身或客戶的需求變化日式圖樣、技法和表現形式。如於一八七五年創立利伯提百貨（Liberty & Co.）的英國商人亞瑟·萊森比·利伯提（Arthur Lasenby Liberty），曾於一八八八年至一八八九年間旅日，而在其一八九八年的耶誕季禮物型錄中便有「日式禮服」的廣告，廣告中的禮服樣式、袖子的款式與材質皆迥異於日式服裝——是一件裙長及地、有著羊腿袖與前排釦的襯墊禮服，此外，上頭還印著小字寫道：「此禮服依照利伯提百貨寄予日本當地製造商的指導手冊所製成，剪裁、款式和尺碼皆適用於西方。」[64]

其中利伯提所使用的「日式」一詞顯然僅指生產服裝的國家，而非服裝款式。在利伯提百貨販售的和服中，有的布料與結構亦類似日本國內內銷的和服。一八九一年，維多利亞與艾伯特博物館向利伯提百貨購買了一件以暗花絲緞製作、有抽象波紋及竹子圖樣的和服（圖112），其上以新藝術運動的手法重新詮釋了彎曲的波紋，而後日本和服設計師在第一章提過的女性單衣上（見圖25）又挪用此紋樣。

圖 112
女性的和服，波紋、竹子與鳥，1850 年至 1900 年，防糊染，絲線與金線刺繡，絲，維多利亞與艾伯特博物館於 1891 年購自倫敦利伯提百貨。

美國國內有不少專賣「東方貨」的商家，比如范汀公司（A. A. Vantine & Co），其通常是仰賴日本企業提供客戶要求的貨品，而後在商品打上范汀（Vantine）的商標。[65]這些絲質刺繡禮服以和服的T型輪廓為基礎，精心繡上玫瑰、櫻花、蝴蝶和紫藤或孔雀，好迎合國外女性顧客的品味。一如高島屋百貨為了出口而製作的和服禮服，與提供國內市場的和服亦有不同，不僅裝飾圖樣與技藝有所差異，連結構都不相同。和服禮服衣領的標籤代表經銷商，但未必代表製造商——如舊金山的「S & Gump」或洛杉磯的「Sing Fat & Co.」，此外像千總和高島屋這樣的日本企業也會製作繡有自家商標的出口用和服禮服，而不少位在橫濱的企業亦投入了這個被認為利潤極高的市場。

然而，並非所有顧客都著迷於和服的線條。曾有位客戶退回了一件「直線剪裁宛若和服」的黑色羊毛斗篷，促使法國女裝設計師保羅・波烈（Paul Poiret，一八七九～一九四四年）於一九〇三年成立了他自己的時裝店——在那位客戶退回訂單時，他正任職於查爾斯・弗雷德里克・沃斯（Charles Frederick Worth）所創立的沃斯時裝店（House of Worth）。比起剪裁，波烈更強調褶襉，根據服裝史學家哈羅德・柯達（Harold Koda）和安德魯・波頓（Andrew Bolton）的說法，在剪裁和結構原則上，波烈追隨的是「希臘長袍、日本和服和北非與中東卡夫坦長袍（Caftan）」。[66]波烈的設計與日本和服構造類似，和服透過兩片布料相交成一體，並以直線剪裁讓布料的浪費減至最低，波烈的設計則有多片衣片，有意地使其垂墜在身側，創造出戲劇性效果。[67]波烈被譽為「將女性從襯裙及馬甲中解放出來」的設計師，而其靈感顯然來自和服。

設計師瑪德琳・薇歐奈（Madeleine Vionnet，一八七六～一九七五年）以在身側交疊垂墜的剪裁風格聞名，於一九一九年發表了成為其正字標記的斜裁洋裝，許多人認為她的靈感正源自和服那不浪費布料的原則。[68]薇歐奈的斜裁洋裝突顯出兩件式布料剪裁的價值與重要性，學者推斷其在「卡洛姊妹（Callot Soeurs）時裝店內的布料山中翻找」時，「一定發現了她喜愛的和服材料、廣東縐紗（縐絲織布）和法國薄絲織（平紋細布），而將這些用在她後期的設計中」。[69]一九〇〇年的巴黎博覽會上，川上貞奴穿著飄逸和服的表演引起了巨大的轟動，當時薇歐奈也在場。儘管如今很難找到其斜裁洋裝與和服設計原則間的直接關聯，但兩者的相似度可說大到無法忽略。

身穿和服的女性也給了表演藝術家深刻印象。美國現代舞先驅露絲・聖丹尼斯（Ruth St Denis，一八七九～一九六八年）便為川上貞奴的表演所傾倒，評論其演出「在我腦海中縈繞數年不去，在我靈魂中注滿對精湛、難以捉摸之藝術的渴望，這成了我身為藝術家最主要的目標。在她身上我首次明白了驚異（astonishing）與召喚（evoking）二詞的差異」。[70]聖丹尼斯經常在她的表演上穿著和服——包括正品與仿製品，私下也常被看到身著和服（圖113）。[71]

聞名世界的美國建築師法蘭克・洛伊・萊特（Frank Lloyd Wright，一八六七～一九五九年）對日本藝術的熱情廣為人知，且擁有令人印象深刻的木刻版畫收藏，此外

圖 113
舞者露絲・聖丹尼斯的花魁扮相，
約 1920 年，銀鹽影像。

更為人知的是擁有可觀的日本紡織品和染色型版。目前在約翰．韋伯（John C. Weber）收藏的傳世品中有一件孩童和服，是萊特在一九〇五年訪日後送給兒子盧埃林（Robert Llewellyn Wright）的禮物（圖114）。萊特偏好使用日本紡織品——從日式被單到佛教袈裟——當作特色，來強調其建築的內部空間，某張塔耶里森第二事務所（Taliesin II，約一九一六至二四年）的大廳照片中有一件鳳凰和桐樹圖樣的日本紡織品覆蓋在家具上，那原本可能就是一張日式被單。事實上除了萊特之外，當時還有許多關注日本紡織品及其潛在技藝與美學的人，包括創新工業設計師、服裝設計師、舞者、建築師等，遍及歐洲、大不列顛和美國。

典範的商業化

鑑於十九世紀中期對「日本貨」的狂熱，日本商工省工藝指導所所長國井喜太郎鼓吹道：「西方如今對日本商品產生了新的興趣，日本出口品必須停止模仿西方商品，回歸（我們）真實的獨特精神及出色技藝。」[72]國井這番話是回應德國建築師布魯諾．陶特（Bruno Taut）對三越商品的評論——「有些品質很好的商品，但為數稀少，僅兩、三樣。餘下的既粗糙又充滿倉促取巧之感，為了迎合『出口品味』，從頭到尾都粗略模仿歐洲和美式（物品）」。[73]

圖 114
孩童的和服，紫藤和格子，20 世紀初期
（1905 年之前），防糊型染，縐絲。

而旅居日本數年的愛麗絲・馬貝爾・貝肯則持不同觀點，她評論道：

訪日外國人對於日本模仿外國的款式感到相當驚訝，認為其缺乏品味。然而，這些外國人高姿態地批判日本人欠缺對外國事物的品味，也批判日本製造的陶藝品、扇子、卷軸、掛簾等，認為他們的美感容不下這些事物時，這些製品卻被出口至國外市場且相當暢銷，令製造商不得不懷疑，為何外國人會想要這些醜陋的物品？事實是，日本與外國皆未了解對方的美學，其中一方的美感對另一方來說是一冊還未翻開的書。日本國一直努力吸收外國的風格，但直到（一九八〇年代的）今日都是盲目模仿，對外國風格背後的原理僅有淺顯的了解，或根本毫不理解。因此，比起歐洲與美國最出色的商品，日本國內努力創造出來的外國商品十分粗糙，令旅人為之氣結，但也帶來了新鮮感。[74]

貝肯一方面評論日本人，另一方面則指摘「外國人」（在此指歐洲人及美國人），但抱持著較正面的觀點：「然而，模仿的階段已經過去，適應與改變的跡象處處可見。」[75]她先述及日本最初為了採納西式服裝而做的笨拙努力，及後來持續精緻化培育的裁縫風格，而後斷言「（日本的）才華將戰勝目前遭遇的種種困難」。[76]關於日本吸收其他文化傳統的反應，貝肯宣稱：

沒有任何一項中國文明的元素能在日本永久流傳，除了那些能被改造的——不僅限於國民生活，國民品味亦然——歐洲的事物也是一樣。所有被採用的事物都將受到改造，而隨著時間流逝，不管被改造的事物為何都極可能進化，且在民族的美感本能下被變得更漂亮。[77]

只不過，她還是忍不住從「歐洲標準」來批判日本和其國民美感。

岡倉天心在《日本的覺醒》一書中，捕捉了日本相對於「西方」及在「亞洲」的獨特位置。他寫作這本書時，正值日本與「西方敵手」俄羅斯對戰之際，而此時距離日本在中日戰爭中擊敗亞洲最大的鄰居不過十年。岡倉試圖為日本藝術標舉出一條路線，一條既不屬於西方也不屬於亞洲、既不傳統亦不現代、既不劣等也不高等、獨有且特殊的日式路線。他表示：

西方美學社群與日本同樣關注日本藝術可能成為過去這件事。我們應當知道，我們的藝術不僅飽受現代生活那純然功利主義的趨勢所摧殘，還受到西方概念入侵。西方市場對馬虎的藝術商品的需求——連帶持續批判我們的品味標準——顯示出我們的獨特性。我們的難題在於日本藝術獨自立足世界的事實，而不可能立刻獲得任何類似概念或技藝的支援。我們已無法利用中國現有的藝術來注入新血、提供競爭力或驅策我們邁向嶄新道路。另一方面，面對任何與東方文明相關的事物時，西方人普遍採取令人遺憾的輕蔑態度，這將有損我們對自身經典藝術的自信。懂得欣賞我們努力的歐洲與美國鑑賞家可能並未意識到，整個西方都在鼓吹他們自身的文化與藝術相對於東方有多麼優越。日本可說孤獨地立足在這個世界。[78]

日本畫家神坂雪佳（一八六六～一九四二年）尤其主張回歸在地主題。他曾旅行歐洲，看出當地對日本藝術的興趣，特別是琳派的畫風。回到日本後，雪佳參與了和服的設計與推廣，於一九三一年擔任高島屋百貨贊助的百選會評審（圖115），扮演製作者和消費者的中介，而「百選會聚焦於優質和服與傳統衣飾，成立的初衷就是要鼓勵流行的新款式與趨勢」。[79]

此外神坂雪佳也設計了紋樣書與一系列版畫，其中最知名的，是描繪新紡織品設計的《都乃面影》（一八九〇年）及《更衣》（衣かへ，一九〇一年），[80]同時由四條派和琳派的畫作中汲取了靈感，並遵循或許源自松村吳春與尾形光琳的傳統。[81]誠如他那一輩的繪畫界同儕，他也替高島屋、川島織物和大丸等企業提供商業設計。[82]雪佳的設計天分令人耳目一新，他的作品充滿生命力，堪稱現代日本浸淫於傳統中的代表（圖116、117、118）。

圖 115
百選會，由高島屋百貨贊助的和服設計比賽，1916 年。

圖 116
神坂雪佳，〈三十六歌仙〉，《千草》（1899 或 1900 年）
的插畫，木版彩印。

圖 117
日本娃娃圖樣的布料，神坂雪佳設計，20 世紀初期，防糊
型染，縐絲。

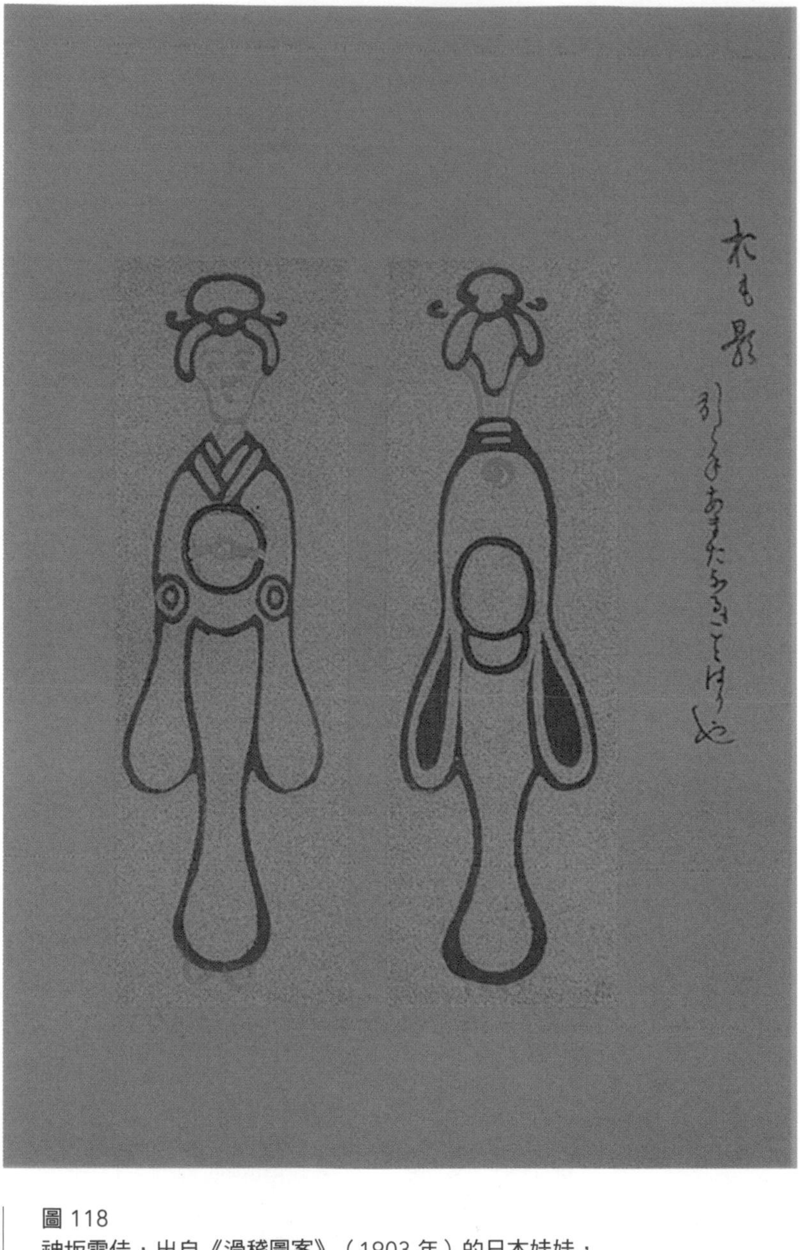

圖 118
神坂雪佳，出自《滑稽圖案》（1903 年）的日本娃娃，
山田芸艸堂（京都）出版，木版彩印。

一如雪佳深受在地美學吸引，其他日本人也開始操作西方人對和服的鑑賞力，令其合乎日本自身的喜好。次頁的照片是一名女子正透過全身鏡欣賞自己時髦的鮑伯頭與和服，這張照片出自一九三六年的《和服：日式服裝》一書開篇（圖119）。此書由鐵道省國際觀光局出版，鎖定「對日本有興趣的外國人」，目標是提供「多種日本文化的基礎知識」。[83]第一章開頭，作者向巴黎畫家B先生描述了和服歷史與和服之美，到了書末，已受到薰染的B先生大喊：「日本和服簡直是會動的畫，以這世界上所有女人之名，我將為此歌頌，『為日本和服獻上所有榮耀』！」[84]

這本書明顯反映出了時代的樣貌，作者川勝堅一當時擔任高島屋百貨的常務董事，在書中推廣和服，無疑替他帶來了商業效益——或許這些宣傳效益正是這項出版計畫心照不宣的目的。他所虛構的巴黎畫家是一名西洋文化崇拜者，以二十世紀初期日本文學的典型寫作手法命名為B先生，而其原型可能來自將身穿和服的女性置入作品中的當代歐洲畫家——如前所述，這在二十世紀初期是一股熱潮。當B先生遇上了身穿和服的畫家模特兒，便心生此章開頭所引用的話，疑惑著是「和服優雅的線條」「所勾勒出的東方意境」，或「模特兒身著和服所萌生的海市蜃樓」，抑或「對日本的嚮往」，「令我心燃燒」。[85]

《和服：日式服裝》將目標讀者設定為赴日探險的西方旅客，在向西方宣揚和服典範一事上，清楚呈現出政府與業者之間的合作關係，經由日本商人的書寫，透過對日本文化感興趣的外國人浪漫的視角，令理想化的和服體現出「傳統」日本而永垂不朽。

圖 119
川勝堅一，《和服：日式服裝》（1936 年）的照片，
鐵道省國際觀光局出版。

第五章

和服設計師

我們必須回應現代化的挑戰：

和服是什麼？又將成為什麼？——如果不再有人穿著。

——森口邦彥

❖

到了二十世紀前十年，和服店皆已拓展其商品的種類與數量，並開始模仿現代百貨。儘管顧客仍能要求客製化的和服，但追隨百貨趨勢的消費者亦逐漸增加，對和服製造商聘僱的設計師和百貨的設計部門而言，這是其刻意引導或預期中的趨勢，圖120、121即是松坂屋百貨內部的和服設計。一開始，像高島屋、三越、松坂屋這樣的百貨都會向千總與丸紅等和服製造商及批發商購買設計圖樣，後者則會聘僱畫家來設計和服。[1]後來，當時著名的藝術學院成立了設計系，千總便開始僱用設計系的畢業生創造最新的時尚，[2]有別於那些就讀美術系並習慣依賴傳統題材的前輩，新興設計系的畢業生則在和服設計當中融入了新穎的主題。

在一九〇〇年至一九二五年間，百貨內部的設計部門開始依專業分工，早在一九〇九年，三越百貨便將應用設計的意匠部（意匠部）從平面設計的圖案部（図案部）獨立出來。[3]雖然日文的「意匠」和「図案」皆可翻譯為「設計」或「紋樣」，但個中意涵其實隨著時間流逝而產生些微差異。「図案」一詞由曾出席維也納博覽會的陶器畫家納富介次郎在一八七四年創造，最初指草圖或設計草稿，而「意匠」則指應用於成品的設計。[4]然而，到了二十世紀前十年，「図案」包含的意思便遠遠不只設計草圖。

在杉浦非水的指導下，三越百貨再次走在時代先端，於一九〇九年成立了自己的圖案部，而非水也持續在商業設計開創新天地（圖122）。三越百貨的圖案部會繪製所有公關所需的商標、廣告、插頁及封面，甚至是內部餐廳的菜單，設計部門的成員可說形塑並推廣了三越百貨的「形象」。過往設計師的主要工作都在產品本身的紋樣或形式，而非水所推廣的創作則皆帶有鮮明的個人風格，為他贏得了設計師的名聲。[5]

這種風格注重的是設計師個人成就，同時強調原創性，而非著重團體合作，呼應了西方藝術家浪漫的觀念。與這類強調個人與原創風格並行的，是出現於二十世紀初期的木刻版畫設計革命。江戶時期，出版商為了產出單頁或系列版畫，會同時與繪師、木刻師傅與印刷業者合作，繪師往往受制於出版商。到了二十世紀初期，繪師不僅持續繪圖，亦開始自行雕刻木板，將自己的圖畫印出來。在這稱為「創作版畫」的新運動中，藝術家有效率地執行印製的諸多步驟，儘管有些繪師仍仰賴出版商發行，但「創作版畫」的繪師則以限量方式販售個別畫作。整體而言，創作版畫運動提升了設計師個人才華的辨識度，一如辨識工匠或藝術家般，人們開始區別設計師各自原創的藝術成就。

圖 120、121
永井豐太郎（給松坂屋百貨的設計），出自和服設計書《名家模樣集》（1934 年）的整頁插圖，彩墨和浮雕印，紙本。

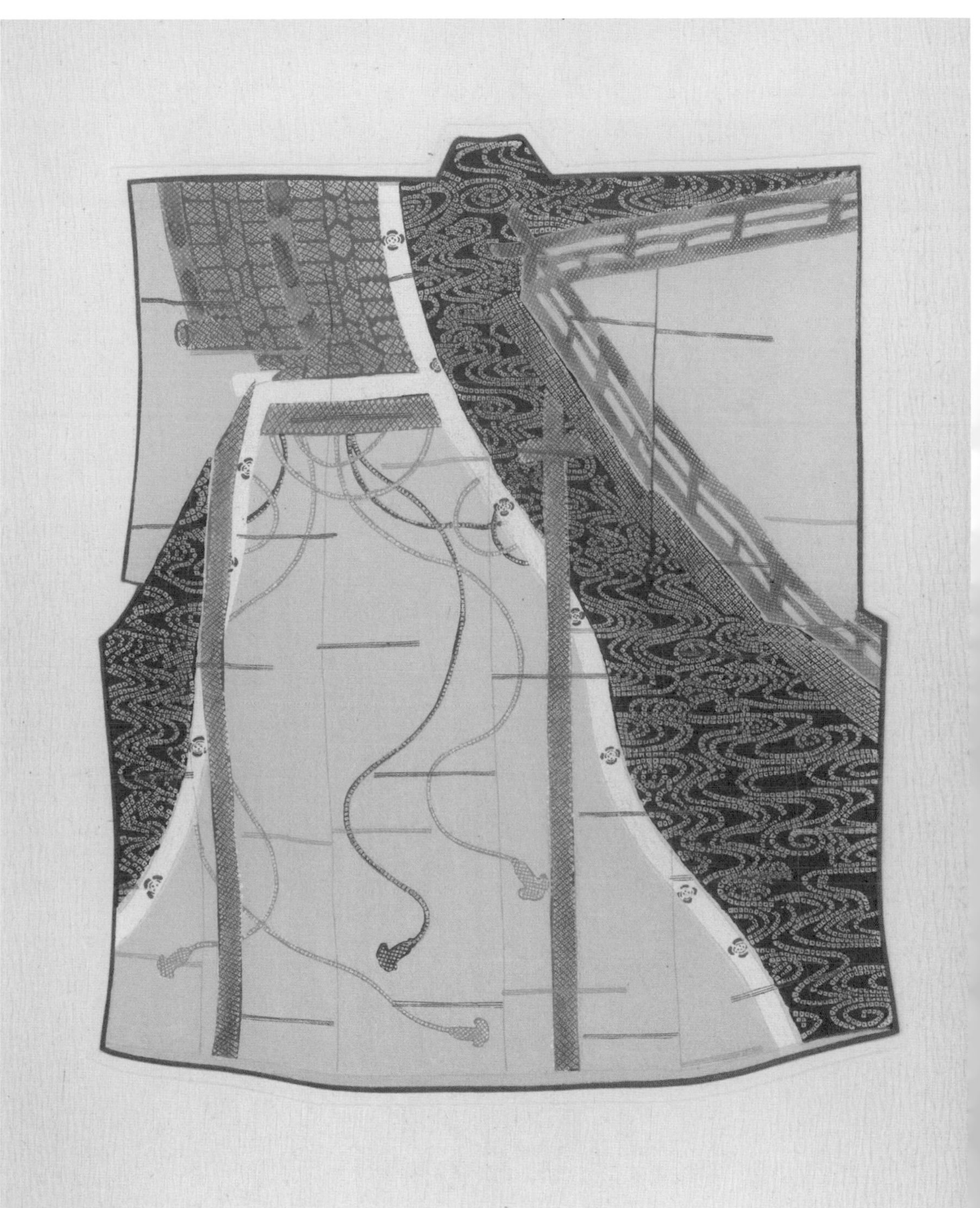

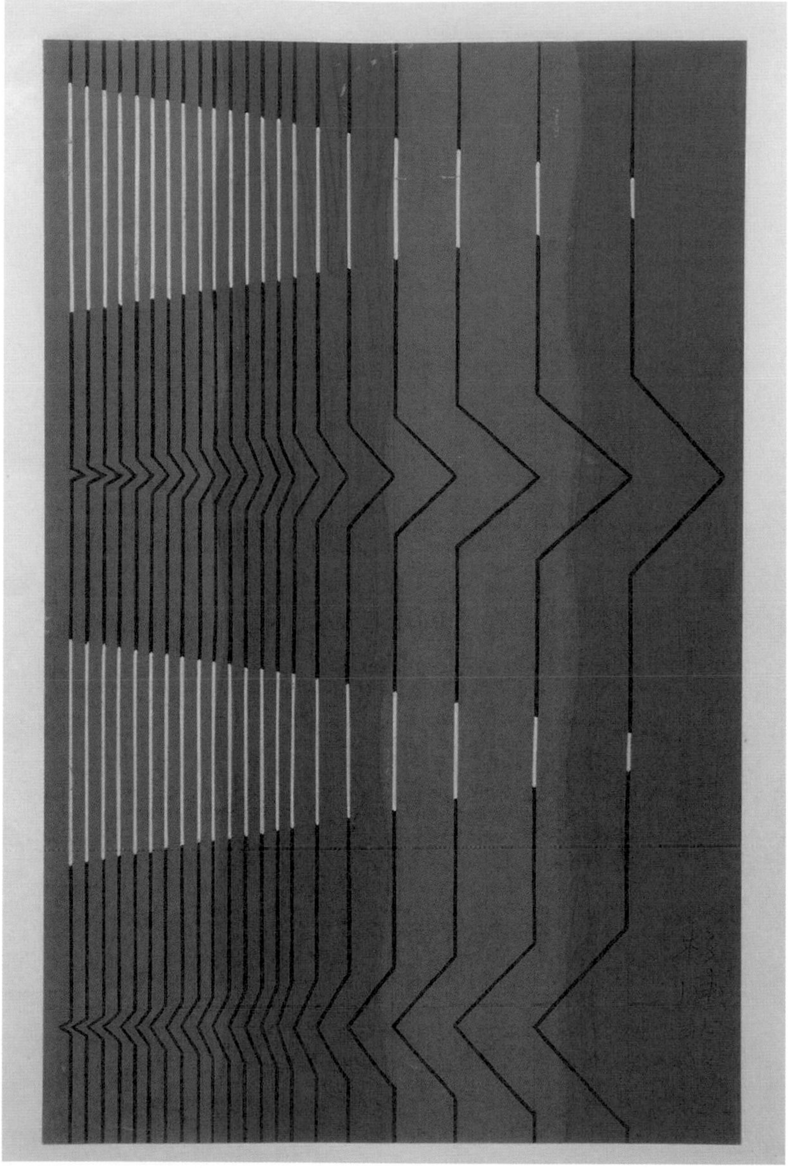

圖 122
杉浦非水，「線條」圖案，1930 年，
草稿，彩墨，紙本。

隨著設計部門的個人設計師開始嶄露頭角，加上和服老店紛紛推廣自家的設計，類似的趨勢也出現在和服設計界。有些和服設計師先前曾在工作坊、製造商（悉皆屋，負責統合和服製作的多個階段）或批發商（問屋）底下擔任沒沒無名的工匠，後來則成了具有辨識度的個人設計師，有些甚至在特定客群中擁有忠實的追隨者。例如一件繪有富士山聳立於兩棵松樹上方的和服，上頭便有活躍於江戶晚期的繪師田中訥言（一七六七～一八二三年）的標誌與簽名（圖123），但這件和服是否真的是訥言所繪，或僅是製成訥言的風格，目前尚無定論。不論如何，在作品加上訥言標誌的重要性，意味著人們開始對辨別和服的個人設計師一事感興趣。

然而，在前現代的傳統無名工匠中仍存在一些例外，尾形光琳便是其中最著名的。[6]一件有著秋草水墨畫的和服傳世品，便被認為是出自光琳這位知名繪師暨設計師之手。如前所述，在他逝世後，光琳款的圖樣大量出現在十八世紀的紋樣書中，除了他之外，少數幾位和服繪師亦曾被載於史冊上，但整體來說，前現代的和服幾乎都是由無名工匠製成，他們各自擅長工序中的特定階段，或擅於特定的染色與織造風格，在完備的分工之下，一個人要獨力完成一件和服幾乎是不可能的事。

個人設計師之所以於現代崛起，與百貨及政府贊助的競賽有關，因為這類競賽往往將獎賞與榮耀頒發給個人而非團體。一九一一年，三越百貨贊助了一場海報競賽，並提供優勝者前所未有的一千日圓高額獎金。[7]而為了在新興市場占有一席之地，貿易公司亦贊助

圖 123
田中訥言，女性的打掛，三保松，1850 年至 1900 年，
防染染色，墨水和顏料繪製，絲。

了許多場競賽，如京都的丸紅公司就在一九二七年開始舉辦稱為「美展」的染織美術展覽會。[8]丸紅的收藏品中保存了許多美展的參賽作品，其中有件一九三五年的和服，是採用木村雨山（一八九一～一九七七年）發明的友禪染技藝製成（圖124），[9]此外其亦曾贊助一場東京的紡織展覽會，並邀請畫家與設計師提供草圖當展品，膠彩畫畫家鏑木清方當時便經常提交他的設計給此類展覽會。[10]鏑木同時也是另一個團體的成員，專為出版商渡邊庄三郎創作現代日本美人的木刻版畫，目標是吸引蓬勃的出口市場。

在國際性的藝術運動、歷史復興運動和熱切追求現代性的影響下，設計界變得更為豐富而複雜，這些新興藝術運動亦衍生出許多新詞彙。其中「商業藝術」一詞約創造於一九二六年，代表的設計師為濱田增治，當時的定義是「結合現代精緻藝術美學與工業主義『進步』價值觀的設計理論」。[11]相對地，為了因應社會的快速變遷，民俗學者柳田國男建立了其民俗學研究，「要推進一場『新本土主義』，目標是回歸古老的宗教信仰，使其融入國民生活的中心，他相信（這項運動）將能解決現代化造成的城鄉差距。」[12]面對逐漸機械化與都市化的環境，柳田與同世代的一些人強調對「傳統」與「鄉村」的緬懷，並藉由建構想像的、永恆的日本鄉野「傳說」來達到目的。約莫與此同時，民藝運動則以前所未有的方式引發民眾對「工藝」的關注。「民藝」一詞是這項運動的先驅之一柳宗悅（一八八九～一九六一年）於一九二五年所發明的。[13]受到英格蘭的美術工藝運動啟發，並為回應就在眼前發生的日本自身的工業革命，柳宗悅因此相當尊崇無名工匠製作的實用

圖 124
木村雨山，振袖，洋花和扇子，1935 年，
防染染色和刺繡，絲。

手工藝品，對於「不知名工匠」的作品十分珍視，相反地，有「藝術設計師」之稱的濱田增治則投身商業設計。誠如珍妮佛・韋森費爾德（Gennifer Weisenfeld）所言，一九二〇年代晚期的商業設計：

是包含更多事物在內的詞彙，包括三維立體事物，比如店面或報攤的展示櫥窗與建築架構。此外也涵蓋了工業設計的元素，即包括商品設計在內的「商業美術」或「商業工藝」。日本設計史學家發現，一項逐漸成形的概念約莫在世紀之交帶來了改變——長久以來的工匠設計（意匠）概念有所轉變，設計師的個人意圖與專業變得更為顯著，這一點從「圖案」（図案，即設計）、「設計」（デザイン）和「商業美術」等日漸普遍的詞彙便可看出端倪。[14]

讓「藝術」與「工藝」兩者的緊張關係變得更複雜的詞彙則是「工藝美術」，或稱「工藝藝術」，此詞亦發源自一九二〇年代。[15]為了讓不同詞彙在現代的工業化世界中共存，那些在二十世紀上半葉發明並推廣「工藝」、「藝術」與「商業成品」詞彙的人，於是不斷重新定義這些新興類別之間的疆界。

而後柳宗悅在一九二六年連同濱田庄司與河井寬次郎兩位陶藝家共同創辦了日本民藝協會。此外他亦結識了於一九〇七年訪日的英格蘭陶藝家伯納德・里奇（Bernard

Leach）。里奇將柳宗悅的民藝理想發揚至國際，堪稱日本陶藝的旗手，更重要的是，他推廣了自身的作品，並自稱是尾形光琳之弟——陶藝家尾形乾山——的傳人。里奇想被視作乾山的弟子以宣稱其作品的正統性，這正是一項現代範例——展示出姓名辨識度、贊助商和家世三者如何形塑了日本藝術與設計的觀點。里奇在起筆於一九五三年的日記中提到：

> 我整天都待在三越（東京百貨）畫廊的尾形光琳展，並與訪客及乾山研究會的成員談話。展覽的開幕日已經確定下來，如此一來，身為唯二還在世的學院派代表——我以及富本憲吉（筆者註：一八八六～一九六三年）——便得以參與。[16]

事實上，許多像里奇這樣的陶藝家皆透過在百貨展覽會上展示、推廣作品而獲得聲望，後來的織匠、染色師及其他工匠亦然。[17]當時，展覽會被視為邁向成功之路的通行證。

在日本百貨展示藝術作品和工藝品已行之有年，因此零售商店推廣藝術品及藝術家推廣零售商品等概念都相當普及。日文專詞「藝術」（指精緻藝術）與「工藝」（指裝飾藝術、工業藝術或應用藝術）一直要到一八七〇年代才出現，但不管是江戶時代畫家尾形光琳為顧客繪製和服，或木刻版畫家橋口五葉替三越百貨創作海報，在西方布雜藝術（Beaux Arts）的概念於一八七〇年代傳入日本前，視精緻藝術（以繪畫和雕像為典型）高於裝飾藝術或工藝品，抑或區分高階及低階藝術等概念，對日本人而言顯然相對陌生。

這段時期由於正在建構物品的分類及定義——包括工業藝術、民藝、工藝品和藝術，於是和服既是服飾商品，也是因精湛技藝而備受讚賞的工藝品，更是私人與公共收藏家渴求的藝術品，三者可說盤根錯節。如前所述，百貨不僅販售和服，亦贊助和服設計競賽與展覽，因此令前述幾項分類的界線更為模糊。在一九二〇及三〇年代，蓬勃多產的雜誌、報紙和其他印刷物皆替和服的媒體行銷出了一分力。在這種新形式的廣告中，最受矚目與引領風潮的多半是女演員，其中有些人以前是藝妓，甚至還有一位是著名的女作家，名人崇拜為這些女性提供了舞台，供其演繹個人風格。在涉足和服設計界前，宇野千代（一八九七～一九九六年）是以作家立身，儘管在時尚界不若在和服設計界知名，但她所創辦的雜誌《風格》（スタイル）及後來出版的書籍《和服讀本》（きもの読本），都令她在時尚界擁有相當的影響力。在文學創作與和服製作這兩個相對由男性主導的世界，宇野即是典型的「出頭楂」，利用自身名氣從事雜誌、書籍與和服設計的跨界行銷。

除了百貨公司推廣活動及其他形式的媒體行銷外，另一個可以展示個人設計的舞台，就是政府贊助的計畫，這也影響了和服設計師及支持他們的工匠網絡。一九五五年，日本政府設立了一項制度，令工匠能以個人身分被指定為「無形文化財擁有者」，如今獲得此項殊榮者普遍被稱為「人間國寶」，是政府頒予具藝術成就者的最高榮譽。在許多享有人間國寶地位的織匠中，本章將列出以下幾位為代表——三代田畑喜八、芹澤銈介、稻垣稔次郎、森口華弘及其子森口邦彥，簡述其生平。

此外亦有其他和服設計師宣稱復興了沒落或幾近消失的紡織傳統，但並未頒獲人間國寶這項榮譽。不過，有些設計師會為其作品尋求國際關注，以突顯自身與其他設計師的差異，如下面將提及的久保田一竹及其和服設計，與將其設計貼上「一竹辻花」的標籤等，在日本的某些圈子中都引發了爭議。不過，久保田的作品同時在日本及國際展覽會上受到推廣，還有一間以他命名、坐擁富士山景的美術館珍藏著他的作品。

從一九三〇至四〇年代，日本涉入了眾所周知的十五年戰爭，而實際上涉及的主要戰爭有三：一九三一至一九三二年間占領滿州地區並建立傀儡政權滿洲國的九一八事變、中日戰爭，以及日本與英美勢力間所爆發的太平洋戰爭。左頁呈現的即是此時期帶有軍事意象的和服設計（圖125）。一九二〇與三〇年代之際，西方的影響與傳統日本的設計互相融合，是和服這項商品波濤洶湧的時代（圖126），然而到了一九四〇年代初期，和服則成了奢侈生活的象徵，在戰爭時期逐漸被認為不合時宜。在美國於二戰後占領日本期間，和服經常於郊區與黑市上被拿來交易食物，「筍生活」一詞便是指一個人必須像竹筍那樣層層剝下身上珍貴的衣物，好用來換取食物與其他必需品。[18]和服的象徵價值與物質價值發生了革命性的轉變，標誌其意義從日常衣著轉形成重要儀式服裝的時刻，和服設計師的角色也隨之演變，從無名工匠成為知名藝術家。到了一九五〇年代中期，日本的經濟逐漸復甦，加上人間國寶制度這類政府贊助的計畫，創造出了理想的環境，讓和服設計師脫穎而出。到了一九六四年夏季，日本於東京主辦該年的奧運會時，和服已成為國家的象徵之一。

圖 125
兒童的儀式用袍（お宮参り），戰場士兵，
約 1940 年，防染染色和繪畫，人造絲。

以「設計師品牌」來確認和服出自知名藝術家之手，這樣的形式成為一股趨勢，而其歷史正可追溯至十八世紀初期的日本。誠如前面數章所述，儘管某些畫家會將和服當作帆布那般，直接把設計畫在上面，但也有設計師會替和服創作草圖或紋樣。十九世紀晚期的膠彩畫畫家會效法上個世紀的前輩繪師，製作出許多和服樣本，透過新發明的型友禪染色（型染染色）技法，運用型板進行各色設計。許多現代藝術家也會蒐集大量的紡織收藏品，當作繪畫的藍本。這些二十世紀初期畫家及染色師所收藏的紡織品，加上一九三〇年代新和服設計的限量出版品，暗示了保存和服傳統與復興和服傳統兩造的緊綳關係。

一九二〇至三〇年代，日本持續涉足海外軍事衝突和行動，這些事件最終掏空了國庫，並以一九四五年的戰敗劃下句點。在這樣的情況下，和服產業卻出乎意料地蓬勃發展。由目前的傳世品來看，整個一九三〇年代生產了不少奢華的布料，比如有一條腰帶的圖案是飛機噴出蒸氣，沿著對角線飛越帶有金雲和金紋的背景（圖127、128），要是將這條腰帶攤開，便可在藍黑色的色塊上見到銀色和金色的炸彈，但當腰帶妥善地綁在身上時就看不到這些炸彈。可厭的炸彈出現在這件奢侈的紡織品上，恰恰標舉了日本歷史上這段軍事力量備受讚揚的時刻。

一九三九年九月到整個一九四〇年代，日本政府則規範了紡織業的產品，[19]於一九四〇年七月頒布〈奢侈品等製造販賣制限規則〉來限制奢侈品的產製，由於是在七月七日發布，故又稱「七七法令」。[20]其後，大街上旋即開始出現「奢侈是敵人」的標語，花稍的

圖 126
女性的和服，孔雀與牡丹，1930 年代，防染染色，緹花絲緞。

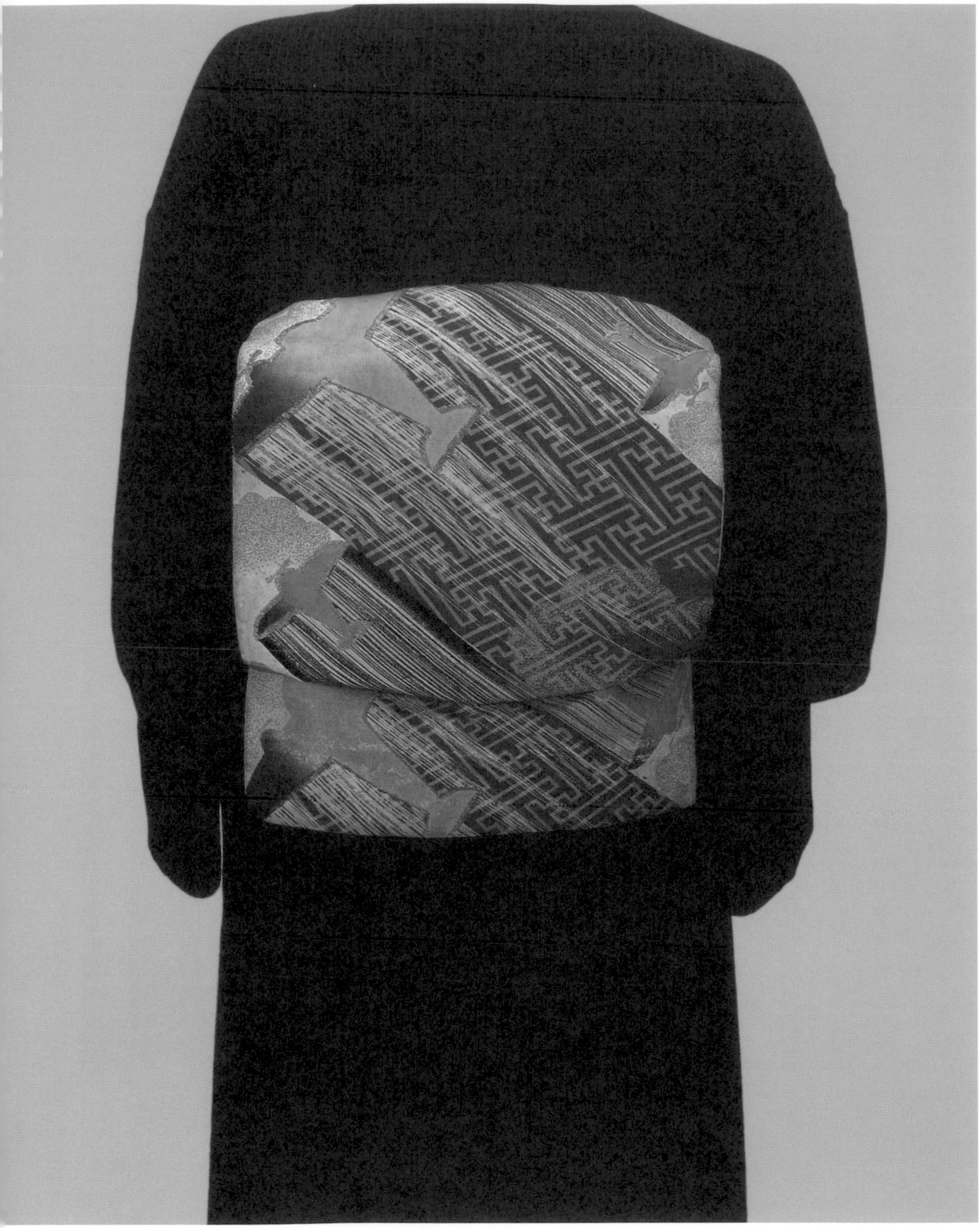

圖 127、128
腰帶及其局部，戰鬥機和炸彈，
1930 年代，絲和金線。

和服也成了諸多被限制的奢侈品之一。同一年，日本政府鼓勵國民穿著「國民服」，男性國民服由褲子和夾克組成，女性的「婦人標準服」則有三種款式，其中最普及的是簡易上衣和農夫褲（もんぺ）的兩件式組合。[21]大日本婦人會會分派穿著簡易兩件式套裝的婦女到街角宣導，懇請女性國人避免奢華的服裝與昂貴的燙髮，好顯示對國家戰爭的支持。據稱某些大日本婦人會的成員相當激進，會剪去不服從的女性飄逸的和服衣袖。[22]

儘管這項行動的效益充滿爭議，但事實是，當時極度欠缺紡織原料，有些人甚至淪落到只能穿棉混樹皮和木漿（周布）製成的衣物，足見當時日本的國家經濟有多麼慘烈（圖129）。一九四二年，厚生省官員青木英夫則揭示了服裝與愛國情操之間的關係：

> 衣物與服飾是一種表現，可據以看出國民生活狀況。當國家一腳踩在戰爭中，合乎時宜的國民服裝必定直接對應此一緊急時期。[23]

一九四一年《主婦之友》的一篇文章中，日本勞動科學研究所所長不僅譴責奢華的服裝，還特別指出和服不適合日本的勞動女性。他宣稱：

> 代表當代日本女性的，不是那些四十來歲、只會穿和服並坐在榻榻米上的女性，而是在城市與農村勞動的年輕女性。且勞動時穿的是西式服裝而非和服，沒有人

圖 129
成人的長襦袢，長城與飛機，約 1941 年，
印刷，織布的質料是混合了樹皮和木漿的棉
（即周布）。

會在工廠勞動時身穿和服。[24]

既然和服不再是一般人能負擔的物品，且被某些日本人視為奢侈品而受到蔑視，那麼，和服製造商又如何在這段期間生產高級的華服，並撐過各式強化的剝奪與限制？當時有些製造商會強調保存和服製作技藝的必要性，好讓其得以繼續在這樣的環境中生存。在政府宣告禁奢令三年後，位於京都的千總總公司創立了西村總染織研究所，同年，以支持織匠與染色師並確保其技藝得以傳承為由，向政府提出申請，要求繼續生產友禪染和服且得到了許可。松坂屋這類百貨仍會向千總進貨，也持續為精英客群主辦「憑券入場」的活動，「昭和十五年三月」（一九四〇年三月）的一張邀請函甚至有高貴的金箔與銀箔，尤其引人注目（圖130）。而其時日本政府已注意到保護國家財產的必要性，也認同必須保存無形的技藝和手工藝。

在日本保護文化財產制度的起源及演進中，先有了被指定的重要文化財，而後才納入無形文化財的擁有者，某種程度上，這些都是政府意欲尊重及保存日本「傳統」所做的回應。因此，指定國家寶藏（national treasures）的制度十分複雜，且會因為政權更迭而轉變。日文「國寶」一詞原本用來指稱封建領土中珍貴的物品，大約在一八九七年變成專門指涉國家寶藏的詞彙。鑑於「傳統文化或可作為民族建構（national-building）的工具」，當時的調查團隊便開始清點各佛寺及神社內的器物與貴族的收藏品，[25]亦成立博物

圖 130
松坂屋百貨的貴賓邀請函，1940 年 3 月，
金箔、銀箔和顏料，紙本。

館來存放並展示國家的文化藝術品。約莫與此同時，部分畫家與工匠因為技藝獲得認可，而獲頒「帝室技藝員」（這項制度始自一八九〇年，終於一九四四年）的殊榮。[26]而紮根已久的藝術世家或許也有助於認定某些藝術家的貢獻。一九三六年，帝室技藝員今尾景年（一八四五～一九二四年）之孫今尾和夫（一八九八～一九七三年）替丸紅製作了一件繪有西洋風景的和服，即運用了一項新技術——液描友禪染，將染料及顏料溶於米糊中，直接畫在布料上（圖131）。[27]

授予個人「帝室技藝員」的榮譽，加上意欲保護文化財的推力，兩相匯流後形成了如今眾所周知的「人間國寶」制度。一九五〇年所頒布的「文化財保護法」正是為了避免咸認具有歷史或藝術價值的技藝失傳，這項法令後來經過修正，將所有具備重要歷史或藝術價值者——無論是否有消失危機——皆納入範疇，[28]然而其中的篩選標準頗令人費解，於是又在一九五五年修訂，強調「藝術價值、工藝史中的重要性、地方傳統的代表性」三項主要原則。[29]

在二戰後的時代，日本從戰敗的屈辱中逐漸復原，此時既要保存「傳統」，又要表現得如西方公民那般現代化與都會化，兩者間的關係因此更形緊張。一九五五年，為了保存傳統編織及染色技藝，日本文化財保護協會舉辦了第一屆日本傳統工藝展。一開始，有不少從百貨旗下的工作室獨立出來的和服設計師參與，紛紛製作出令人耳目一新的創新設計。但諷刺的是，在漸趨現代化、機械化、都市化與西化的世界，努力推廣和保護傳統工

圖 131
今尾和夫，振袖，西洋風景及船隻，1936 年，
顏料融合防染染色，刺繡，絲。

藝，恐怕終將扼殺其蓬勃朝氣和發展性。由於設計師既要創造獨樹一格的設計，又得維護傳統技藝，和服於是由日常服裝演變成高貴的文化遺產。

下面將聚焦於幾位和服設計師的生平，首先介紹十八世紀知名的畫家，再談及日本捲入軍事衝突期間經歷過危急存亡關頭的設計師。

江戶時代的知名設計師

雖然大部分活躍於江戶時代的工匠皆籍籍無名，不過仍有一些例外。尾形光琳、酒井抱一、祇園南海和松村吳春等，不少著名藝術家當時皆曾參與和服設計，將自身的水墨畫知識應用於絲布上，發揮出極佳的效果。墨繪和服的流行始自十八世紀早期，可說帶動了和服設計諸多變遷中的一環。

●尾形光琳、酒井抱一（一七六一～一八二八年）及琳派風格

江戶的木材富商冬木曾請人製作了一件墨繪和服，這件知名的和服被日本政府指定為重要文化財，儘管上頭並未署名，但依據一份尾形光琳逝世一百多年後出土的文件所示，咸認該和服出自光琳之手。這份文件記述道：「冬木家族資產，由光琳所繪，白色布

料……天保九年（筆者註：一八三八年）。」[30]這件和服採用深淺綠色、黃色和粉紅色，描繪了秋草、菊花、中國桔梗、紅花草灌木叢及蒲葦，且選用印度墨水與其他顏料在白色斜紋織絲布上繪畫，並用金色顏料強調葉脈。下襬一帶圖樣的元素較濃密；肩頸處則較淺而明亮，兩者和諧地相互平衡，此類設計元素的配置反映出元祿時代的風尚。如導言所述，這個時代由於腰帶變得相當寬，因此衣飾的重點由肩膀處移到了和服的下半部。然而有趣的是，光琳「冬木小袖」的腰部並未為了綁腰帶而有明顯的留白——其顯然是「和服上的一幅畫」，而非僅是經繪製的和服。

縱觀一生，自同時代其他無名工匠中脫穎而出的光琳，其曾祖父尾形道柏捨棄了武士身分而從事織造與染色業，[31]約莫一五六〇年與本阿彌法秀——知名書法家、陶藝家、設計師、茶道大師暨刀劍鑑賞家本阿彌光悅之姊——成親，而後在一五九〇年創立了和服店雁金屋。[32]根據雁金屋的染色帳本（雁金屋染色台帳，一六〇二年）顯示，其精英客群包括了一些京都社會階級最高的人。[33]

光琳確實出身上流階級商賈之家，家中主顧有武士及皇室最傑出的精英，在曾祖父道柏去世後，兒子宗柏繼承了家業，光琳的父親尾形宗謙則是宗柏的次子，後來成為紡織商人，並在一六六〇年繼承雁金屋。[34]一六七八年，當宗謙掌理此家族事業時，雁金屋還替一位主顧提供了三百四十件和服及其他單品——這位貴客即是東福門院皇后，德川秀忠之女與後水尾天皇之妻。[35]

宗謙過世時，光琳及弟弟乾山分得的遺產有錢財、土地、家具與織品，長兄藤三郎則依照習俗繼承了家族事業。到了一六九四年，光琳的財務吃緊，不得不典當部分財產，[36]兩年後又在乾山的要求下，變賣了遺產好還清積欠乾山的債務。約莫此時，他開始畫畫，並依照要求在白色的緞子上繪製——他所用的緞子可能是父親留給他的未染色素材。豔情書刊《好色文傳授》（一六九九年）中，描述光琳畫出「白色緞布上的黑色松樹」，且受到顧客的好評。[37]此時其手繪和服已獲得相當高的評價，且不斷挑戰新型態的裝飾創作，包括屏風、掛軸、團扇、摺扇、薰香包裝紙、上漆硯箱、藥箱與織品。此外，受光琳啟發的紡織圖樣亦被編纂為《光琳雛形》，這系列最早是在一七〇六年出現，至於設計靈感源自光琳的諸多紋樣，統稱「光琳圖樣」（光琳模様），在其於一七一六年逝世後，這類紋樣書依然熱銷不墜，在藝術史上則以「琳派」之名來紀念光琳作品的傳奇不朽。[38]至於琳派風格的和服設計則如左圖（圖132）。

而另一位藝術家酒井抱一是光琳的追隨者之一，亦將藝術上的精力投注於和服設計。抱一曾在一件小袖背面畫了一棵恣意伸展的梅樹（圖133），當時是用墨水和顏料在白色緞布上畫出這棵驚人的樹。儘管和服在型態上會要求藝術家構思符合三維度空間的立體設計，但手繪和服卻如掛軸般，是在二維度的平面上創作，只是兩者所需的素材相去不遠——畫筆、墨水、顏料和絲布。包括衣領在內，這棵梅樹曲折地延伸至整件和服，抱一顯然將其當作畫布，一如繪製掛軸那般。細看會發現梅花是用朱色墨水渲染開來，再於花

圖 132
女性的留袖，松樹和金霧，20 世紀上半葉，
防染染色、金色點綴繪圖，縐絲。

芯點綴金色顏料，好令中央更為明顯，樹幹底部則有用黃、藍、綠和部分金色顏料畫成的蒲公英與堇。這件和服右前衽有抱一的朱墨色圓形印章，可說是設計師標誌的前身（下圖）。雖然穿上身時他人看不見，但這枚印章仍然確保了每位有權端詳這件衣服的人會知道是誰創造了這般出色的作品。

這兩項前現代日本的出色案例，突顯使用其他媒介創作的設計師也會嘗試運用和服這項媒介。像光琳與抱一這樣著名的畫家進行不同形式的設計（包括屏風、扇子與和服），替後來的設計師在建立品牌辨識度並於和服成品上署名奠定了基礎。

圖 133、134
酒井抱一，女性的小袖及其印章，恣意伸展的梅樹，19 世紀早期，水墨和顏料，絲。

現代的和服設計師

縱觀整個江戶時代，和服生產體系將設計師與製作商緊緊相繫，多數和服設計師一生都沒沒無聞地創作，製作商則會取得必要的材料及技術勞力來實踐前者的設計。到了明治時代中期，如千總和高島屋等企業則會聘僱畫家創作和服草圖，繪製這類和服設計圖的包括岸竹堂、幸野楳嶺、今尾景年、菊池芳文和竹內棲鳳等京都的藝術家，以及東京的藝術家渡邊省亭等，其中許多人後來都被指定為帝室技藝員。[39]第二代畫家兼和服設計師繪出設計圖後，這些圖通常會集結成冊，即今日所稱的「圖案集」。[40]有些設計師會一邊設計和服「圖案」，一邊仍持續繪製屏風和掛軸，另一些設計師則崛起成為優秀的和服設計者，如神坂雪佳的弟子古谷紅麟，以及曾是洋畫家淺井忠的門生、亦擔任高島屋百貨設計師的津田青楓（圖135）。[41]

設計師變得更加專門化與下列三項因素息息相關：教育機構的培訓、百貨和政府贊助的競賽導致對新穎和服設計的需求提升，以及展出和服紋樣的管道大幅增加。一八九〇年代晚期，一些主要大學都成立了設計學院，在這之後入學的學生於是得以直接就讀，不需再透過繪畫學院學習設計。這些設計師會合作替自己的設計出版刊物，其中最知名的便是一九〇三年首次出刊的《精英》。[42]在二十世紀的前二十年，百貨公司贊助的競賽使其有機會以和服設計師的身分嶄露頭角（圖136），如丸紅貿易公司在致力推廣「染織美術之藝

圖135
津田青楓，蝴蝶和抽象花卉，出自《華紋譜》（1900年），本田雲錦堂（京都），木版彩印，銀漆。

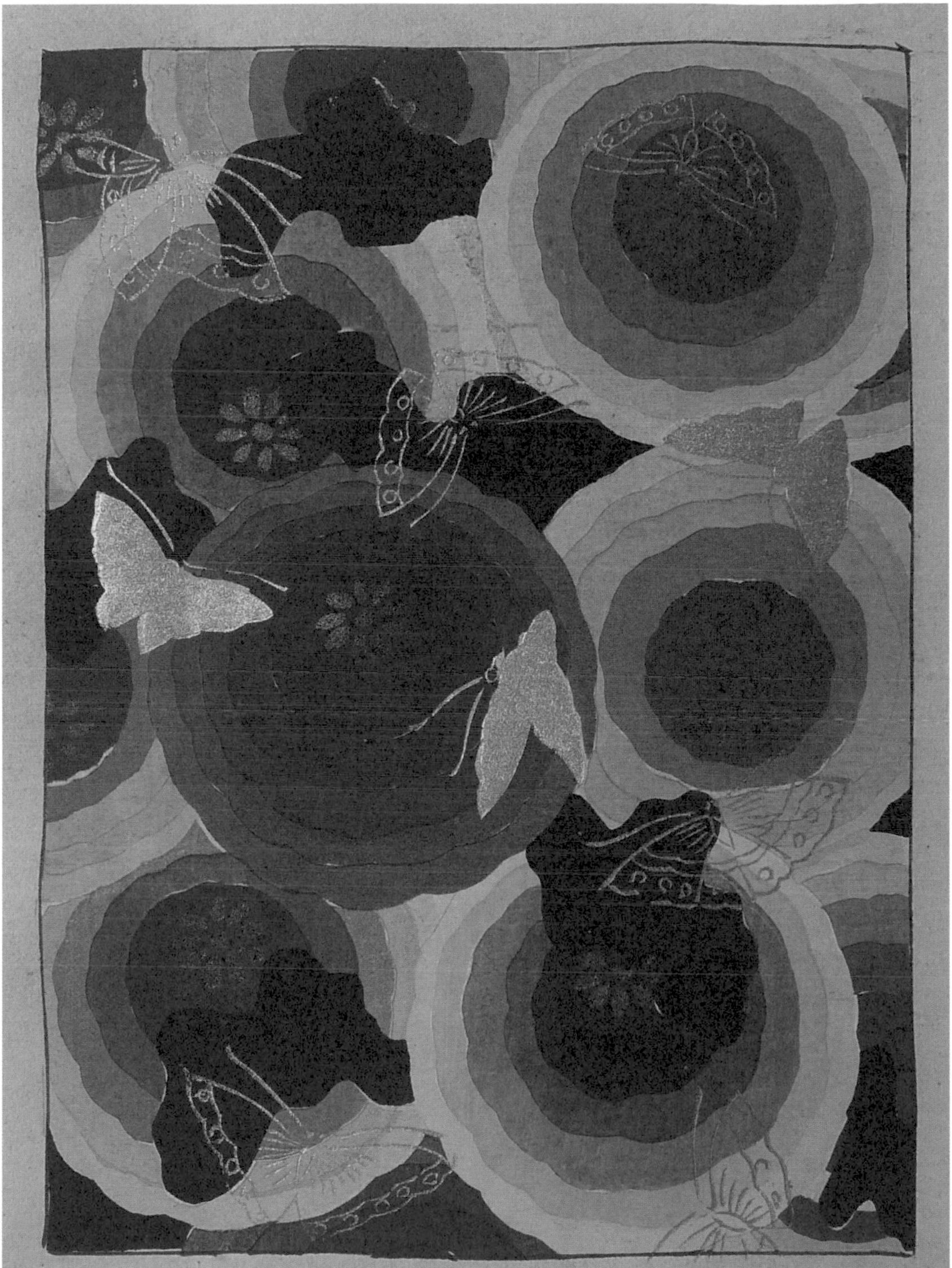

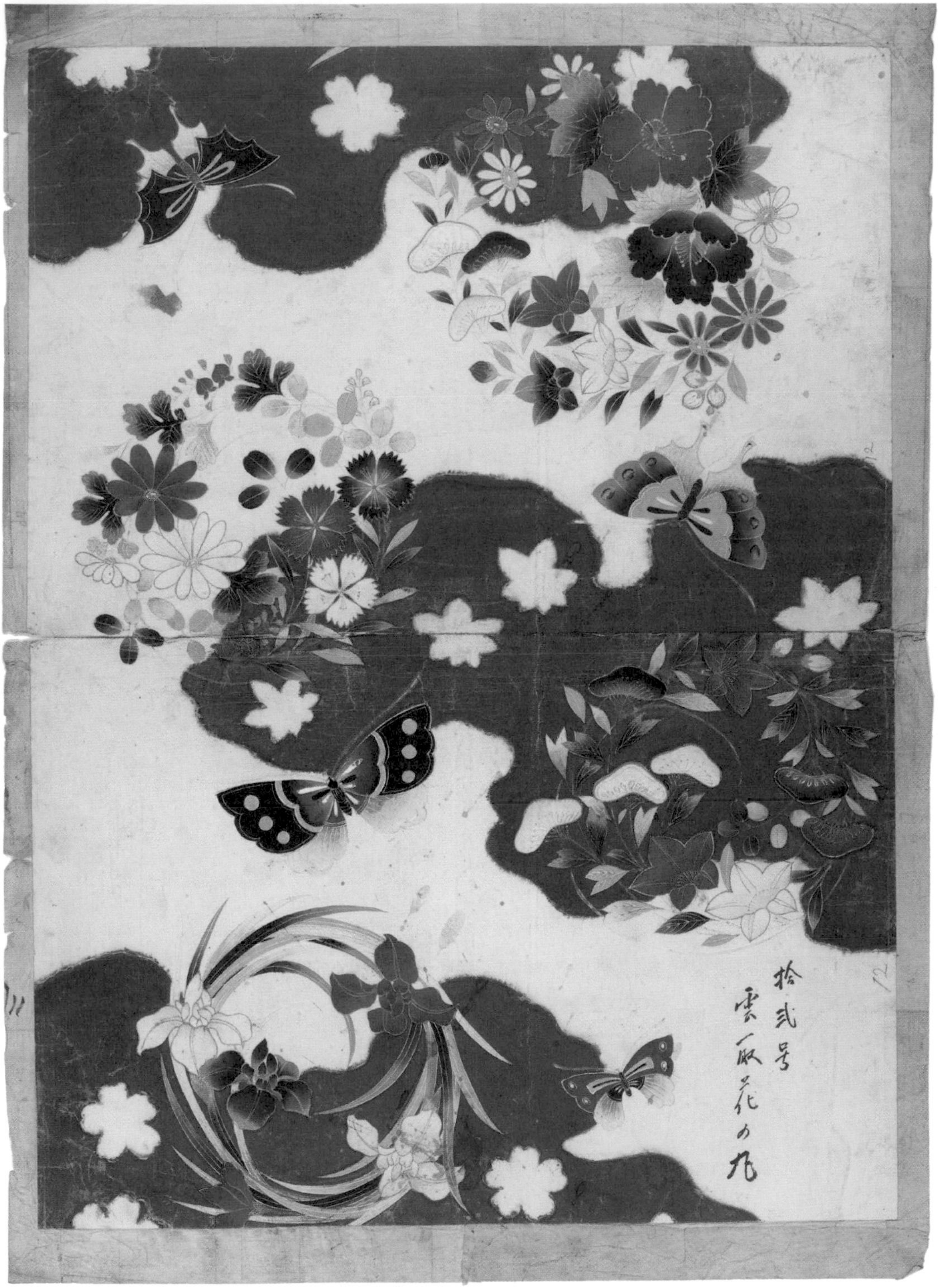
拾弐号
雲ニ取花の丸

術」（染織美術の芸術）的過程中，便曾資助藝術團體「茜會」（あかね会），並蒐集著名膠彩畫與洋畫家如北野恆富、中村大三郎和岡田三郎助等人的作品，亦有如插畫家高畠華宵或設計師（図案家）杉浦非水的創作。[43]「茜會」成立的靈感源自一九二七年舉行的染織美術展覽會——「美展」，而當年亦有另一場政府贊助的「沙龍」競賽——「帝展」（即帝國美術展覽會），工匠也可提交作品，便有機會入選展覽會的「工藝」部門。在二十世紀前半葉，非但拓展了提供和服設計師的各種專業訓練，能販售作品並引發民眾個人興趣的潛在管道也增加了。

● 三代田畑喜八（一八七七～一九五六年）

三代田畑喜八的一生，記錄了一名沒沒無聞的工匠如何成為著名的染色師。田畑家作為京都染色師的歷史，可追溯至其開始為紡織品染色的一八二五年。十九世紀晚期，田畑家的二當家開始攢積和服收藏，[44]這部分與前面提及的歷史環境有關——明治維新造成社會動盪，許多武士階級經濟困頓，卻又得維護其社會形象，家中若有女兒出嫁，他們就必須準備與自身階層相襯的衣裝。據說身為紡織染色師的二代田畑喜八曾為一個剛破產的武士家設計和服，對方後來則挑選了家傳和服相贈，以為交換。如此這般，田畑家藏品（田畑家コレクション）因而誕生，如今收藏的物件已經超過了一萬件。[45]

圖 136
祥雲花團（雲取花の丸）和服設計（図案），獲三重縣首獎，1909 年，草圖，彩墨，紙本。

三代田畑喜八在十六歲時進入京都府畫學校就讀，於幸野楳嶺的指導下學習日本畫，而在成為田畑染坊的當家前，還曾受過竹內棲鳳的指導。三代喜八有許多畫家朋友，他不僅熟識日本畫畫家，如上村松園、西村五雲、入江波光和金島桂華等，亦結識洋畫家如前述的岡田三郎助——他也曾向「茜會」提交和服設計。這些朋友無疑都知曉喜八的日式紡織品收藏，很可能會鑽研並借用特定的藏品當作他們繪製歷史人物的參考。藝術家菊池契月便曾願意提供自己的任何一幅畫作，來換取喜八收藏品中他夢寐以求的一件和服，甚至進一步表明無論出價多麼「過分」他都願意買下，不過三代喜八最終拒絕了這項提議。[46] 由於與其同樣精緻的物件已不再生產，田畑家藏品於是不斷增值，對某些藝術鑑賞家而言，比起田畑本人的和服設計，其家族傳承的紡織品收藏可說具有更高的辨識度與價值。

三代喜八之子曾回憶道，父親「不想只被當成染色師」，而自詡為「染色畫師」。[47] 儘管畫家們通常仍是去向他學習染色的技巧，但一如光琳等前現代的諸多前輩，三代喜八並未將自身的藝術能力局限在單一媒介上。

除了繼承家業，三代喜八還擴展了始自父親那一輩的紡織收藏品。他會詳盡地分析這些藏品——檢驗其纖維、編織結構、染色技法和成分，並仔細分類後收藏在一具特別打造的櫃子裡，有時則會將物件切割，以符合他分類系統下的尺寸。四代喜八對於父親會將服裝或較大型物件切割難免感到遺憾，但他表示，比起物品的形狀，父親更在乎的是設計與技法。[48] 此外，三代喜八選擇這種收納方式，是為了讓他到戶外素描時便於攜帶。

三代喜八特別專精友禪染——即米糊防染染色技藝，一九五五年，也就是在他逝世不久前，更因為友禪染技藝而被日本政府指定為人間國寶，[49]其技法和染色工序——從草稿打底到最終的重點刺繡——皆一一被記錄了下來。依照其工序製作的和服成品與相關史料都屬於日本文化廳所有，且皆曾在二〇〇一年的喜八作品展覽會上展出（圖137、138）。[50]但由於三代喜八直到生涯晚期才被指定為人間國寶，所以很難看出這件事對他的作品或其後繼者的影響。

三代喜八可說是家族世襲制碩果僅存的代表之一。家族傳承的大量紡織藏品、友禪染技法的實務，以及日本膠彩畫的學院訓練，三者令其得以浸淫在擁抱日本傳統的世界——即便此時的日本正急速邁向現代化。而無論是田畑家所經營的和服事業、其著名的日本傳世紡織藏品，或是第三代當家的和服設計，於某種程度上，在在象徵著傳統日本。

●芹澤銈介（一八九五～一九八四年）與稻垣稔次郎（一九〇二～六三年）

著名型染染色師芹澤銈介的和服設計僅是他所有作品中的一小部分，其作品包括屏風、商店門口的簾幔（暖簾）、月曆、書籍插畫和一匹匹布料。身為一位工匠，他在一九三〇、四〇與五〇年代的經歷，具體呈現了這段時期其他諸多工匠所面臨的挑戰。芹澤的藝術家人生十分引人入勝，在文化想像（cultural imagination）當中，他是重要的過

圖 138
田畑喜八，振袖，松鶴，1954 年，
草圖，彩墨，紙本。

圖 137
田畑喜八，振袖，松鶴，1955 年 5 月，
防染染色和絲線刺繡，絲。

渡期代表人物，從一九三〇年代中期籍籍無名的民藝工匠，到一九五六年以個人身分獲得了著名的人間國寶地位。

芹澤擁有廣泛的私人收藏，包括非洲面具、韓國畫作、沖繩紡織品以及大量日本工藝品，這令他成為一名以日式手法產出作品的文化轉譯者。[51]他的紡織設計雖然展現出對日本前輩的崇敬，但作品的視覺效果卻遠超乎在地文化，更打破了時代的疆界。儘管他的作品並不拘泥於單一樣貌，但仍以民藝工匠之姿獲得認同，亦被指定為人間國寶，因此可說置身於日本的兩種思想體系，尊崇被保存的出色文化習俗，以及代代相傳的知識——即一般認知中的「傳統」。

我們很難明確區分其他文化傳統的知識如何影響芹澤的作品，亦難以界定其創作是否為融合多種工序與慣例的元素所形成的混合體，然而時至今日，他的作品通常被推崇為「傳統」的日本。在芹澤的早期作品中，有一條由重複的竹子與牡丹紋樣組成的日式傳統腰帶，而這組紋樣的題材取用自中國的作品，傳統上則往往將牡丹和竹子畫在捲曲的藤蔓上。芹澤早年曾嘗試複製沖繩的一項型染技藝——使用繽紛顏料的「紅型」，而這條腰帶正是他當初的試作品之一。在人生的那個階段，他已經觀摩過沖繩紅型的範本，帶給他極為不同的體驗。不過，此刻芹澤還未曾造訪過在一八七九年被日本併吞的沖繩，也還未向當地的工匠學習染色技法。[52]為了創作並令技藝更臻完美，他在一九三九年旅行至沖繩，學習紅型染色法。

雖然芹澤受的是平面設計的訓練，但他所選擇的職業卻是染色師，更精確地說，是型染染色。眾所周知，他偏好沖繩那種親自切割型版與染布的作風，更勝傳統的日本作法——切割型版與染色依賴不同的工匠分工。此外，在其某些作品的視覺與結構中，亦可見類似韓國屏風畫（文字圖）的特色和主題。[53]

芹澤對韓國的關注，及其與民藝運動發起人之一的柳宗悅之間的關係，皆可回溯至一九二〇年代晚期。[54]「民藝」一詞最初由柳宗悅所定義，而今則被視為：

具有「大眾階級藝術」的涵義……「民藝」因而有了兩種特色：其一是實用性，其二則是日常性。換句話說，奢華、昂貴且為數稀少的物品並不屬於此類，民藝品的製作者並非名人，而是無名的工匠。[55]

後來，柳宗悅在前述民藝的定義中開了例外，納入了芹澤銈介這類逐漸嶄露頭角的個人工匠藝術家。[56]在一九三〇年代的民藝運動中，芹澤可說是引人注目的先鋒，到了一九四〇年代初期，他的作品透過一些出版品在現代媒體中廣受歡迎，如一九四一年的女性雜誌《婦人畫報》中便有一整期都在談論芹澤的作品，且將他塑造成「生活設計師」（生活のデザイナー）。[57]芹澤在一九五五年成為日本工藝會的創始成員，隔年更被政府指定為人間國寶。[58]

將芹澤最早運用書面字母和圖案的設計，與其一九五〇年代後的創作相比，會明顯發現他的設計逐漸融合，既尊崇傳統又讚揚創新。芹澤最具代表性的創作之一，便是對日文假名文字順序「伊呂波」的演繹，這個名稱取自知名的〈伊呂波歌〉前三個字，[59]所有日本孩童學齡期都學過這首詩歌，因此其可被視為典型的日式表現。然而，芹澤卻是第一位將此當成重要主題並運用在作品中的人。在他於一九四〇年創作的八面屏風中，便在圓圈內將「伊呂波」一個個演繹成特色十足的字型與圖案，彷彿正式的日本家紋或紋樣，但其型態更逗趣，近似「變體假名」（「平假名」過往的草寫變體）。然而，在一九六〇年代繪有伊呂波的和服上，他卻選擇了比較常見、標準的「平假名」，且每個字不再各自獨立，亦不再被圓圈圈起，而是相互串連，以抽象派藝術之姿達成了純粹的平面設計（圖139）。

實用，設計出眾，非同尋常——這番充滿張力的敘述概括了芹澤的創作，從一九三〇年代開始，百貨展覽會上便會推廣、行銷他的作品。[60]為了秉持民藝的原則，即拒絕作者署名或留下任何痕跡，芹澤的作品並未印有任何品牌，[61]然而，他出色的設計早已自成一格。芹澤後來接受政府指定為人間國寶，令其作品的地位更上一層樓，最終成為十分成功的商業藝術家，製作出辨識度高、利於銷售的作品，但這些作品既不平凡，也並非「由民眾製作給民眾」。[62]

芹澤後期的作品絕非無名作品，也非廉價的集體創作，既然在認知上，出自政府認可與資助的藝術家之手、個人特色鮮明的作品，與民藝品有所不同，那麼芹澤何以悠遊兩者

圖 139
芹澤銈介，伊呂波織布局部，
約 1960 年代，型染，生絲。

之間？[63]對無名工匠與個人藝術家的爭論歷久不衰，最早始自一九三〇年代，在政府設立人間國寶制度後，逐漸成為公共議題。[64]一旦成為人間國寶便可向政府領取補助，並可透過訓練學徒使這項工藝傳承不朽，政府還會購買其作品、記錄製作工序且贊助年度的作品展覽會。[65]事實上，芹澤被指定為人間國寶一事可說是特例。當時政府替他的作品創造了一個新詞彙「型繪染」，[66]選擇藉「型繪染」一詞來提升日本「型繪染」工藝的價值，而非沖繩紅型，此事顯然鼓舞了芹澤。此外，這個新詞彙也等同認可了芹澤創新——甚至是超越——了既有的染色作法。[67]考量到他決定自行切割型版、為自己的作品染色一事，不禁讓人好奇他會否遵循沖繩的作法。也許一如同時期的木刻版畫藝術家轉向「創作版畫」的風潮那般，芹澤意在提升染色專業，從一名工匠（職人）轉而成為一人負責整個工序的個人藝術家或創作者。[68]

芹澤接受人間國寶殊榮一事與民藝提倡的宗旨相違，而陶藝家河井寬次郎則因拒絕接受這份殊榮而出名。[69]日本民藝館的參訪者屢屢和柳宗悅提及此事，令他深感必須有所回應，遂於一九六一年發表了〈藝術家作品與民藝品〉（作家の品と民芸品）一文。對於那些質疑為何獨立藝術家的作品亦能歸入民藝範疇的聲浪，柳宗悅回應道：「我們民藝館的藝術家圈子包括河井（寬次郎）、濱田（庄司）、芹澤（銈介）等，以及其他我們極其尊敬的人，而圈內一致以對民藝品的最高敬意為創作基礎。」[70]他相信通往美的道路不只一條，並強調創作者的作品皆帶有「對民藝品的最高敬意」，「矛盾衝突」只會減損對其靈魂與真誠的欣賞。

芹澤的作品揭示了各種兩極——傳統與創新、日常與特殊、平價與昂貴、地區性與國際性、無名與具名，而其作品的魅力，便是抽出各文化中視覺藝術與技法的基礎元素，轉化後融入自己的作品，最終以新穎但又洋溢著傳統的姿態現身。商業上的成功令他不可能持續以「無名工匠」的身分堅守絕對的民藝理想，然而，芹澤小心翼翼地選擇兼容並蓄的圖案及技法，藉由培養顧客的品味，確保了特定圖案、技法與形式得以存續，並於晚年成立了一所研究機構，培訓其「紙染」技法的學徒。[71]芹澤的作品披著傳統的外衣，串連起日本工匠的上下世代，同時搭起文化疆界的橋梁，他航行於「傳統」與創新之間的湍流，引導了無數日本後進的藝術設計師。[72]

其兼容多種技法、圖案與形式的取向，也令學者聯想起尾形光琳：

芹澤的活動涵蓋了日常生活的每一個面向，而這些活動充斥著多種特色，這已足夠替他爭取到「設計師」或「藝術總監」的稱號，在這方面，令人不禁將他與早期的藝術家尾形光琳相較。[73]

芹澤身後被拿來與江戶時代知名設計師光琳相較，顯示出活躍的領域不局限於和服的設計師，會被視為前現代與現代但「傳統」的創作間的一道連結。

一如芹澤那般，稻垣稔次郎亦因「型繪染」這項技法而被指定為人間國寶，不過他一路走來的過程與芹澤相當不同。稻垣出生於京都，曾在京都美術工藝學校求學，一九二二年畢業後進入松坂屋百貨的設計部門任職，負責和服設計。一九三一年，他成為獨立染色師，一九六二年於京都美術大學任教，並被指定為人間國寶（在芹澤以相同技藝獲獎的七年後），其後則替京都的美雲木版畫社設計木刻版畫。

● 宇野千代（一八九七～一九九六年）

宇野千代是位特立獨行的女性。她在傳記中被形容為「天真時尚的少女、雜誌編輯、和服設計師與知名的致命女郎（femme fatale）」，[74]在她的文學作品中，同時存在著虛構小說及現代日本女性的現實生活。在那個年代，大家都鼓勵女性以「良妻賢母」為典範，很多女性也都安於扮演這樣的角色，這番社會背景讓宇野千代的人生顯得離經叛道——多次離婚、經濟獨立，且以女作家之姿獲得商業上的成功，[75]對宇野來說，轉換角色就如更衣般輕而易舉。[76]她當年擔任女侍時，工作的咖啡廳經常有作家出入，於是在這些作家筆下，她有了許多不同的形象——穿著備用和服與白色圍裙時，「她彷彿從竹久夢二的畫中走出來」；穿著黑緞領子的和服時，「她是昔日那位含情脈脈的妻子」；而當她為了洋裝與鮑伯頭而捨棄和服時，則成了時下的一名「摩登女性」。[77]在她晚年，西式服裝早已成為日本的常態，但她卻經常穿著和服出現在公開場合。宇野堪稱時尚變色龍，無論日式或西式的服裝她都游刃有餘，而其穿搭看來全取決於當下的心情。

宇野的服裝取向進一步塑造了她的公眾身分，她所發行的雜誌及其和服設計宣傳了她的時尚品味，讓意欲模仿她的女性得以參考——除了在文學上成就斐然，宇野還在一九三六年於東京市中心一處柯比意風格的工作室發行了女性雜誌《風格》。[78]《風格》被譽為日本第一本時尚雜誌，最初專講西方時尚，雜誌中收錄的文章會提供女性相關意見，如〈合適的內衣——西式服裝必備〉。到了一九四一年，宇野注意到日本逐漸升高的反西方情結，於是將雜誌易名為《女性生活》，不再聚焦於西方服裝，改主打和服。一九四四年，基於戰時的貧困及必須撙節紙張開銷，政府於是將宇野的雜誌停刊。一九四六年，她成功地重新發行雜誌，儘管戰爭導致民不聊生，但對時尚求之若渴的讀者仍在商店大排長龍，希望用食物換取一本《風格》。[79]

一九四九年，五十二歲的宇野成立了和服研究會（宇野千代きもの研究所），並作為《風格》的延伸，開始出版《和服讀本》。她聘請了吉屋信子、圓地文子、有吉佐和子和白洲正子等女性作家替《和服讀本》寫文章，亦曾特別邀訪型染染色師芹澤銈介，且雜誌中主打的許多和服都由當代知名女演員擔任模特兒。[80]她國際化的觀點也反映其中，例如會以跨頁呈現三名白人模特兒穿著和服，所下的標題則為「連外國人都很適合和服」（圖140），此外雜誌中更推廣一系列宇野專為巴黎旅行設計的和服，她認為這些和服

圖 140
「連外國人都很適合和服」，《和服讀本》雜誌中的跨頁（1952 年 12 月），宇野千代編，《風格》出版。

能傳達出日本低調的優雅品味，她的名字被顯眼地冠上「設計師」的頭銜，接著才列出「製作者」和「著裝者」的名字。宇野也會替雜誌撰寫像是〈和服與我〉（きものと私）這樣的文章，後來則以此為主題，出版了一本完整的《我的和服人生》（私のきもの人生，一九八五年）。

《風格》的成功讓宇野得以和友人林芙美子在一九五〇年一同前往巴黎旅行，她穿著和服沿著塞納河畔漫步，讓巴黎人既驚豔又欣賞。[81]由於傾心和服之美，因此她也在銀座開設了一家精品店（スタイルの店），販售親自設計的和服。[82]宇野著名的設計以及精緻的櫻花花瓣商標——她最愛的圖案——皆透過她的出版品廣為流傳，《風格》的封面會主打她的和服設計，其店內販售的許多商品也都會打著她的名號，在大城市中，大丸百貨還會販售印有宇野千代名字的和服。[83]

然而，宇野生活奢侈又欠缺理財能力，終究導致《風格》破產。她於是將精神集中在替精品店設計和服，且談妥了一場一九五七年四月在美國的巡迴展覽，最初在西雅圖舉辦，而後巡迴至紐約和洛杉磯，讓宇野得以於國際展覽會上展示她的和服設計。[84]回想身為作家與設計師的雙重人生，宇野寫道：「我有另一項職業，但這並不會限縮我，設計和服更簡單，或許也令人更快樂……如果不設計和服，也許我寫作的精力將會枯竭。」[85]

一九八五年，在八十八歲的生日宴會上，宇野身穿一襲自己設計的和服，上頭有代表其署名的櫻花標誌。宴會上她換了兩次和服，盡可能地展現出她極富創意的天分，包括當時已是國際時尚舞台之星的設計師三宅一生在內，許多名人都出席了這場盛會。[86]

● 久保田一竹（一九一七～二〇〇三年）

一如宇野千代，久保田一竹亦是和服設計界的奇人。久保田曾在博物館的展示中見到一件十六世紀的紡織布料，觸動他致力於復興日本最受崇敬的染色傳統之一的光輝和技法

——這項傳統染色法如今普遍稱作「辻花」，亦即「十字路口之花」（第三章曾簡單介紹過）。根據久保田的回憶，他是在一九三七年二十歲時，第一次看到那件激發其靈感的布料，並對此魂牽夢縈，不斷試圖重現失傳了數百年的十六世紀染色技法。[87]他懷抱著藝術的雄心壯志，挑戰和服界各方面因循已久的傳統，而「光響」系列正是他最具企圖心的成果，這個系列的和服超越了傳統束縛，不再只是著裝品，而成了裝置藝術品，其中每件和服都被當作一小塊零件，構成了連綿的四季和宇宙全景（圖141）。

久保田大膽的表現方式及令人驚豔的色彩設計，使其作品在國內外皆獲得讚揚。他受過專精友禪染（米糊防染染色）的染色師小林清的訓練，對日式染色技法已相當熟練，於一九三七年初次見到「辻花」後，便渴望學習更多這項染色技法——但這個心願卻直到二十五年後才實現。由於戰時被徵兵，且被拘留在西伯利亞，久保田於一九四八年才返回日本。到了一九六一年，他成立了工作室，並開始使用「一竹染」這個商標製作商品，一年後則將商標變更成具爭議性的「一竹辻花」。

一如第三章所言，如今「辻花」被推崇為日本紡織品的頂點，其美麗與技藝皆無與倫比，因此某些圈子裡的人會質疑久保田挪用「辻花」一詞來形容自身作品的動機。「辻花」技法盛行於十五和十六世紀，在進入十七世紀時，隨著其他染色技法的流行，「辻花」便逐漸消聲匿跡。環繞著「辻花」一詞的謎團、產製技法及稀少的傳世品，讓其始終是日本紡織品的一大指標，然而我們對於「辻花」的原始意義卻知之甚少。[88]如今那

圖 141
久保田一竹，「光響」，2009 年時展示於俄亥俄州坎頓美術館（Canton Museum of Art, Ohio），「和服作為藝術：久保田一竹的風景」展（*Kimono As Art: The Landscape of Itchiku Kubota*）。

些歸在「辻花」類別之下的十六世紀布料，其美學價值皆無庸置疑，只要出現在出版品、展覽或收藏品當中，都被視為最具價值的藝術品。[89]在二戰後的時代，本就物以稀為貴的「辻花」受到推廣而聲名大噪，致使傳世品的市場價值大幅提升，在當今藝術市場上，被標為「辻花」的服飾或布料價格都很高昂。

今日的「辻花」一詞所指涉的服飾，據信最早可追溯至一五六六年。現存的十六世紀晚期與十七世紀早期畫作中所描繪的武士階級精英女性，她們身上的和服與「辻花」設計的布料極其相似。部分學者據此假設，認為製作「辻花」織布的開銷過高，以致客群局限於當時社會階級最高者，且其聲譽似乎從十六世紀晚期產製時便已存在。[90]

二十世紀初始，對於歷史紡織品的興趣，引發日本畫家、收藏家、學者和博物館員對「辻花」的關注，其詞義也隨之演變。紡織品愛好者著迷於當時流通的織布，這些織布由針縫防染與精緻的水墨畫組合而成，通常還有金箔壓印與刺繡，此外他們也開始尋找適合描述這類高貴織物的詞彙。這些布料顯然大多是十五世紀與十六世紀的製品，很多看來和那時期繪畫中的服裝無異。在十九世紀晚期到二十世紀初期的某段時間，這些特別精緻、稀有的紡織品遂被貼上了「辻花」的標籤，今日所謂的「辻花」，便指運用了針縫防染和精緻水墨畫的布料，通常會有花卉圖案和幾何圖形。

當人們開始回顧久保田的作品時，發現他某些早期創作在外觀上十分近似十六世紀作品的標誌性圖樣（圖142）。在其和服背面，水墨畫成的精美花卉在斜對角飄揚，呼應「辻花」所傳承的水墨畫風；技術上，久保田也在某些作品中運用了十六世紀成品所使用的防染染色技法。不過，一竹辻花和傳世的「辻花」之間確實有著本質上的差異，主要是他使用的材料，特別是底面的織布，還有防染色材料、紮染技術及染料等。

在久保田後期的某些作品，聘僱了京都的織匠製作「金通」布料，而非使用傳統上作為「辻花」底布的輕量、硬質織布「練貫」。製作「金通」要將金線——無論是平整或捲

圖 142
久保田一竹，「幻」，1976 年，
針縫防染和墨水畫，絲。

曲的——織進底布，讓織布表面的金線營造出閃亮的質感。久保田所用的布料明顯呈現出與「練貫」不同的反光效果，他強調金屬色澤且將金線編織進去，相對來看，十六世紀的紡織品用的則是金箔，即是將物件壓附在織布表面，再摩擦金箔進行設計。久保田選擇了當代的材料乙烯基線來描繪輪廓，並遮蓋要防染色的部分，而未選擇十六世紀成品所運用的韌皮纖維。此外他亦仰賴人造染料而非天然染料，人造染料可直接用刷子塗在布料上，再透過蒸氣工序，讓和服達到久保田預期的繽紛效果。

如同幾位聲譽卓著的前輩——如酒井抱一和松村吳春——及許多同儕，久保田也將自己的標誌印在和服成品的右前衽下緣，一旦穿起和服，左前衽會蓋過右衽，標誌便會被蓋住。復興傳統且將其商標化並非久保田的創舉。他宣稱復興了失傳的「辻花」技法，又挪用「辻花」一詞當作其品牌商標，可說遵循了歷來的設計師所建立的傳統——他們同樣認可光琳設計的價值，接納並轉化其設計，再將自己的成品掛上光琳這個品牌。

在這個時代，那些標榜「辻花」的紡織品所具備的價值感，深受一路傳承下來的「辻花」文化記憶所影響，而這便是久保田作品的爭議所在——有些人認為他挪用了日本紡織「傳統」上的代表性標誌並不恰當。考量到久保田的作品與傳世的「辻花」材料、技法皆不同，日本也有些紡織史學家質疑，他究竟為何要將商標訂為「一竹辻花」，而不沿用他一九六一年所採用的「一竹染」？批評者宣稱，「辻花」是高貴的紡織品，歷史可追溯至日本的黃金年代桃山時代，而久保田卻意圖藉由「辻花」的名聲及其著名特色獲利；支持者則感念久保田初期以傳世的「辻花」為基礎的靈感，及他畢生為了復興被認為失傳的傳統而努力不懈。根據久保田的說法，傳世的「辻花」是他創作的催化劑，而其品牌的英文與法文宣傳手冊上則寫道：「（久保田）致力於將技法現代化，而非沿襲老舊的手法，此乃反映當前品味的原創『辻花』。」不論久保田使用「辻花」一詞作為商標是否合適，若公正地檢視其作品，會發現他實現了數個世紀前理想的紡織傳統，並可從中看見其個人的品味。

久保田呈現和服創作的方式與前輩、同儕皆有所不同，這也招致了一些批評。一如我們在其作品「光響」所見，久保田將和服視作季節全景中的一部分，有些——尤其是日本以外的——圈子相當讚賞他打破了展示和服的界線，然而在日本其他圈子中，他則因為顛覆傳統而飽受批評，畢竟有些人可能仍固守著和服作為衣物的原則。再以他的走秀模特兒為例，腳下穿的是高跟鞋，而非日式分趾襪（足袋）和木屐，且腰帶垂掛在臀部，而非環繞緊繫於腰間，此外更會以浮誇豔麗的髮型搭配頭飾。

聞名世界的和服設計師森口邦彥（生平如下節）曾表示，久保田「光響」系列「否定了和服的功能，且在技法上改良甚多，多到不足以稱為辻花，建議採用『一竹染』一詞」。[91]森口認為久保田逾矩的這番批評，或許可以從森口家與當代和服設計的關係來理解。

●森口華弘（一九〇九～二〇〇八年）與森口邦彥（一九四一年～）

森口邦彥的父親森口華弘於一九六七年被指定為人間國寶，他本身則在二〇〇七年時追隨其父的腳步，也被指定為人間國寶。在日本的傳統工藝界，首次有父子兩代還在世時，就同時獲得這項名譽。華弘在其子獲頒人間國寶殊榮後不久即辭世，二〇〇九年，第二次的父子作品聯展則在滋賀縣立近代美術館的策劃下舉辦。[92]

森口家的作品特色是尊崇傳統，並從中拓展可能性。森口華弘將其成就歸功於尾形光琳，表示「欣賞早期藝術幫助我塑造現代靈感」。[93]像他這樣的人間國寶認為自己有義務依照過去受教的經驗來「培育」後進，在一場與藝術史學家蜜雪兒・班柏林（Michele Bambling）的訪談中，華弘自陳：

> 對那些維護他們的作品，且將自身技術傳承給我們的上一輩，我心懷感謝。所以我們勢必要將這感恩的心傳給未來的人。感謝是一切的源頭與結尾。[94]

森口華弘的父母有五個孩子，他是家中三子，出生時被命名為平七郎。在母親的安排下，他於十五歲時成為第三代友禪染染色師中川華邨（一八八二～一九六七年，圖143）的學徒。[95]從二十五歲開始，平七郎以師父名字裡的「華」（花卉與美麗之意）加上「弘」

圖 143
中川華邨，女性的振袖，春秋景色，
1937 年，防染染色，刺繡，絲。

（寬廣之意），取了雅號「華弘」。從設計圖案到細部上色，大多數工序都在華邨的工坊進行，這對華弘來說是相當幸運的事。京都友禪染染色界可說非常封閉，即使到了今日仍然如此，每個工坊都會致力保護自己多年來屢經嘗試所獲得的祕訣。友禪染有非常多種類型，基本上工序相當複雜，為了完成一卷布料，需要高達二十六個不同步驟，亦需要多種不同的技法。比如有些工坊專精各種顏色應用，但不處理米糊防染這項工序，然而在華邨的指導下，華弘於工坊中得以接觸各種技法，且學習了友禪染的各種應用，直到一九三九年，他終於決定成立自己的工坊。

華弘在三十歲時決心成為一名獨立的友禪染染色師，但這卻是最糟糕的時間點——當時日本正逢戰爭，且政府剛頒布禁奢令，限制生產奢侈品。一直要到一九四八年，他才有辦法重新將自己定位成一位獨立的友禪染藝術家。一九五〇年，日本文化廳建立了保護「無形文化財擁有者」的制度，一九五五年，華弘向日本傳統工藝展提交了三項作品——參加工藝展是藝術家被指定為人間國寶的典型途徑，此外他的作品〈早春〉亦獲得朝日新聞社頒發的三獎。透過這些展覽，華弘及其「蒔糊」（噴灑米糊之意）技法變得相當知名，而也由於他對這項技藝的精通，最終在一九六七年被指定為人間國寶。

華弘之所以發展出獨有的「蒔糊」技法，據說靈感源自其研究東京國立博物館常設展的紡織品和漆器館藏之際，[96]在產生了將漆器蒔繪技法運用在紡織品上的想法後，他便前往京都深造。然而，一如友禪染染色師相當保護各自的祕訣，漆器師亦是如此，因此華弘苦於無法找到漆匠教他將金粉撒在漆器表面的基礎工序。經過反覆試驗後，他終於發明了一種米糊，不僅能讓金粉附著於布料表面，且十分耐用，能確保紡織品表面的精緻粉末不會輕易脫落，即使衣物經過多次處理後亦然。

在諸多作品中，華弘最喜歡的圖樣之一正是菊花。他費盡心思創造了「薰園」這件作品，在上頭描繪了盛開的菊花（圖144）。隨著著裝者的動作，那朵菊花會在觀看者面前優雅地彎曲、飄搖，但比起單純作為一件衣物，這件特別的和服主要則是用來展示。當華弘的其他作品皆被富有的顧客購入、穿著時，唯有這件和服在森口家保存了超過三十年，在華弘於海內外的主要展覽上，「薰園」幾乎從未缺席，證明了其獨特的藝術性。一九九九年，洛杉磯郡立美術館買下了這件和服，並將它視為崇高的藝術品。儘管這件作品的型態是和服，但從誕生的那一刻起，便一直與藝術掛品有著相同的價值。而比起僅作為一件衣物，華弘的許多和服創作值得欣賞的顯然是其技法和藝術感。

對華弘的次子森口邦彥而言，目標則是將新點子融入和服傳統，且提升「蒔糊」技法的層次。邦彥曾在京都市立藝術大學專攻日本畫，畢業後前往巴黎國立高等裝飾藝術學院（Ecole Nationale Supérieure des Arts Décoratifs）進修平面設計，於一九六四年返回日本前，他一直以平面設計師的身分在巴黎工作，返回日本三年後才進入父親的工坊。[97]華弘喜好從大自然汲取主題，邦彥則與父親不同，仰賴的是其平面設計訓練，指引他尋找創意。他會在紙上打草稿，每一個設計都悉心手繪而成，並傾向幾何圖樣的設計，操作視覺

幻象，在和服形式中融入了全新的紋樣（圖145）。

與同年代許多優秀的和服設計師一樣，邦彥的和服被譽為既可在特殊場合穿著，亦能被公開展示。二〇〇五年十月的《紐約客》（*New Yorker*）雜誌藝術與建築專題中，藝術評論家朱迪思·瑟曼（Judith Thurman）便報導了邦彥及其作品。從瑟曼的文章中，可知邦彥會替日本貴族的女性設計和服，包括昭和天皇最小的女兒島津貴子，另外其作品中約有一成是「提供西方收藏家和博物館，或由文化廳贊助的年度傳統工藝競賽展」，[98]一如某位藝術史學家所言，邦彥的父親即「是眾多透過展覽會建立自身事業的藝術家之一」。[99]而如今和服早已在日本國內外的展覽中展出，並被世界各地的博物館買下，譽為珍貴的日本藝術和工藝品。

在《紐約客》發表這篇文章時，據說邦彥平均花六週至八週製作一件和服，若有助手協助，則一個月能製作兩件，且每件和服的價格是四萬至八萬美金不等。[100]在邦彥的訪談中，瑟曼提及「在他生涯的這個階段……（邦彥）對和服的興趣著重在其藝術性，而非實用性」。[101]不過後來邦彥自己拋出了一個驚人而矛盾的問題：「我欣賞日本前衛派……我們必須回應現代化的挑戰：和服是什麼？又將成為什麼？——如果不再人有穿著。」[102]

在我二〇〇九年五月與邦彥的訪談中，他談到了某件作品的創作背景及其轉變——從「穿著的衣物」變成了「藝術品」。在一九六八年的第十五屆日本傳統工藝展上，一名來自大阪的女性買下了一件邦彥的和服，而邦彥在此之前從未見過她。這位女性曾穿上這件

圖 144
森口華弘，「薰園」，1968 年，防染染色，縐絲。

和服兩次，都是在非常特別的場合。未料約莫三十年後，她卻帶著和服前往森口家，表示想還給邦彥，因為她認為這件和服應當屬於森口家的收藏品。儘管心知這件和服是自己早期的重要代表作，邦彥仍認為接受女子的提議並不妥，為了解決進退兩難的困境，東京國立近代美術館的一名館員便提議將和服捐贈給美術館，於是這件和服至今仍收藏於館中。

設計和服時，邦彥總會想像著裝者動作時，整件衣物的結構將如何變化。他認為自己的藝術表現與設計具有相當多維度，第一個藝術表現，是用墨水與顏料於紙上作平面的二維度設計，製作成和服並展示於博物館時，他的設計通常看起來是二維度的平面物品垂掛在日式衣架上。然而，當和服被當作衣服穿起來時，便呈現出三維度立體樣貌，至於第四維度則是時間（或人們穿著和服的脈絡）。有些人認為和服與當代社會格格不入，因此穿著時勢必得講究地點與場合，然而邦彥則與時俱進，了解自己的作品如今不僅被視為和服（「穿著的衣物」），同時也是其藝術感性與技藝成就的表現。囊括茶室的兩面屏風在內，他拓展了作品的範疇，同時仍持續擴展和服的圖案和技法。

變遷中的傳統

和服至今仍被視為「傳統」日本的象徵，許多和服設計師被譽為「傳統工匠」，有些人更獲得日本政府授予的人間國寶殊榮。要獲得這項榮譽有不少途徑，其中有如三代田畑

圖 145
森口邦彥，女性的和服，竹節網，1968 年，防染染色，絲。

喜八這般，出身和服製作世家，擁有傳承自十九世紀、紮實的和服技藝，卻能發展出嶄新的技法與大膽的設計；亦有如芹澤銈介，身為民藝運動的擁護者，咸認其保存了傳統技法；此外如森口華弘及其子邦彥，雙雙打破了家族傳統，從經驗中反覆學習，將傳統技藝翻新成進步的技術並脫穎而出，獲得了讚賞與榮譽。

然而，「傳統」究竟是什麼意思？一如歷史學家史蒂芬・拉瓦斯托斯（Stephen Vlastos）所言：

> 傳統並非那些持續至今的、「真正的」習俗的集合，而是一種現代的比喻，是時間累積起來的表現，它呈現了社會所期望（或某些不期望）的制度與觀念，且這些制度與觀念被視為代代相傳而來。[103]

但「傳統」習俗、技術和觀念的變遷並未就此取代原有的。人們不斷發明新的技術，消費文化持續演進，品味的改變引領了新風潮，而製作者也會有所回應，嘗試形塑當前的需求。和服設計界因此充滿了動能，設計師則會在這些刺激下不斷應對。

一九一〇年代，許多工匠在無名工匠與個人藝術家的身分之間掙扎，並不斷爭論「工藝」和「藝術」的區別。[104]「精緻藝術」與「裝飾藝術」的概念直到一八七〇年代初期才傳入日本，而像是「民眾工藝或人民的工藝」與「商業藝術」概念間的區別，則始自一九二〇年代中期。由此可知，藝術家、設計師和工匠在「設計」時，也要考量在日漸複雜的藝術環境下如何奠定自我認同。和服設計師中有些曾是無名工匠，始終默默地發揮所長，但當其紛紛以獨立製作者的身分嶄露頭角，他們的商品便會在行銷時被掛上特殊稱號，或最終直接掛上設計師的名號。相反地，像千總這樣的公司，無論旗下設計師多有名氣、多有才華，販售商品時仍只會掛上千總的商標。

而自一九二〇年代以降，消費文化的轉變尤其明顯，這影響了和服的製作與行銷策略。都會的消費者會端詳店面展示的和服布料，而非苦等商店店員將倉庫的布匹送上門。為了刺激消費者對最新紋樣和布料的欲望，行銷者紛紛設計海報和雜誌廣告，在上頭主打身穿最新流行款式的知名女性，和服設計師則將商品貼上自己的標籤，就此衍生出所謂的品牌辨識度。

在二戰後的時代，政府會資助許多參與和服製作的「傳統」工匠，扶持了這個一度衰退的產業；博物館與私人收藏家則偏愛出自人間國寶之手的和服，推崇其為展示品，而非穿在身上的衣物。

如此一來，邦彥的問題便切中了核心——「如果不再有人穿著」，那麼和服的命運將會如何？

第六章

日常與特殊，那時與此刻

傳統和服文化之所以將（走向）消逝的真正理由，在於它傾向追求「完美」，而這「完美」的樣式容不得其他異國風情的物件。我給所有和服著裝者的建議是……挑戰僵化的規則，讓我們忘卻參加過的和服課程……你只要以自己想要的方式穿著（和服）即可，這不過是件和服（筆者註：指「穿著的衣物」），用你的方式做吧……營造出自己的風格。

做個有型的人。

——山本耀司[1]

在二十一世紀的前十年，時尚設計師山本耀司（一九四三～）在觀察了上個世紀流行的日本時尚後，決意以解放和服作為他的基礎構想。山本公開表明欣賞明治與大正時代那些「非常擅長混合西式與傳統」的日本人，尤其讚賞一位明治維新時期的政治領袖，他從美國返日時穿著「掛著手槍的袴，綁著馬尾，腳下則踩著皮靴」。[2]一如前述，在十九世紀晚期，富裕的日本女性會選擇當時多半仍為進口且相對昂貴的西式華服，但大多數女性仍穿著和服。儘管如此，恰如山本對那個年代男性時尚的觀察——成套和服中可能有皮靴等西式配件，女性則可能搭配陽傘、手套或手提包，進一步來說，和服本身的紋樣也可能有西式圖案，如快艇、鬱金香或玫瑰。

進入二十世紀時，所謂的現代化與西化，指的不僅是日本和服採用顏色新潮的進口化學染料及西式圖案，日式服裝亦挪用、搭配了西方元素和配件。雜誌《少女之友》（少女の友）於一九一四年出版了一張雙六遊戲的圖紙，根據日本橋三越百貨的格局描繪出內部每個樓層的景象，還有各式各樣混搭西式與日式服裝的人群，正在購物、欣賞櫥窗展示或從事其他活動（圖146）。[3]那些年代的畫作、海報與照片，都顯示出當時的時尚是日式與西式元素的折衷融合，既傳統又現代。無論是將「現代服裝」徹底描繪為西式樣貌，或將「傳統服裝」描繪成不折不扣的日式樣貌，顯然都是對該年代時尚的誤解。此外，發源於二十世紀初期的日本時尚，亦可被視為全球（陽傘、靴子、西式圖案）融入在地（和服與袴）後產出國際化樣貌的一種方式。

在時尚服飾的生產及傳播上，從過去到現在，百貨及其設計部門皆扮演了重要角色，且往後仍是如此。在二十世紀開始的數十年間，百貨商家販售著最新進口的歐洲、英國和美國貨，百貨員工則視教育及幫助日本人適應這些陌生舶來品為己任。與此同時，百貨也站在生產新和服的第一線，並刺激著消費者對最新和服時尚的欲望。一如第三章所言，在二十世紀的前三十年，日本女性、男性與孩童仍穿著日式與西式混合的服裝，其選擇的多樣化令性別與年齡的差異變得更為顯著。大多數男性會選擇西式套裝與制服，尤其是出

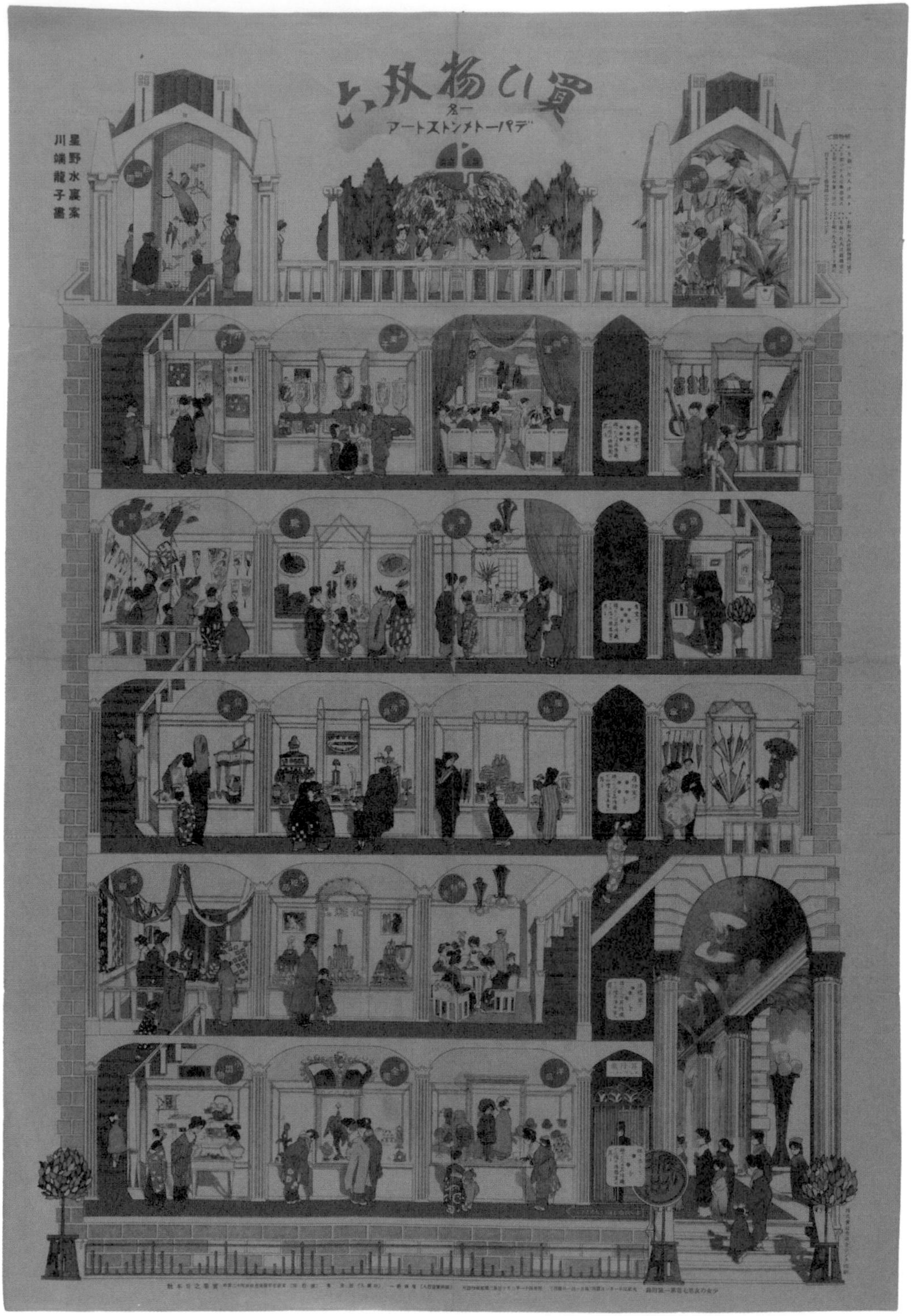
買ひ物双六
デパートメントストアー
星野水裏案
川端龍子畫
少女の友第七巻第一號附錄

席公開場合或正式活動時，而店員和工匠等特定職業的男性則偏好和服，此外男性也會將和服當作私領域的休閒服。另一方面，大多數女性則仍穿著日式服裝，無論日常或特殊場合皆然。根據今和次郎於一九二五年針對出現在銀座的人群所做的調查，多數女性身穿和服，除此之外的則多從事與市政相關的職業，比如教師、護理師、電話接線員和車掌。[4]日本於一八九〇年代開始實施義務教育，要求學齡孩童上學，令許多孩子自小便接觸西式制服；到了一九二〇年代，則可以看見年輕的男孩和女孩都穿著制服上學，也常見孩童穿著西式制服——通常是水手服款式的校服——然而牽著他們的母親卻多半身穿和服。

從十九世紀下半葉開始，日式服裝——特別是和服——在設計與用途上的主要轉變便與日本國際地位的演進密不可分。自一八五〇年代起，日本與外界的文化交流不斷增加，將日本人以外的人也帶入了和服的行銷與消費行列，外國人的參與及涉入，影響了日本對其逐漸被視作國服的態度。誠如第四章所言，各類視覺媒體當中皆出現了身穿和服的女性，這類圖像製作者與閱聽大眾含括了日本人與西方人——其中包括歐洲、美國與日本藝術家的畫作、巡迴各國的日本劇作廣告，以及美國女星與舞者的照片。和服成了收藏品，像艾比・奧德利奇・洛克菲勒（Abby Aldrich Rockefeller）這樣的名人便曾得到一整套和服，之後則將其捐給大都會博物館（圖147）。美國、英國、中國與日本企業皆為了出口而製作經改造的T型和服，改變了和服的剪裁、意義及功能。在日本於日常與正式場合穿著的和服逐漸轉型成「長袍」或「茶道服」這類長版家居服，而開闢了新市場（圖148、149）。在

圖 146
川端龍子，〈購物雙六：百貨賣場〉（買い物双六：一名 デパートメントストア），雜誌《少女之友》附錄（1914 年 1 月號），實業之日本社（東京）出版。

日本以外，和服成了異國風情的代表，且多半帶點情色與都會涵義，而日本人接著也將和服「自我異國化」，藉此從前述的國際和服潮流中獲益。

一九四〇與五〇年代是和服史上的關鍵時刻，這時期的主流趨勢令和服表現出來的意義更為複雜。四〇年代初期，日本政府致力於規範服裝形式，好撙節已經十分稀少的布料，同時推廣更實穿、更便於活動的衣服。部分學者推測，政府之所以重新設計「國民服」，背後的動機並不單純。[5]當時各國競相爭霸，且西化潮流來勢洶洶，日本政府遂有感於亟需保護獨特的在地服裝。當日本人開始認為西式服裝較適合當前的生活型態時，四〇年代初期那些和服便成了會在困頓的年代引發不滿的奢華生活象徵。日本人面對的難題是：如何在戰時穿著得體，但不採用敵人的服裝？於是，郊區依然盛行的服裝重新流行了起來（圖150）——女性上半身穿著服貼的緊身袖短外套，配上腳踝處有繫帶的寬鬆農夫褲。

二十世紀前三十年，奢華的女性絲質和服是和服製作者的主力商品之一，但在太平洋戰爭那幾年的都市中則不復見。同盟國軍事占領日本期間，布料生產極其有限且難以取得，日本人於是學會拆開和服，利用這十四英寸寬的布料將其做成「西式」服裝。經過最小幅度的修改後，和服被重新製成更「西式」的衣物，但輕便的剪裁和布料設計仍保留了日式風格（圖151）。對緊接在戰後出生、成長的日本人而言，「西式服裝」則是熟悉的概念。誠如一八五〇年代美國准將馬修．培理要求日本開港通商後，日本人接受了西式服裝，一個世紀以後，眾多日本人再度接受了類似當初的美軍所穿著的衣物。

圖 147
女性的打掛，鳳凰，19 世紀，防染染色和繪畫，局部刺繡的平織，絲。

圖 148、149
為西方市場量身打造的女性和服長袍，
亦展示於人體模型上，紫藤，約 1930
年，絲線刺繡，平織，絲。

讀賣
號付版

女らしい美しさを忘れず、またいさ！の時にはゲートル代用の平紐
二本で防空服にもなるといふ戰時規格合格の女學生決戰制服

禁複製
定價月一圓
郵稅四錢
讀賣新聞社

昭和19·2·9發行 第1019號 昭和17·10·3 第三種郵便物認可（毎週水金日曜發行）發行人田逸則雄發行所東京都京橋區銀座西三ノ一

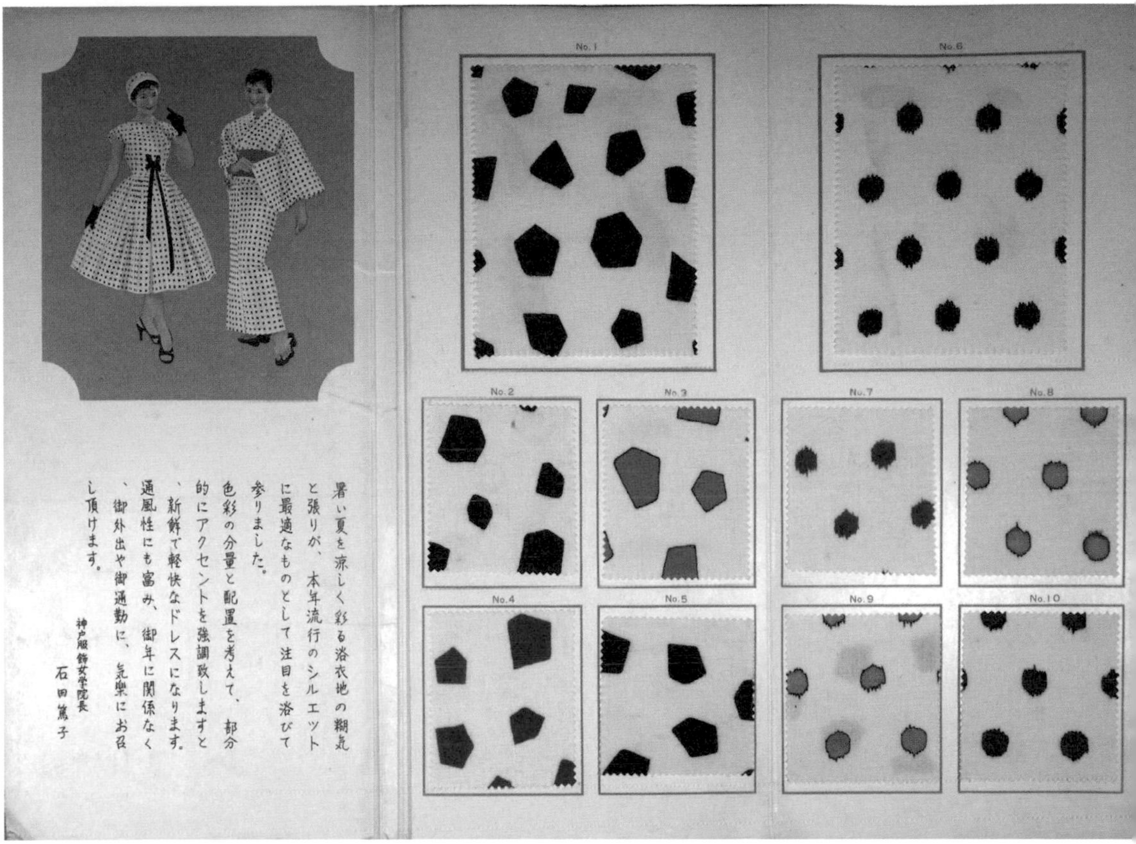
暑い夏を涼しく彩る浴衣地の糊気
と張りが、本年流行のシルエット
に最適なものとして注目を浴びて
参りました。
色彩の分量と配置を考えて、部分
的にアクセントを強調致しますと
、新鮮で軽快なドレスになります。
通風性にも富み、御年に関係なく
、御外出や御通勤に、気楽にお召
し頂けます。
神戸服飾女学院長
石田篤子
No.1
No.6
No.2
No.3
No.7
No.8
No.4
No.5
No.9
No.10

圖 151
浴衣布料的商業樣本（お花浴衣），
約 1940 年代，布料樣品和墨印，紙本。

圖 150
《讀賣新聞》主打的「防護服」，1943 年。照片下方寫道：「這套制服既合乎戰時的標準，又能維持女性之美，只要加上兩條平紐（類似鞋帶的繩子）當作綁腿，便可立即變成空襲時的防空服。」

對那些橫跨了這段動盪時期的和服設計師而言，其各自有著不同的生命歷程，也都從無名工匠一路走來，成為了著名的設計師。第五章概述了這些設計師的生平，揭露了儘管市場需求萎縮，他們仍找到各自的方法持續製作和服。從「和服是穿著的衣物」到「和服是工藝品」、「和服是藝術」，乃至「和服是國服」，這些轉變形塑了前述設計師的作品及其行銷作品的方式。政府的制度——如人間國寶制度和年度日本傳統工藝會——扶持了和服產業，並暫時確保了國內外收藏家與鑑賞家的和服新市場。雖然日本政府的努力並未成功刺激廣大的消費市場，亦缺少新興的購買力來扶持搖搖欲墜的和服產業，但其將和服當作日本傳統工藝來推廣，並將製作者指定為人間國寶，讓和服在「衣物」與「藝術」間的界線變得愈來愈模糊。

和服最初的功能是日常服裝，而後則轉變成被推崇的物品——不僅是國服，還被視為「傳統」的日本藝術，和服的地位轉變與整個二十世紀藝術家、收藏家、商人在日本國內外的活動密切相關。誠如第三章到第五章的討論，和服設計師同樣支持和服地位的轉變。田畑喜八會珍藏老舊的日本絲布，有時會將其剪開，並與同儕畫家分享，把這些絲布當成歷史畫作的參考。田畑的收藏品中有許多曾是精英家庭的日常衣物，後來淪為赤貧的精英家庭會拿來換取新衣，如今則被當成藝術品展示於博物館中。[6] 同樣地，田畑的友人——收藏家兼商人野村正治郎——也會購入和服與日本紡織品，再賣給海外的主要收藏家與博物館，而其舉世聞名的紡織傳世品亦曾多次展出——一九三四年在京都國立博物館、一九五六年和一九五九年在紐約的大都會博物館、一九五八年在多倫多、一九七三年在東京國立博物館、一九八四年則在紐約的日本協會（Japan Society），此後亦在其他場地多次展示。日本國內外如今皆有協會或私人的日本紡織品收藏家，促進了民眾對日本服裝的欣賞，和服因此享有較高的地位，不僅僅是一件衣物甚或國服，還是值得在博物館展出的日本藝術品及工藝品。

整個一九五〇及六〇年代，和服升格為奢華的服飾，反映出日本於國內及國際上漸次提升的經濟地位。戰爭時期並不鼓勵民眾穿著絲質和服，人們普遍亦負擔不起，於是戰後許多日本家庭不惜斥資購買和服，沉浸於這新近重拾的奢華中。婚禮上，新娘會穿著昂貴的絲綢和服；海外的日僑在拍攝婚紗照時，也會穿上同樣華麗的和服（圖152）；而父母則會盡可能選購最高級的和服讓孩子在成年禮上穿著，以展示家族財力。一九五三年，伊東絹子贏得了環球小姐比賽季軍，當時便有一款強調身體曲線及長腿的和服款式——八頭身美人，風靡了與伊東同齡的日本女性。在逐漸復甦與提升的日本驕傲下，和服的地位也就從日常衣著升格為儀式服裝。

一九五〇年代晚期到一九六〇年代，和服被視為日本的象徵，多次出現在精心策劃的重大活動中。一九五九年，當時的皇太子明仁與平民出身的正田美智子成婚，這場皇室婚禮在民間掀起了熱潮，準新娘在許多照片中都身穿和服，和服自此在視覺上與日本最具代表性的家族女性緊密相連。[7] 而國營的日本航空在一九五四年開始飛國際航班，其廣告

圖 152
第二代日裔美國人在夏威夷拍攝
的婚紗照，1953 年。

以頭等艙為背景，讓一位身穿和服的女性空服員為國際商務旅客及看似為了體驗戰後日本而旅日的新型態遊客服務（曾有一支航空廣告表示：和服是「世界上最古老的『航空制服』，會替您高貴的航程帶來美好心情）。一九五九年，兒島明子奪得環球小姐后冠，是第一位獲得這項殊榮的亞洲女性，因而得到國際一片讚譽。她頂著環球小姐的頭銜時亦曾拍攝不少照片，其中也會身穿正式和服，有時還配戴著后冠。

諷刺的是，基於年輕世代對和服著裝知識的匱乏，一九六〇年代的和服著裝學校如雨後春筍般出現。據稱「第一家鼓勵人們每天穿著日本國服的機構」是由山中典士（一九二八～）開設，[8]且他亦在一九六四年創立了裝道禮法和服學院（裝道礼法きもの学院），後來更出版了英文書《和服之書》（*The Book of Kimono*），且「從一九七〇年開始，每年都會帶著上百人的代表團至全球四十五個國家旅行——包括亞洲、歐洲、北美與南美——將和服知識推廣至國際」。[9]

類似裝道禮法和服學院這樣的學校建立起規矩，制定了和服著裝的方法，以及配件和襯墊複雜的搭配方式。[10]基本上，正是這些學院制定了和服特殊的著裝規矩。十七世紀時，和服不過是件袍子加上一條窄腰帶，而後則演變為繁重的衣物，為了穿上和服，日本女性普遍需要輔助及指導，日常衣著便這麼成了特殊服裝。

接著則要探討T型和服成為日本象徵的原因。一九四〇年代初期和服被抨擊為「奢侈品」，可能反而為其開闢了一條活路，令和服復興且成為日本國服。[11]在一九四〇和五〇年代的戰後貧困時期，人們往往將珍藏的和服當作商品以交換糧食，這對其後來被視作家族象徵產生了直接影響，也連帶成為國家寶貴的財富，這樣的經驗亦可能強化了和服作為藝術品的概念。又或者，和服復興、成為國服是自然而然發生的？在二戰後的時代，生活各方面都穿著西式服裝長大的年輕女孩，最終卻發現那文化相近（cultural proximity）的和服與自己有所距離，和服因此變得「迥異」又迷人，熟悉又陌生。對古老、「傳統」日本的思念是否將和服推上了國服的角色，甚至令其成為舉世聞名、備受讚揚的日本工藝或藝術品？若是如此，我們就要進一步探討讓和服以多種用途在今日全球化的世界持續存在的歷史環境。

和服最初是具備多種款式的日式服裝，後來成為了具象徵性的國服，當我們回溯歷史，整個轉變過程和原因便不再是道謎團。十九世紀中期，所有人——各階級的男性、女性和孩童——都穿著和服，其乃日常衣著、正式服裝，亦是儀式場合的穿著，而自一八七〇年代開始，男性多改為穿著西式服裝，穿和服的人口因而急速減少。到了一九二〇年代，許多孩童會穿著西式制服上學，這令和服消費人口又減少了大半。[12]一九三七年，民族誌學者今和次郎如此記述：西方時尚變得「相對穩定」，日本時尚反倒「有創意又創新」。[13]一九四八年左右曾有一股「反動的和服復甦潮」，而一九五〇年夏天，對浴衣的需求量據說大幅超過了百貨的供給量。[14]然而，在二戰結束後不久的一九六〇年代——即同盟國軍事占領日本期間，選擇「西式」服裝的日本人逐漸增加，連女性都不再將和服當成日常服裝，主要留在特殊場合穿著。隨著「西式」服裝被日本國內接受，變成年輕人的日常「衣著」，民眾於是愈來愈不熟悉和服的「著裝方式」。

在二戰後主要當作「穿著用品」留存下來的和服，是較正式的絲質和服。這類絲質和服裝飾繁複，成了「傳統日本」的國家象徵，愈來愈多女性與孩童會穿上這樣的和服出席正式活動，「傳統日本藝術」的工作者也同樣會穿著。然而與此同時，在外國人的想像與一部分日本人的推波助瀾下，和服也成了充滿魅力的舊時代遺物，與富士山、櫻花一同成為永恆的日本文化標誌。

作為文化標誌，身穿和服的女性形象長久以來皆被運用在日本的旅遊行銷上。一九三六年，日本鐵道省國際觀光局出版了《和服：日式服裝》一書，藉由巴黎畫家來向英語世界的讀者介紹和服的誘人之處；戰後的一九六〇年代，日本航空廣告上亦出現了身穿和服的空服員。至於較近期的一張二〇〇六年的旅遊海報，則代表了日本政府推廣「酷日本」的「軟性」手法，刻意將能代表傳統與當代日本的迷人符號結合起來（圖153）。

這張海報十分當代，巧妙地將和服與日本融合，並用大眾文化與帶有文化立即性（cultural immediacy）的姿態將其翻新，遠遠超越了過往所認識的符號。海報上的流行明星大貫亞美與吉村由美即眾所周知的帕妃樂團成員，二人身穿紋樣鮮明、用色大膽的紅色與粉色和服，搭配一九六〇年代風格的靴子，身後則是葛飾北齋（一七六〇～一八四九年）名聞遐邇的木刻版畫〈神奈川沖浪裏〉，出自《富嶽三十六景》系列（約一八三一～

COME SEE OUR
COOL JAPAN
PUFFY
CARTOON NETWORK
Goodwill Ambassador
for the Visit Japan Campaign in the U.S.
YŌKOSO! JAPAN
www.Japantravelinfo.com

三三年），此外其中一位手持茄子，另一位的手上則停著一隻展翅的老鷹。老鷹、茄子和富士山，三者若同時出現在新年第一天的夢（初夢）裡便代表了吉兆。如果將這張海報與礒田湖龍齋（一七三五～九〇年）一組主題相似的木刻版畫相較（圖154），會發現前者那張極富想像力的海報，鎖定的正是國際性的客群。且海報左下角還有帕妃樂團的卡通人物，多重意義上也是日本對全球吸引力的拓展，亦即將流行明星的動畫虛擬角色宣傳成「日本在美活動的親善大使」。於此，和服被置放在一個交界點上——一方向著那時，另一方面對此刻；一邊是真實，另一邊則是想像。

流行明星在這張海報中穿著和服，如此看來，她們——或說觀光活動推廣者——似乎留意到了山本前述的建議，即挑戰既有的「正確」和服著裝鐵則。山本呼籲眾人「用你的方式做」、「營造出自己的風格」、「做個有型的人」，並且要打破和服著裝的鐵則，他的意見多少反映了當代對和服這經典服裝的態度。曾有一組套書精選了友禪的圖片，複製自和服商千總的紡織傳世品，透過這兩本書的介紹，便可看出山本如何思考和服與其即將消逝一事，以及他對復興穿和服這項傳統的想法。千總這間和服設計公司經歷了戰爭及戰後，在政府於一九四〇年頒布禁奢令時，建立了以保存傳統技藝和工藝為目標的研究中心，藉此不受禁奢令波及。這一組套書是為了慶祝千總創業四百五十週年而出版的，目錄上強調了以友禪防染染色這項經典裝飾技法設計出的傳統日本、現代日本與西方風格圖案。對於今日互動頻繁的複雜環境而言，原本的二元比喻——傳統和現代、東方和西方、

圖 153
日本觀光局，結合流行歌手帕妃樂團的「酷日本」活動海報，2006 年。

圖 154
礒田湖龍齋，〈一富士二鷹三茄子〉，約 1775 年，木版彩印，雙聯畫（柱絵）。

在地和全球——不再足以表現當下的狀態。聞名世界的時尚設計師山本耀司因此在替有四百五十年歷史的千總推廣設計時，選擇同時用英日雙語來書寫序文。

山本具有超越文化局限性——指日本與和服被劃上等號一事——的能力，使其一躍成為全球性的時尚設計師。二〇〇四年，他的設計在佛羅倫斯的彼提宮（Palazzo Pitti）、巴黎的時尚與紡織博物館（Musée de la Mode et du Textile），和安特衛普的時尚博物館（ModeMuseum）三處展出。[15]一九八〇年代初期，當山本的設計首次跨上伸展台時，沒人預料到當代的日本設計師能在全球的時尚聖地舉辦大型的回顧展。當我們回顧山本的作品最初如何被日本以外的消費者接受及其今日的位置，或許便能更了解和服是怎樣跨出日本國服的狹隘角色，邁入另一個領域。

山本耀司在一九四三年出生於東京，當時日本正處於二戰時期，他的母親成了戰爭寡婦，靠著裁縫的工作獨自撫養兒子。他成長於同盟國占領日本期間，母親期望他成為律師，因此他在慶應義塾大學攻讀法律，並於一九六六年獲得學位。然而，最後他卻更喜歡在母親的店內工作，於是母親向他提出了一個先決條件：必須先習得裁縫工藝的基本知識。

山本於是到文化學園大學求學，在一九六九年畢業。隨後，他參加了一場競賽，贏得前往巴黎旅行的機會，儘管不諳法文且手頭拮据，他仍然在巴黎待了八個月。回到東京後，他於一九七二年展開了最初的事業，一九八一年則回到巴黎展示作品，同年，

「Comme des Garçons」（意為「像男孩一樣」）的設計師川久保玲（一九四二～）亦在巴黎辦展。部分時尚評論家稱讚他們的作品相當具有前瞻性，但其他人則對兩人的作品有所批判，認為「以廣島流浪女的形象作為新款式，太前衛且憂鬱，在全球市場上很難有正式的競爭力」。[16]但重要的是，兩位設計師在巴黎伸展台引發的爭論，令巴黎與紐約不得不承認其與日本時尚工業都十分具創造力，且已經達到國際水準，而非如刻板印象中的亞洲國家那樣，僅能在全球化的時尚工業中負責製造。[17]

雖然山本是日本人，但他的自我認同並不在日本這個出生地。[18]當記者問道日本美學對他的作品產生了什麼影響時，他回答：「為什麼我是日本人？為什麼？我從沒做過讓自己成為日本人的事，我也從來沒有機會選擇，只是剛好出生在東京罷了。」[19]然而某些方面而言，他的作品確實具有「日式」的本質。[20]雖然其設計的輪廓整體來說近似西式服裝，但某些評論家認為，他使用直線剪裁並將裁縫工法減至最低，這樣的手法隱隱暗示了和服的結構。而山本的設計恰如三宅一生（一九三八～）那樣，皆著重人體與衣物之間的空間。很多人認為山本耀司、三宅一生和川久保玲的作品是東西方美學傳統的融合，但也或許已然超越那樣制式的區分方式。

一八六〇年代，「西式」服裝剛開始成為日本人的選項之一，「西式」和「日式」等表現助長了東西方的分野——這項作法在當時的意義當然比現代更重大。然而，在經過一個世紀後的當代，亦即山本耀司成年後，多數日本人對「西式」服裝的熟悉度反而高於和服。[21]事實上，日本人完全轉向「西式」服裝後，便不再清楚如何正確穿著和服，而必須向和服專家求教。至於百貨公司則長年扮演品味泰斗與時尚達人的角色，但一反先前向日本人介紹、推廣「西式」服裝的態度，如今認為自己有義務教導日本消費者如何正確地穿和服。[22]

「一九八〇至九〇年代有一股『復古爆炸風潮』，人們渴望具有懷舊風情的新產品，同時消費行為則與農耕及田園生活風格息息相關，在這股風潮之下，甚至發明出了一些新的傳統」，而這一切或許亦與百貨有關。[23]第三章曾討論過一九二〇及三〇年代的情況，當時並未為了都會而捨棄田園生活，而當代那股對農間生活的懷念，則反映出對二〇及三〇年代的渴望。

當人們對和服的興趣日益提高，確實也可能表示其渴求步調較緩慢的、較「傳統」的生活方式——在一九八〇年代快速發展而於九〇年代初期飛快崩壞的泡沫經濟之下已不復見。在這股懷舊風潮中，日本對和服這款T型服裝的興趣或許全投注在浴衣上——舒適輕便、易保養，且男女老幼都能穿，同時吸引了日本人與觀光客。[24]

到日本參加夏日祭典的外國觀光客提到浴衣，或許會認為是一種棉質和服，或更普遍地稱其為夏季和服。但對日本人而言，浴衣這種節慶用、無線條的棉質衣物，是有別於和服的類型。日文浴衣（ゆかた）一詞是「湯帷子」（ゆかたびら）的簡稱，通常以韌皮纖維製成，最早在室町時代（一三九二～一五七三年）即有人穿著。隨著棉的供給在十八世紀變得更穩定，價錢也變得更親民後，浴衣便開始採用棉製，在越後與明石兩個地區則用類似縐織的布料製作。明治時代，浴衣是夏日傍晚的休閒服，二十世紀初期的女性會在入浴後穿著，善用棉質纖維吸水會變涼的特性；如今浴衣則再次吸引了年輕女性，成為她們參加夏日節慶的服裝。[25]日式旅館和高級飯店通常也會準備輕便的藍白色浴衣供旅客使用，使其有機會在相對隱私的空間穿上這件和服剪裁的衣物。

浴衣適用於公共場合或私人空間，取決於不同的世代與文化。顧名思義，傳統上浴衣是在入浴後穿著，因此有些人認為白天穿浴衣並不妥當，即使是經過改良設計的亦然；其他人則認為浴衣穿來舒適，且能獨自輕鬆穿脫，是濕熱的日本夏天完美的選擇。在盂蘭盆節（お盆）這類人們返鄉祭祖的夏日祭典上，色彩繽紛的浴衣早已是熟悉的景象。由於民眾會在夏天與祭典上穿浴衣，因此雜誌和電視媒體總會提前宣傳下一季流行的浴衣紋樣。日本大眾品牌優衣庫（Uniqlo）一向走類似 GAP 這般年輕平價的休閒風格，如今也會自行產製浴衣，並搭配合適的腰帶販售，這證明了日本年輕族群對浴衣的興趣並不低。二〇〇二年，日本紡織製造公司川島織物與英國設計公司「Bentley & Spens」合作，生產了一系列設計師浴衣，行銷全球市場。這系列採英式設計，布料則產自日本並在中國縫紉加工，最終成品再配送至日本和英格蘭。

除了浴衣市場，日漸升高的還有以古董和服替代日常服裝的興趣，傳統和服產業意欲喚起脫離已久的男性消費者的注意力，其中擁有百年歷史的腰帶商譽田屋第十代當家山口源兵衛（一九四九～）便致力在和服設計界掀起革命。[26]在其二〇〇八年的春季時裝秀上，男性模特兒紛紛脫下了羽織外套，秀出身上的刺青與日式兜襠布，在走完台步回到幕後之前，更模仿江戶時代的消防員——他們在滅火後會脫下正反兩穿的外套，迅速翻面後穿回——展示出隱藏在衣物內面的大膽設計。山口的設計反映出設計師運用嶄新素材和進步的技術來振興傳統工藝的期望，同時又維持了江戶時代傳承的家族傳統，而其近年活躍於和服設計界一事，在網路上也獲得了廣大迴響，透過數位媒體來錄製、傳播相關訊息，譽田屋這樣的行銷策略對世界各地年輕的和服時尚達人可說相當奏效。只是在這個如今鮮少看見身穿和服的男性，亦很少有男性擁有和服的國家，山口的願景所帶來的影響仍有待觀察。

此外創造穿著和服的場合，也能重新挑起消費者的興趣。二十世紀初期，「漫步銀座」（銀ブラ）是十分受歡迎的休閒活動，而這項活動在今日則演變成「在銀座穿和服」（きものde銀座）。自二〇〇〇年代早期，在某些特定的週六下午，銀座周邊便會專程保留給行人，不論男女老少、日本人或外國人，皆會身穿和服聚集在此。[27]他們往往沿著街道漫步，無論是穿著復古款、新款或兩者兼備的綜合款，任何樂於穿和服的人都可以參加，唯一的鐵則是不能批評他人怎麼穿和服。這項活動吸引人的誘因還包括可以免費乘坐京都的大眾運輸工具，亦可免費進入博物館參觀和服展覽。二〇一〇年，十一名在京都的和服狂熱者透過推特（Twitter）組織了一項活動「Kimono de Jack」，無論國籍為何，參與者皆需穿著和服在指定的時間、地點現身，這在日本境內吸引了不少追隨者（圖155），近期英格蘭、美國等其他國家也舉辦了同樣的活動。這些活動都顯示出特定團體致力於延續和服文化，且著裝者不限於日本人，而遍及世界各地。

圖 155
「Kimono de Jack」在東京的參與者，
2014 年。

御祈祷 直会所

謝詞

本書不僅著重現存的和服傳世品，還談及與和服時尚的產製、消費、行銷相關的一系列物品，如絲綢、紋樣書和百貨海報等。為了將這一切都放至脈絡中仔細檢視，我運用了各領域既有的學術研究（紡織品與藝術，以及商業、經濟和文化史），並以多位專業學者的成果——散見於書籍、專業期刊和限量展覽手冊——為基礎不斷鑽研。書中的研究成果綜合了從博物館、圖書館與私人藏品中精選的和服相關物件，以及諸多不同領域的日本／非日本學者的日本服裝和紡織史書寫，透過將兩者互相結合，本書呈現出廣闊的視角，我稱之為「現代和服時尚體系」，且與其他時尚體系互有關聯。

我希望本書包含的概念與資訊能激發讀者深入且廣闊地思索，在漫長歷史的每一個時間點上和服的意義為何，同時，期盼能促使有志者進一步研究，讓日本文化史的這個面向更為清晰、明白。

由於我選擇以廣泛的觀點談論這項主題，並取用多方素材，使本書受到了不少對話的啟發——包括與學術界及博物館同僚的對話，以及與紡織品設計界許多人士的交談，因

人數眾多，在此難以一一列舉，然而，若不列出在研究過程中惠我良多的人名及機構，
那便是我的一大疏失了。在此感謝：約翰．韋伯藏品（The John C. Weber Collection）及
其助理羅里．范．賀敦（Lori van Houten）；將瑞艾克遜出版社（Reaktion Books）與編
輯薇薇安．康士坦托普洛斯（Vivian Constantinopoulos）引介給我的伊莉莎白．珊米海
克（Elizabeth Semmelhack）；克萊兒．古奇（Claire Cuccio）；瑪格特．蘭梅（Margot
Landman）；李昭英（Soyoung Lee）；檀香山藝術博物館（Honolulu Museum of Art）
的岡莎拉（Sara Oka）和達瑞斯．荷梅（Darius Homay）；洛杉磯郡立美術館的武田雪
倫（Sharon Takeda）；芝加哥藝術博物館的珍妮絲．凱茲（Janice Katz）、志工珍妮．
柯恩（Jeanne Cohen）和奧泉惠子（Keiko Okuizumi）、館藏經理瑪莉．艾伯特（Mary
Albert）和紡織館經理萊恩．帕菲札（Ryan Paveza）；藤井健三；藝術研究中心的鈴木惠
子（Keiko Suzuki）、木立正明（Masaaki Kidachi）和岡本孝明（Takaaki Okamoto）；
吉田雅子（Masako Yoshida）；京都國立博物館的山川亞紀（Yamakawa Aki）；千總的
泉洋二郎（Izumi Yōjirō）；上田彩（Ueda Aya）介紹其祖父在京都工藝纖維大學的藏
品；京都工藝纖維大學教授並木誠士；森口邦彥；伊豆藏明彥和 HINAYA 股份有限公
司（株式会社ひなや）的員工；高島屋史料館的廣田一（Hirota Hajime）與川上和夫
（Kawakami Kazuo）；京都女子大學的廣田孝；丸紅公司；關西學院大學的河上繁樹；
共立女子大學的長崎巖；武藏大學的村山信彥（Murayama Nobuhiko）；國立歷史民俗博

物館的澤田和人；奧西美智子（Okunishi Michiko）與奧西誠（Okunishi Makoto）；田中翼藏品（Tanaka Yoku Collection）；成田明美（Akemi Narita）；東京國立博物館的小山弓弦葉；茱莉亞・貝爾（Julia Bell）、馬希拉・古拉提（Marcela Gulati）、畦森葛瑞絲（Grace Unemori）、畦森喬伊斯（Joyce Unemori）、松島凱倫（Karen Matsushima）和椎平溫蒂（Wendy Shiira）。

此外一些慷慨的補助亦支持了我的研究，包括：亞洲研究協會（Association for Asian Studies）的東北亞協會（Northeast Asia Council）提供我研究紋樣書的經費；美國服裝協會（Costume Society of America）贊助我研究檀香山藝術博物館和洛杉磯郡立美術館的和服藏品；國際交流基金會（Japan Foundation）短期研究經費則提供了我前往京都與東京的研究旅費。

後記

這本書代表了我的妻子泰瑞（Terry）短暫生命中的專業高峰。這本博士論文研究了諸多和服藏品，反映出她多年來的專業學識和研究，以及她在美國、日本與歐洲的課程及講座。泰瑞始終十分著迷物品對人的重要性，這驅使她成為國際知名的紡織學者。我尤其相信，她對紡織品和衣物的愛，是由於這些物品與人類生活高度相關，亦是因為衣物在個人自我認同與社會生活中扮演了極其重要的角色。而泰瑞確實自年輕時便對和服產生了興趣——就在她看見祖母的和服，且得知對她祖母這樣一位二十世紀初的日裔美國移民而言，那件和服的意義有多重大時。在第六章所收錄的泰瑞父母的婚紗照中，她母親便身穿正式的新娘和服。泰瑞這本書的主軸，是和服扮演的角色及其演變，而這個角色既是服裝，亦是藝術，既活在日本人當中，也活在其他人對「日本」的想像裡，一如書中鮮明的論證，和服與整個國家的自我認同及現代社會歷史皆有難以抹滅的關聯。

在泰瑞於二〇一二年十一月二十一日去世前，已經快完成《和服》的手稿。我接手了剩下的工作，與泰瑞的編輯薇薇安一起準備出版定稿。在泰瑞的多位同僚與她藝術史和紡織領域的友人協助下，我們在編輯過程中僅些微修改格式、闡明一些技術性問題，這本書仍徹頭徹尾是泰瑞的作品。當然，在作者缺席的狀況下進入出版的最終階段（儘管作者缺席之際本書已近乎完成），許多問題皆未經過其親自處理，這勢必會招致一些批判。我因此諮詢了其他人，將事實的精確度列為首要之務，在維持泰瑞語氣的情況下，盡我所能做出最好的決定。然而本書畢竟不是在理想的環境下完成，某種程度上依然有所缺陷，對此我願負全責，並祈求讀者諒解。在完成泰瑞這項出版計畫的過程中，許多人提供了我大方且無價的幫助，在此感謝莫妮卡・賓斯克（Monika Bincsik）、克里斯・布萊迪（Chris Brady）、約翰・卡彭特（John Carpenter）、茱莉・戴維斯（Julie Davis）、出雲艾莉絲（Alice Izumo）、瑪莎・杰（Martha Jay）、松原健太郎、馬修・麥可威（Matthew McKelway）、康拉德・米爾霍普（Conrad Milhaupt）、喬安娜・珊蒂史東（Joanne Sandstrom）、鈴木惠子、約翰・范莫（John Vollmer）。此外更要特別感謝洛杉磯郡立美術館的武田雪倫，她的專業在配置圖片和解答原稿問題上至關重要。對於薇薇安及瑞艾克遜出版社所有在此困境中參與本書出版的同仁，我亦致上最深的謝意。

關於這篇〈後記〉前的〈謝詞〉，是以泰瑞的電腦中找到的原稿為基礎，經過我稍微編修，並再次確認她列出的人名與機構名稱正確與否。但這份原稿明顯是早期的草稿，當一本書真正完成時，作者勢必會想起所有在書寫過程中幫助過他的人。我深切相信，當泰瑞修改完最後一個句子，且終於對成稿感到滿意時，必定會重新打開〈謝詞〉的草稿，添上更多人名。對於這些年來曾協助泰瑞進行這項出版計畫的所有人，我深信她會以溫暖、愛心與熱情回報你們大方的協助，在此謹代表我兒子康拉德和泰瑞的所有家人，向各位致上最真摯的感謝。當我們將這本書捧在手裡，再多的筆墨都不足以表達我們的情感。

但願讀者不僅能從書中得到樂趣、習得知識，同時還能從泰瑞對這項主題的論述中獲得靈感，不再僅將和服視作「穿著的衣物」或藝術品，而能從背後的許多故事和生命來審視和服——這背後也包括了泰瑞，她的生命早已被深深織入和服這獨特服裝的非凡歷史中。

——柯提斯・米爾霍普（Curtis J. Milhaupt）

17. Ibid.
18. Yuniya Kawamura, *The Japanese Revolution in Paris Fashion* (Oxford and New York, 2004), p. 96.
19. Guy Trebay, 'Mr Yamamoto's Blue Period', *New York Times Magazine* (13 March 2005), p. 71.
20. Patricia Mears, 'Formalism and Revolution: Rei Kawakubo and Yohji Yamamoto', in *Japan Fashion Now*, ed. Valerie Steele et al., exh. cat., Fashion Institute of Technology (New York, 2010), pp. 142–4.
21. Kondo, 'The Aesthetics and Politics', p. 177.
22. Millie R. Creighton, 'The Dep to: Merchandising the West While Selling Japaneseness', in *Re-made in Japan: Everyday Life and Consumer Taste in a Changing Society*, ed. Joseph J. Tobin (New Haven, CT, and London, 1992), p. 54.
23. Kerrie L. MacPherson, 'Introduction: Asia's Universal Providers', in *Asian Department Stores*, ed. Kerrie L. MacPherson (Honolulu, HI, 1998), p. 30. 亦見於：Millie Creighton, 'Consuming Rural Japan: The Marketing of Tradition and Nostalgia in the Japanese Travel Industry', *Ethnology*, XXXVI/3 (Summer 1997), pp. 239–54.
24. 關於對和服體驗的反思及和服未來的想法，見：Wada, 'Changing Attitudes', pp. 172–9. 至於和服作為日本國服一事，見：Yoshiko I. Wada, 'The History of Kimono: Japan's National Dress', in *The Kimono Inspiration: Art and Art-to-wear in America*, ed. Rebecca A. T. Stevens and Yoshiko Iwamoto Wada (Washington, DC, 1996), pp. 131–60.
25. 關於浴衣簡史，見：Karen J. Mack, 'The Naga-ita Chūgata Aizome Dyeing Technique', *Atomi Gakuen Joshi Daigaku Bungakubu Kiyō*, XLV (September 2010), pp. 1–3.
26. 'Genbei Yamaguchi', *Monocle Design* episode 7 (2008), www.monocle.com; 'Master of the Robes', *Monocle*, II/13 (May 2008), pp. 154–5, www.monocle.com.
27. Sasaki Sayo, 'All for the Love of Wearing Kimono: Young and Old Have Been Gathering in Ginza for Years to Promenade their Favorite Garb', *Japan Times* (31 December 2009).

第六章　日常與特殊，那時與此刻

1. 山本耀司，〈序文〉，小笠原小枝監修，《千総型友禅伝統図案集友禅グラフィックス (1) 花と草木篇》（東京：グラフィック社，2002 年），頁 5。
2. Ibid.
3. The Cotsen Children's Library, Department of Rare Books and Special Collections, Princeton University Library.
4. Miriam Silverberg, 'constructing the Japanese Ethnography of Meaning', *Journal of Asian Studies*, LI/1 (February 1992), p. 38.
5. 井上雅人，《洋服と日本人：国民服というモード》，廣済堂出版，2001 年。
6. Yoshiko I. Wada, 'Changing Attitudes Toward the Kimono: A Personal Reflection', in *The Kimono Inspiration: Art and Art-to-Wear in America*, ed. Rebecca A. T. Stevens and Yoshiko Iwamoto Wada (Washington, DC, 1996), p. 170.
7. 木村孝、渡辺みどり，《美智子さまのお着物》，東京：朝日新聞出版，2009 年。
8. Yamanaka Norio, *The Book of Kimono* (Tokyo, New York, San Francisco, 1982), back cover of book.
9. Ibid.
10. Liza Dalby, *Kimono: Fashioning Culture* (New Haven, CT, and London, 1993), pp. 119–21.
11. 見：Sheldon Garon, 'Luxury Is the Enemy: Mobilizing Savings and Popularizing Thrift in Wartime Japan', *Journal of Japanese Studies*, XXVI/1 (2000), pp. 41–78.
12. Andrew Gordon, *Fabricating Consumers: The Sewing Machine in Modern Japan* (Berkeley, CA, Los Angeles, London, 2012), p. 85.
13. Ibid., pp. 138–41.
14. Ibid., pp. 193–4.
15. Kaat Debo and Paul Boudens, eds, *Yohji Yamamoto: An Exhibition Triptych* (Antwerp, 2006).
16. 更詳細的討論，見：Dorinne Kondo, 'The Aesthetics and Politics of Japanese Identity in the Fashion Industry', in *Re-Made in Japan: Everyday Life and Consumer Taste in a Changing Society*, ed. Joseph J. Tobin (New Haven, CT, and London, 1992), p. 176.

90. Terry Satsuki Milhaupt, 'Tsujigahana Textiles and their Fabrication', in *Turning Point: Oribe and the Arts of Sixteenth-century Japan*, ed. Miyeko Murase, exh. cat., Metropolitan Museum of Art (New York, New Haven, CT, London, 2003), pp. 319–23.
91. Susan-Marie Best, 'The Yuzen Kimono of Moriguchi Kunihiko', *Eastern Art Report*, III/2 (July/August 1991), p. 20.
92. 丸山恒夫（按：音譯 Maruyama Tsuneo），〈伝統に立つ二つの創作：森口華弘・邦彦展によせて〉，《森口華弘・邦彦展－父子 友禅人間国宝－》展覽手冊（滋賀：滋賀県立近代美術館，2009 年），頁 6–12。
93. Bambling, 'Japan's Living National Treasures', p. 158.
94. Ibid., p. 160.
95. 丸山恒夫，〈伝統に立つ二つの創作〉，頁 7。
96. Ibid., p. 9.
97. Ibid., p. 10.
98. Judith Thurman, 'Letter from Japan: The Kimono Painter', *New Yorker* (17 October 2005), pp. 120–24.
99. Uchiyama, 'Japan Traditional Art', p. 32.
100. Thurman, 'Letter from Japan', p. 118.
101. Ibid., p. 120.
102. Ibid., p. 127.
103. Stephen Vlastos, 'Tradition: Past/Present Culture and Modern Japanese History', in *Mirror of Modernity: Invented Traditions in Modern Japan*, ed. Stephen Vlastos (Berkeley, CA, Los Angeles, London, 1998), p. 3.
104. 見：Ajioka Chiaki, 'When Craft Became Art: Modern Japanese Craft and the Mingei Sakka', in *Traditional Japanese Arts and Crafts in the 21st Century: Reconsidering the Future from an International Perspective*, ed. Inaga Shigemi and Patricia Fister (Kyoto, 2007), pp. 211–27.

National Treasures', pp. 148–69.

73. Hamada, 'The Art of Serizawa', p. 119.
74. Rebecca Copeland, *The Sound of the Wind: The Life and Works of Chiyo Uno* (Boston, Rutland, VT, and Tokyo, 1993), p. vii.
75. Ibid., pp. 49–50.
76. 宇野千代，《宇野千代きもの手帖》（東京：二見書房，2004 年），頁 22–4。
77. Copeland, *The Sound of the Wind*, pp. 20, 29, 34.
78. Elaine Gerbert, 'Space and Aesthetic Imagination in Some Taishō Writings', in *Japan's Competing Modernities: Issues in Culture and Democracy, 1900–1930*, ed. Sharon A. Minichiello (Honolulu, HI, 1998), p. 72. 宇野也曾在東京本鄉的西式旅館菊富士住過一陣子，這幢旅館被比作巴爾札克（Balzac）小說中的寄宿屋（la maison Vauguer），住過的名人包括藝術家竹久夢二、作家谷崎潤一郎、無政府主義者大杉榮及其妻子。
79. Copeland, *The Sound of the Wind*, pp. 55–62.
80. 宇野千代，《宇野千代きもの手帖》，頁 7。
81. Ibid., pp. 26, 35.
82. Copeland, *The Sound of the Wind*, pp. 62–3.
83. 宇野千代，《宇野千代きもの手帖》，頁 65。
84. Ibid., pp. 26–8, 46. Copeland, *The Sound of the Wind*, p. 63.
85. Copeland, *The Sound of the Wind*, p. 84.
86. 這場慶生會在 1985 年 11 月 3 日舉辦。Ibid., p. 82.
87. Kubota Itchiku, *Lumiere Brodee: Itchiku Kubota, exh.* cat., Palais de Tokyo (Belgium, 1990), p. 18.
88. 關於專有名詞「辻花」的詞源學討論，見：Terry Satsuki Milhaupt, 'Flowers at the Crossroads: The Four-hundred-year Life of a Japanese Textile', PhD thesis, Washington University, 2002, pp. 3–10, 60–62.
89. 伊藤敏子的《辻ヶ花染》首次在 1981 年於日本出版限量本，並在同年被譯成英文版：*Tsujigahana: The Flower of Japanese Textile Art*，亦是限量出版品，普通版則於 1985 年出版。Itō Toshiko, *Tsujigahana: The Flower of Japanese Textile Art*, trans. Monica Bethe (Tokyo, 1985).

64. Jan Fontein, ed., *Living National Treasures of Japan*, exh. cat., Museum of Fine Arts, Boston; Art Institute of Chicago; Japanese American Cultural and Community Center, Los Angeles (Boston, Chicago, Los Angeles, 1983), pp. 14–15.
65. Michele Bambling, 'Japan's Living National Treasures Program: The Paradox of Remembering', in *Perspectives on Social Memory in Japan*, ed. Tsu Yun Hui, Jan van Bremen and Eyal Ben-Ari (Folkestone, 2005), pp. 148–69.
66. Fontein, ed., *Living National Treasures*, pp. 22–3.
67. 誠如魯伯特・福克納（Rupert Faulkner）指出：「技術上來說，『型繪染』和其他形式的『型繪染』並無不同。唯一差異在人們對『型繪染』藝術家的認知，『型繪染』藝術家會參與製作的所有步驟，比起傳統上分工製成的『型繪染』，新『型繪染』的創作屬獨立作業。」Rupert Faulkner, *Japanese Studio Crafts: Tradition and the Avant-garde* (Philadelphia, PA, 1995), p. 132.
68. 芹澤也可能親自切割所需的型版，這樣便無須仰賴切割師。當時對切割師的技藝也不再有大量需求，導致愈來愈少工匠從事這類工作。
69. 誠如金・布蘭特所指出：「1975 年，在 37 名被選為人間國寶的個人工匠中，有 5 名與早期的民藝運動過從甚密（另有一位是拒絕受獎的河井寬次郎）。」Brandt, *Kingdom of Beauty*, pp. 225–6.
70. Yanagi, 'Works of the Artist', n.p.
71. 柳宗悅在 1954 年針對「個人工匠」與「大眾工匠」的論述中，強調「今日這些個人工匠具有指導工藝技術的潛力，並能令真正的好作品重生……我們這時代亟需的，是工匠藝術家不僅產出個人的好作品，還能與工匠緊密合作，如此最終仍可能再度在日常事物上擁有美。」Yanagi, *The Unknown Craftsman*, pp. 105–6.
72. 芹澤身為日本工藝會的創始成員，勢必已體認到得改變對「傳統」的態度。1955 年，日本工藝會首任會長西川笛埔（按：音譯 Nishikawa Tekiho）表達了對組織的期許：「此協會並非要固守『傳統』一詞，亦非僅是崇拜過往的文化。我們的首要目標，是推廣充分運用日本傳統與外國元素的作品。」Uchiyama, 'Japan Traditional Art', pp. 29–30. 內山武夫（Uchiyama Takeo）記述道，在新舊間掙扎的結果是「1958 年時，展覽會名稱將『傳統』一詞刪去」，但「緊接著隔年，即 1959 年的第 6 屆展覽會標題又出現了『傳統』兩字，此後便未再變更過」。關於「政府保護藝術傳統的措施，往往破壞了其維護傳統的機構」這一矛盾的議題，見：Bambling, 'Japan's Living

間被摧毀後。見：静岡市立芹沢銈介美術館編，《芹沢銈介－その生涯と作品－》（靜岡：静岡市立芹沢銈介美術館，2008 年），頁 24、54。

54. Hamada Shukuko, 'The Art of Serizawa Keisuke', in *Serizawa: Master of Japanese Textile Design*, ed. Earle, pp. 117–18.
55. Elisabeth Frolet, 'Mingei: The Word and the Movement', in *Mingei: Masterpieces of Japanese Folkcraft*, ed. Japan Folk crafts Museum (Tokyo, New York, London, 1991), p. 11.
56. 柳宗悅，〈民芸と個人作家〉，《民藝》第 72 號（東京：日本民藝協会，1958 年），頁 4–7、〈再度民芸と作家について〉，《民藝》第 74 號（1959 年），頁 4–11。早在 1927 年時，柳宗悅便思索並闡述過工匠在社會的角色，並曾在 1952 年感嘆個人主義的興起，並指出：「工匠本來是公共勞動者，但當個人主義升起，所謂『藝術家』與『工匠』的路便有所分歧了。」轉引自：Bernard Leach, *The Unknown Craftsman: A Japanese Insight into Beauty* (Tokyo, 1973), p. 116. 關於柳宗悅自 1927 年以降對「工匠」的看法，更廣泛的論述請見：ibid., pp. 197–215.
57. Kim Brandt, 'Serizawa Keisuke and the Mingei Movement', in *Serizawa: Master of Japanese Textile Design*, ed. Earle, p. 110.
58. Uchiyama, 'Japan Traditional Art', p. 28.
59. 在芹澤早期的「伊呂波」繪畫中，有一項是 1940 年創作的八面屏風，而他最後的作品中則有一幅出自 1984 年的掛軸，其上同樣描繪了「伊呂波」。關於著名的〈伊呂波歌〉的英譯，見：Donald Keene, *Seeds in the Heart: Japanese Literature from Earliest Times to the Late Sixteenth Century* (New York, 1993), p. 220.
60. Kim Brandt, *Kingdom of Beauty: Mingei and the Politics of Folk Art in Imperial Japan* (Durham, NC, and London, 2007), p. 109. 也見於：Uchiyama, 'Japan Traditional Art', p. 26.
61. 柳宗悅著，三村京子譯（1961），〈作家の品と民芸品〉，《柳宗悅全集》（東京，筑摩書房，1982 年），第 14 卷，頁 55–60。亦可參見日本民藝館網頁：http://web.archive.org/web/20120510171633，於 2013 年 11 月 6 日造訪此網站。
62. Yanagi, *The Unknown Craftsman*, p. 103.
63. 另一位民藝提倡者、日本陶藝家濱田庄司曾對採訪記者談及：「我們對民藝一詞的厭倦一如對它的反義詞『藝術家』（作家）的厭倦，而『藝術家』指的是當前那些所謂個人或工匠藝術家。」濱田表示：「他們同樣曲解了柳宗悅的意圖。」Ibid., p. 95.

History, XIX/2 (1988), p. 135.

41. 關於神坂雪佳和古谷紅麟的設計及其作品討論，見：藤井健三，〈明治後期の工芸衣装と図案雑誌〉，《新美術海：神坂雪佳、古谷紅麟編》，（東京：芸艸堂，2006年）。津田的設計及其畫家生涯記述，見：藤井健三，〈津田青楓の芸術と図案〉，《津田青楓の図案——芸術とデザイン》，（東京：芸艸堂，2008年）。至於和服紋樣書的歷史和當前市場，則見：Lisa Pevtzow, 'Kimono Design Books (Zuan-chō)', *Daruma*, XVIII (Winter 2011), pp. 34–52. 亦可見：Yokoya, 'Kimono Zuanchō', pp. 18–24.
42. Yokoya, 'Kimono Zuanchō', p. 27.
43. 京都文化博物館編，《絵画と衣装 美の名品展（丸紅コレクション）》展覽手冊（京都：京都文化博物館，2007年），頁161–84。
44. 山辺知行、北村哲郎、田畑喜八，《小袖》（東京：三一書房，1963年），頁vi–viii。
45. 切畑健編，《かがやける小袖の美（田畑家コレクション）》展覽手冊，京都高島屋、東京松屋銀座、横濱高島屋、福岡博多大丸、大阪梅田阪急，大阪：朝日新聞社文化企画局大阪企画部，1990年。
46. 山辺知行等，《小袖》，頁vi。
47. Ibid.
48. Ibid., p. vii.
49. 專有名詞為「重要無形文化財擁有者」。
50. NHKきんきメディアプラン編，《京友禅の華：人間国宝三代田畑喜八の美》展覽手冊，京都高島屋、難波高島屋（京都：NHKきんきメディアプラン，2001年），頁112–13。
51. Terry Satsuki Milhaupt, 'In the Guise of Tradition: Serizawa Keisuke and His Eclectic Designs', in *Serizawa: Master of Japanese Textile Design*, ed. Joe Earle, exh. cat., Japan Society, New York (New York, New Haven, CT, London, 2009), pp. 96–100.
52. Amanda Mayer Stinchecum, 'Serizawa Keisuke and Okinawa', in *Serizawa: Master of Japanese Textile Design*, ed. Joe Earle, exh. cat., Japan Society, New York (New York, New Haven, CT, London, 2009), pp. 106–11.
53. 芹澤確實相當積極地蒐集「文字圖」，特別是1953年後，即他大部分藏品在二戰期

26. Satō Dōshin, *Modern Japanese Art and the Meiji State: The Politics of Beauty*, trans. Nara Hiroshi (Los Angeles, 2011), pp. 77–9.
27. 一如佐藤道信（Satō Dōshin）的考證，今尾景年與出身武士階級的同輩不同，其父乃是友禪染染色師。Ibid., pp. 80–83.
28. 關於「工藝生產是藝術表現」的相關討論，見：Kaneko Kenji, 'The Development of "Traditional Art Crafts" in Japan', in Crafting Beauty in *Modern Japan: Celebrating Fifty Years of the Japan Traditional Art Crafts Exhibition*, ed. Nicole Rousmaniere, exh. cat., British Museum (Seattle, WA, 2007), pp. 10–11. 日本政府推動的另一項「傳統工藝產業振興法」（傳產法）之討論，見：Louise Allison Cort, 'The Modern Shokunin', *Craft Horizons*, XXXVII/5 (August 1978), pp. 38–9.
29. Uchiyama Takeo, 'Japan Traditional Art Crafts Exhibitions: Its History and Spirit', in *Crafting Beauty in Modern Japan: Celebrating Fifty Years of the Japan Traditional Art Crafts Exhibition*, ed. Nicole Rousmaniere, exh. cat., British Museum (Seattle, WA, 2007), p. 27.
30. 《新指定重要文化財 5 工芸品 II》（東京：每日新聞社，1983 年），頁 290。
31. Tani Shin'ichi, 'Ogata Kōrin: Artist to the Merchant class', *Japan Quarterly*, V/4 (October–December 1958), p. 469.
32. Wilson, *The Potter's Brush*, pp. 183–5.
33. Harold P. Stern, *Rimpa: Masterworks of the Japanese Decorative School* (New York, 1971), p. 15.
34. Howard A. Link and Shimbo Toru, *Exquisite Visions: Rimpa Paintings from Japan*, exh. cat., Honolulu Academy of Arts (Honolulu, HI, 1980), pp. 138–9. 尾形家年表收錄在此書的附錄 II 中。
35. Stern, *Rimpa*, p. 16.
36. Link and Shimbo, *Exquisite Visions*, p. 139.
37. Richard Wilson, 'Aspects of Rimpa Design', *Orientations*, XXI/12 (December 1990), p. 29.
38. Wilson, *The Potter's Brush*, p. 35.
39. Yokoya, 'Kimono Zuanchō', p. 17.
40. Nakaoka et al., 'The Textile History of Nishijin (Kyoto): East Meets West', *Textile*

14. Weisenfeld, 'Japanese Modernism', p. 78.
15. Kida Takuya, '"Traditional Art crafts (Dentō Kōgei)" in Japan: From Reproductions to Original Works', *Journal of Modern Craft*, III/1 (March 2010), p. 20.
16. Richard Wilson, *The Potter's Brush: The Kenzan Style in Japanese Ceramics*, exh. cat., Freer Gallery of Art and Arthur M. Sackler Gallery, Smithsonian Institution (Washington, DC, 2001), p. 198.
17. Brian Moeran, 'The Art World of Contemporary Japanese Ceramics', *Journal of Japanese Studies*, XIII/1 (1987), pp. 27–50.
18. John W. Dower, *Embracing Defeat: Japan in the Wake of World War II* (New York, 1999), p. 95.
19. Midori Wakakuwa, 'War-promoting Kimono (1931–45)', in *Wearing Propaganda: Textiles on the Home Front in Japan, Britain, and the United States, 1931–1945*, ed. Jacqueline M. Atkin, exh. cat., The Bard Graduate Center for Studies in the Decorative Arts, Design, and Culture, New York (New Haven, CT, and London, 2005), pp. 185–6.
20. 中村光哉監修，《友禅：東京派五十年の軌跡》展覽手冊（東京：文化学園服飾博物館，1999 年），頁 22–5。
21. 關於戰時將男性的「國民服」、女性的「婦人標準服」及農夫褲列入服裝選擇一事，見：Andrew Gordon, *Fabricating Consumers: The Sewing Machine in Modern Japan* (Berkeley, CA, Los Angeles, London 2012), pp. 143–9.
22. 日治時期的台灣在當時的政治氛圍下，也發生過服裝被認為不妥而遭損毀的情形。見：Dean Brink, 'Pygmalion Colonialism: How to Become a Japanese Woman in Late Occupied Taiwan', Sungkyun Journal of East Asian Studies, XII/1 (2012), p. 53.
23. 轉引自：Kashiwagi Hiroshi, 'Design and War: Kimono as "Parlor Performance" Propaganda', in *Wearing Propaganda: Textiles on the Home Front in Japan, Britain, and the United States, 1931–1945*, ed. Jacqueline M. Atkins, exh. cat., The Bard Graduate Center for Studies in the Decorative Arts, Design, and Culture, New York (New Haven, ct, and London, 2005), pp. 179–80.
24. 轉引自：Wakakuwa, 'War-Promoting Kimono', p. 186.
25. Christine M. E. Guth, 'Kokuhō: From Dynastic to Artistic Treasure', *Cahiers d'Extrême-Asie*, IX (1996–7), pp. 314–18; p. 318.

第五章　和服設計師

1. 京都文化博物館編，《千總コレクション：京の優雅 小袖と屏風》展覽手冊，京都：京都文化博物館，2005 年。
2. Julia Elizabeth Sapin, 'Liaisons between Painters and Department Stores: Merchandising Art and Identity in Meiji Japan, 1868–1912', PhD thesis, University of Washington, 2003, pp. 122–4.
3. 神野由紀，《趣味の誕生──百貨店がつくったテイスト》（東京：勁草書房，2000 年），頁 76。
4. Yokoya Kenichirō, 'Kimono Zuanchō in Kyoto', in *Zuanchō in Kyoto: Textile Design Books for the Kimono Trade*, exh. cat., Peterson Gallery and Munger Rotunda Green Library, Stanford University (Stanford, CA, 2008), p. 9.
5. 神野由紀，《趣味の誕生》，頁 76–86。
6. 全面概述光琳款圖様及其與紡織設計間的關係，可見：小山弓弦葉，〈光琳模様〉，《日本の美術》第 524 號，東京：ぎょうせい，2010 年。
7. 神野由紀，《趣味の誕生》，頁 78。
8. 藤井健三，〈「美展」の歴史とその逸品〉，《小袖からきものへ（別冊太陽）》第 55 號（東京：平凡社，2005 年），頁 58–86。
9. 木村雨山於 1955 年被指定為人間國寶。
10. Yamanobe Tomoyuki and Fujii Kenzō, *Kyoto Modern Textiles: 1868–1940* (Kyoto, 1996), p. 218.
11. Gennifer Weisenfeld, 'Japanese Modernism and Consumerism: Forging the New Artistic Field of Shōgyō Bijutsu (Commercial Art)', in *Being Modern in Japan: Culture and Society from the 1910s to the 1920s*, ed. Elise K. Tipton and John Clark (Honolulu, HI, 2000), p. 77.
12. Elise K. Tipton, *Modern Japan: A Social and Political History*, 2nd edn (London and New York, 2008), p. 131.
13. 關於「民藝」一詞的英文翻譯問題，參見：Amanda Mayer Stinchecum, 'Japanese Textiles and the Mingei Aesthetic', in Robert Moes, *Mingei: Japanese Folk Art from the Montgomery Collection* (Alexandria, VA, 1995), pp. 45–6.

67. Ibid., pp. 59–61.

68. Okabe Masayuki, 'The Impact of the Kimono on Modern Fashion', *Journal of Japanese Trade and Industry* (November, 2002), n.p.

69. Ibid.

70. Downer, *Madame Sadayakko*, p. 171, quoting Ruth St Denis, *An Unfinished Life: An Autobiography (with portraits)* (New York and London, 1939), p. 40.

71. Corwin, 'The Kimono Mind', pp. 60–63.

72. Kim Brandt, *Kingdom of Beauty: Mingei and the Politics of Folk Art in Imperial Japan* (Durham, NC, and London, 2007), p. 133.

73. Ibid., pp. 132–3.

74. Bacon, *Japanese Girls and Women*, pp. 196–7.

75. Ibid., pp. 197–8.

76. Ibid., p. 198.

77. Ibid.

78. Okakura Kakuzō, *The Awakening of Japan, Special Edition for Japan Society, Inc.* (New York, 1921, originally published in 1904), pp. 197–9.

79. ドナルド A. ウッド（Donald A. Wood）、池田祐子編，《神坂雪佳——琳派の継承・近代デザインの先駆者》展覽手冊，京都國立近代美術館、佐倉市立美術館、洛杉磯郡立美術館、伯明罕藝術博物館（京都：京都国立近代美術館，2003 年），頁 23。

80. 比嘉明子，〈神坂雪佳の図案集〉，ドナルド A. ウッド、池田祐子編，《神坂雪佳》，頁 307–08、247、249。

81. Ibid., p. 307. 雪佳最初跟著鈴木瑞彥學習四條派畫作，在成為岸光景的門生後轉而擁戴琳派傳統。

82. Yamanobe Tomoyuki and Fujii Kenzō, *Kyoto Modern Textiles*: 1868–1940 (Kyoto, 1996), entry number 168.

83. Kawakatsu, *Kimono*, p. vii.

84. Ibid., p. 90.

85. Ibid., p. 7.

52. Ibid., p. v.

53. Ibid., pp. v–vi.

54. Ibid., p. 29

55. 這件和服是京都丸紅股份有限公司的藏品。京都文化博物館編，《絵画と衣装 美の名品展（丸紅コレクション）》展覽手冊（京都：京都文化博物館，2007 年），頁 112，圖 53。

56. Cutler, *A Grammar of Japanese Ornament*, p. 18.

57. Candace Wheeler, 'Decorative and Applied Art', in *Household Art*, ed. Candace Wheeler (New York, 1893), pp. 198–204.

58. 關於四人間複雜的商業關係，請見：*Amelia Peck and Carol Irish, Candace Wheeler: The Art and Enterprise of American Designs*, 1875–1900, exh. cat., Metropolitan Museum of Art (New Haven, CT, 2001), pp. 38–49.

59. Ibid., pp. 186–90, illus. 57.

60. Ibid., pp. 194–7, illus. 60–62.

61. Thomas C. Michie, 'Western Collecting of Japanese Stencils and their Impact in America', in *Carved Paper: The Art of the Japanese Stencil*, ed. Susan Shin-Tsu Tai, exh. cat., Santa Barbara Museum of Art; Museum of Art, Rhode Island School of Design; Mingei International Museum, San Diego (New York and Tokyo, 1998), p. 153.

62. William Hosley, *The Japan Idea: Art and Life in Victorian America*, exh. cat., Wadsworth Atheneum, Hartford (Hartford, CT, 1990), pp. 126–7.

63. 見：'Water Jar with Design of Procession of Grasshoppers', Makuzu Kōzan, Accession Number 91.1.367a, b, www.metmuseum.org. 於 2013 年 8 月 26 日造訪此網站。

64. 深井晃子，《ジャポニスムインファッション》（東京：平凡社，1994 年），頁 93。

65. Yamamori Yumiko, 'Japanese Arts in America, 1895–1920, and the A. A. Vantine and Yamanaka Companies', in *Studies in the Decorative Arts*, XV/2 (Spring/Summer 2008), p. 102.

66. Harold Koda and Andrew Bolton, 'Preface: The Prophet of Simplicity', in Harold Koda and Andrew Bolton, *Poiret*, exh. cat., Metropolitan Museum of Art (New Haven, CT, and London, 2007), pp. 13–14.

(January 1995), p. 81.

34. Ibid.
35. Margot Paul, 'A Creative Connoisseur: Nomura Shōjirō', in Amanda Mayer Stinchecum, *Kosode: 16th–19th Century Textiles from the Nomura Collection*, ed. Naomi Noble Richard and Margot Paul, exh. cat., Japan Society, New York, (New York and Tokyo, 1984), p. 13.
36. Adriana Proser, 'Abby Aldrich Rockefeller and Lucy Truman Aldrich: Sisters, Confidantes, and Collectors', *Orientations*, XXXVII/1 (January/February 2006), p. 36.
37. Ibid., p. 38.
38. Meech, 'The Other Havemeyer Passion', pp. 132–3.
39. Quoted in Ellen Conant, 'Introduction', *Challenging Past and Present: The Metamorphosis of Nineteenth-century Japanese Art*, ed. Ellen P. Conant (Honolulu, HI, 2006), p. 23, fn. 38.
40. 感謝費城藝術博物館服裝與織品部副研究員克莉絲汀・杭蘭（Kristina Haughland）提供我這項資訊。
41. 見：'Kimono Fabric 1860–1867', http://collections.vam.ac.uk. 於 2013 年 8 月 26 日造訪此網站。
42. 廣田孝，〈明治末大正初期の輸出用キモノに関する一考察——高島屋史料を中心に〉，《服飾美学》第 42 號（服飾美学会，2006 年），頁 22。
43. Susan Stewart, *On Longing: Narratives of the Miniature, the Gigantic, the Souvenir, the Collection* (Durham, NC, and London, 1993), p. 135.
44. Downer, *Madame Sadayakko*, p. 153, quoting Oscar Wilde's 'The Decay of Lying', originally published in *The Nineteenth Century*, January 1889.
45. Christopher Dresser, *Japan: Its Architecture, Art and Art Manufactures* (London, 1882).
46. Elizabeth Kramer, 'Master or Market? The Anglo–Japanese Textile Designs of Christopher Dresser', *Journal of Design History*, XIX/3 (2006), p. 201.
47. 轉引自：Kramer, 'Master or Market?', p. 202.
48. Ibid., p. 207.
49. Dresser, *Japan*, p. 441.
50. Ibid., p. 446.
51. Thomas W. Cutler, *A Grammar of Japanese Ornament and Design* (London, 1880).

illustrations by Keishū Takenouchi (London, New York, Bahrain, 2001, originally published in 1891), p. 238.

16. Downer, *Madame Sadayakko*, p. 23
17. Sharon L. Sievers, *Flowers in Salt: The Beginnings of Feminist Consciousness in Modern Japan* (Stanford, CA, 1983), p. 93.
18. Downer, *Madame Sadayakko*, p. 13.
19. Ibid., pp. 224–8.
20. Hockley, *First Encounters*, p. 61.
21. Ibid., p. 62 and Downer, *Madame Sadayakko*, p. 163.
22. Downer, *Madame Sadayakko*, pp. 188–9.
23. Ibid., pp. 264–5
24. Ibid., pp. 266, 275.
25. Till et al., *The Kimono of the Geisha–Diva*, pp. 21–5.
26. 見：Michael Justin Wentworth, 'Tissot and Japonisme', in *Japonisme in Art: An International Symposium*, ed. Society for the Study of Japonisme (Japan, 1980), p. 128. 在 1930 年一場迪索遺物的拍賣會上，提供了若干和服、瓷器及其他家具用品。
27. Kanai Jun I., 'Japonism in Fashion: Overview', in *Japonism in Fashion: Tokyo*, exh. cat., Tokyo Fuasshon Taun Nishikan (Tokyo, 1996), p. 195.
28. Julia Meech, 'The Other Havemeyer Passion: Collecting Asian Art', in *Splendid Legacy: The Havemeyer Collection*, ed. Alice Cooney Frelinghuysen et al., exh. cat., Metropolitan Museum of Art (New York, 1993), pp. 129–30.
29. Louisine W. Havemeyer, *Sixteen to Sixty: Memoirs of a Collector*, privately printed for the family of Mrs H. O. Havemeyer and the Metropolitan Museum of Art, New York (New York, 1961), pp. 15–16.
30. Meech, 'The Other Havemeyer Passion', pp. 129–30.
31. Terry Satsuki Milhaupt, 'Second Hand Silk Kimono Migrating Across Borders', in *Old Clothes, New Looks: Second Hand Fashion*, ed. Alexandra Palmer and Hazel Clarik (Oxford and New York, 2005), pp. 72–5.
32. Bacon, *Japanese Girls and Women*, pp. 157–8.
33. Thomas Lawton, 'Yamanaka Sadajirō: Advocate for Asian Art', *Orientations*, XXVI/1

3. Ibid., p. 186.
4. Michael Cooper, ed., *They Came to Japan: An Anthology of European Reports on Japan, 1543–1640* (Berkeley, CA, Los Angeles, London, 1965), p. 205.
5. Nancy A. Corwin, 'The Kimono Mind: Japonisme and American Culture', in *The Kimono Inspiration: Art and Art-to-Wear in America*, exh. cat., The Textile Museum (Washington, DC, 1996), pp. 23–63.
6. 關於瑪塔・薩維利亞諾（Marta Savigliano）所提出的「自我異國化」概念，請見：Dorinne Kondo, *About Face: Performing Race in Fashion and Theater* (New York and London, 1997), pp. 10–11.
7. Julia Meech-Pekarik, *The World of the Meiji Print: Impressions of a New Civilization* (New York and Tokyo, 1986), description on pp. 108–10.
8. Metropolitan Museum of Art acquisition number 1991.1073.105.
9. Allen Hockley, 'First Encounters-Emerging Stereotypes: Westerners and the Geisha in the Late Nineteenth Century', in *Geisha: Beyond the Painted Smile*, ed. Peabody Essex Museum, exh. cat., Peabody Essex Museum, Salem, MA and Asian Art Museum; Chong-Moon Lee Center for Asian Art and Culture, San Francisco (New York, 2004), pp. 60–61.
10. Osman Edwards, *Japanese Plays and Playfellows* (New York, 1901), pp. 102–03. 關於更廣泛引述愛德華的論點及對藝妓刻板印象的分析，見：Hockley, 'First Encounters', pp. 51–65.
11. Lesley Downer, *Madame Sadayakko*: *The Geisha Who Bewitched the West* (New York, 2003), p. 25.
12. Barry Till, Michiko Warkentyne and Judith Patt, *The Kimono of the Geisha-Diva Ichimaru* (San Francisco, CA, 2006), p. 17.
13. Leslie Pincus, *Authenticating Culture in Imperial Japan: Kuki Shūzō and the Rise of National Aesthetics* (Berkeley, CA, Los Angeles, London, 1996), p. 201.
14. 高群逸枝，〈芸者の貴婦人化〉，收錄於橋本憲三編，《高群逸枝全集 第 5 巻「女性の歴史」》（東京：理論社，1966 年），頁 505–8。這些政府官員為木戶孝允、山縣有朋以及伊藤博文。
15. Alice Mabel Bacon, *Japanese Girls and Women*, revised and enlarged edition with

91. Young, 'Marketing the Modern', p. 57.
92. Yamanobe and Fujii, *Kyoto Modern Textiles*, p. 209.
93. Ibid., pp. 223–4.
94. Jinno, *Shumi no tanjō*, pp. 7–14.
95. Margot Paul, 'A Creative Connoisseur: Nomura Shōjirō', in Amanda Mayer Stinchecum, *Kosode: 16th–19th Century Textiles from the Nomura Collection*, ed. Naomi Noble Richard and Margot Paul, exh. cat., Japan Society, New York (New York and Tokyo, 1984), p. 16.
96. 藤本惠子曾探討了圖樣設計團體「美工會」的活動，其成員包括京都市立藝術大學的教職員、校友、學生，及參與零售貿易的和服設計師與業者。見：藤本恵子，〈近代京都の染織産業と図案研究会〉，《朱雀（京都文化博物館研究紀要）》第 8 集（京都：京都文化博物館，1995 年），頁 121–36。
97. 岡田在 1927 年的畫作中描繪了有鳶尾花和橋梁的和服，顯然是以一件現為松坂屋藏品的和服為藍本。名古屋市博物館編，《小袖：江戸のオートクチュール》（東京：日本経済新聞社，2008 年），頁 193。
98. Terry Satsuki Milhaupt, 'Flowers at the Crossroads: The Four-hundred-year Life of a Japanese Textile', PhD thesis, Washington University, 2002, pp. 200–03.
99. Pierre Bourdieu, *Distinction: A Social Critique of the Judgement of Taste*, trans. Richard Nice (Cambridge, MA, 1984), p. 56.
100. Yuniya Kawamura, *Fashion-ology: An Introduction to Fashion Studies* (Oxford and New York, 2005), p. 95.
101. Pincus, *Authenticating Culture*, p. 205.
102. Ibid., p. 206.

第四章　和服典範移植西方

1. Kawakatsu Ken'ichi, *Kimono: Japanese Dress*, Tourist Library 3 (Tokyo, 1960, originally published in 1936), p. 7.
2. Roger Pineau, ed., *The Japan Expedition, 1852–1854: The Personal Journal of Commodore Matthew C. Perry* (Washington, DC, 1968), p. 181.

78. 關於政府推廣「在地名產」的討論，見：Kim Brandt, *Kingdom of Beauty: Mingei and the Politics of Folk Art in Imperial Japan* (Durham, NC, and London, 2007), p. 92.
79. 誠如金・布蘭特所述：「這導致人們熱衷於重新定義『民藝』，在有品味的男女之間，『民藝』成為一種時尚的消耗品，我們勢必得理解『民藝』在製作和消費上所發生的轉變，但要放在 1920 與 30 年代間日本社會與文化有較大轉變的脈絡內。在這段期間，郊區居民特別苦惱經濟問題，民族主義意識型態伴隨著 1930 年代的國際衝突而崛起，受過教育的中產階級女性則有了新的角色與認同，以上種種皆使在地工藝技術和產品吸引了新的關注。」
80. 關於和台灣的關係，芭芭拉・莫隆尼（Barbara Molony）提到穿著西式服裝的日本男性如何將身著在地服裝的台灣人記述為「退步的台灣人」，見：Barbara Molony, 'Modernity, Gender and the Empire: Gender, Citizenship and Dress in Modernizing Japan', *IIAS Newsletter*, 46 (Winter 2008) p. 8. 別府春海則表示：「在擴張最盛之時，即 1895 年至 1945 年間，『日本』的範圍包括台灣、庫頁島南半部、千島群島、朝鮮半島和密克羅尼西亞聯邦。當時的『日本』大概是其歷史上民族與文化最多元的時代，因為這些領土中涵括了諸多民族和種族。」Harumi Befu, 'Concepts of Japan, Japanese Culture, and the Japanese', in *The Cambridge Companion to Modern Japanese Culture*, ed. Yoshio Sugimoto (Melbourne, 2009), pp. 23–4.
81. Brandt, *Kingdom of Beauty*, p. 47.
82. Moeran, 'The Birth of the Japanese', pp. 159–60.
83. Brandt, *Kingdom of Beauty*, pp. 89–91.
84. Ibid., p. 143.
85. Frederick, *Turning Pages*, pp. 10–11.
86. Katherine Martin, *Highlights of Japanese Printmaking: Shin Hanga, Part Two* (New York, 2006), p. 34.
87. 安德魯・戈登（Andrew Gordon）曾述及「日式裁縫（和裁）和西式裁縫（洋裁）間類似的語言區分」。Gordon, *Fabricating Consumers*, p.16.
88. 個中複雜的關係詳見：Pincus, *Authenticating Culture*, pp. 27–9.
89. Kuki Shūzō, *Reflections on Japanese Taste: The Structure of Iki*, trans. John Clark, ed. Sakuko Matsui and John Clark (Sydney, 1997), pp. 37–46.
90. Yamanobe and Fujii, *Kyoto Modern Textiles*, p. 201.

60. 莫倫（Brian Moeran）提到：「舉例而言，三越百貨培養了一群資本家和京都權貴的消費者，白木屋有前大名及其家族，高島屋有皇室成員，松坂屋則有佛教徒與神道人員。僅大丸百貨擁有來自下層與中產階級的顧客，從一開始便顧及普羅大眾的客群。」Ibid., p. 151.
61. Jinno, *Shumi no tanjō*, pp. 72–6.
62. Ibid., p. 143.
63. Ibid., pp. 147–9.
64. Ibid., pp. 152–5.
65. Ibid., pp. 173–8.
66. Ibid., pp. 178–9, 191. 第一場光琳展覽會於 1904 年在三越百貨舉行，當時那些展出品為商借來的。
67. Ibid., pp. 179–81.
68. 東京印刷博物館，《美人のつくりかた：石版から始まる広告ポスター展》展覽手冊（東京：東京印刷博物館，2007 年），頁 90 圖 88、頁 91 圖 90、頁 94 圖 91。
69. Ibid., p. 95.
70. Ibid., pp. 24–5, figs 14, 15.
71. Ibid., p. 89, fig. 81.
72. Yamanobe Tomoyuki and Fujii Kenzō, *Kyoto Modern Textiles: 1868–1940* (Kyoto, 1996), p. 219.
73. Mary Elizabeth Berry, *Japan in Print: Information and Nation in the Early Modern Period* (Berkeley, CA, Los Angeles, London, 2006), p. 157.
74. Constantine Nomikos Vaporis, *Breaking Barriers: Travel and the State in Early Modern Japan* (Cambridge, MA, and London, 1994), p. 224.
75. Berry, *Japan in Print*, p. 159.
76. Makimura Yasuhiro, 'The Silk Road at Yokohama: A History of the Economic Relationships between Yokohama, the Kantō Region, and the World through the Japanese Silk Industry in the Nineteenth Century', PhD thesis, Columbia University, 2005, pp. 60–61.
77. 《京雀跡追》於 1678 年出版，《京都買物一人案内》則於 1831 年出版，這兩本書出版的期間還曾發行江戶購物指南。Berry, *Japan in Print*, pp. 166–7.

Art and Identity in Meiji Japan, 1868–1912', PhD thesis, University of Washington, 2003, p. 57.

45. Eugene Soviak, 'On the Nature of Western Progress: The Journal of the Iwakura Embassy', in *Tradition and Modernization in Japanese Culture*, ed. Donald H. Shively (Princeton, NJ, 1976), p. 25.
46. Moeran, 'The Birth of the Japanese', pp. 143–4.
47. Edward Seidensticker, *Low City, High City-Tokyo from Edo to the Earthquake: How the Shogun's Ancient Capital Became a Great Modern City, 1867–1923* (Cambridge, MA, 1991), p. 115. 山第斯笛卡接著提到：「1930 年代開始，沒有任何新興建設會自稱勸工場，不過勸工場肯定就像如今威脅到日本橋商店的購物中心。」
48. Kornicki, 'Public Display', pp. 189–90.
49. Ibid., p. 190. 福澤諭吉曾參訪 1862 年於倫敦舉行的國際博覽會，他使用日文「博覧会」一詞來描述這場盛會，「這個新詞最早可追溯至 1860 年代，源自『博覽』一詞（意思是『廣泛地閱讀、經歷』，顯然將重點放在觀看者而非被觀看者）」。Ibid., p. 169.
50. 茱莉亞・莎萍（Julia Sapin）以她對 7 間日本百貨的研究為基礎，總結道：「最早且最頻繁地在國際博覽會展出的店家，恰好是第一批轉型成百貨公司的店家。」Sapin, 'Liaisons', p. 60.
51. 博覽會和百貨公司之間的關係，參見：Jinno, *Shumi no tanjō*, pp. 47, 111–16.
52. Ibid., pp. 50–55.
53. Ibid., pp. 60–73.
54. Moeran, 'The Birth of the Japanese', pp. 152–3.
55. Jinno, *Shumi no tanjō*, pp. 70–71.
56. Ibid., pp. 67–8.
57. Julia Sapin, 'Department-Store Publicity Magazines in Early Twentieth-century Japan: Promoting Products, Producing New Cultural Perspectives', *Transactions of the International Conference of Eastern Studies*, 56 (2011), and Jinno, *Shumi no tanjō*, pp. 224–5, fn. 49.
58. Seidensticker, *Low City, High City*, pp. 46–7.
59. Moeran, 'The Birth of the Japanese', pp. 162–6.

Popular Fiction', pp. 166–72.

31. Frederick, *Turning Pages*, p. 6.
32. Ibid., pp. 10–11.
33. Miriam Silverberg, 'Constructing the Japanese Ethnography of Meaning', *Journal of Asian Studies*, LI/1 (February 1992), p. 38. 也見於：Andrew Gordon, *Fabricating Consumers: The Sewing Machine in Modern Japan* (Berkeley, CA, Los Angeles, London 2012), pp. 121–3.
34. Silverberg, 'Constructing the Japanese Ethnography', p. 39.
35. Ibid., p. 31.
36. Millie R. Creighton, 'The Depāto: Merchandising the West While Selling Japaneseness', in *Re-made in Japan: Everyday Life and Consumer Taste in a Changing Society*, ed. Joseph J. Tobin (New Haven, CT, and London, 1992), pp. 42–9, 52–6.
37. 1908 年至 1923 年，女性雜誌《婦人之友》的發行量足足增加了 15 倍。見：Louisa Daria Rubinfien, 'Commodity to National Brand: Manufacturers, Merchants, and the Development of the Consumer Market in Interwar Japan', PhD thesis, Harvard University, 1995, pp. 20–21. 今和次郎、吉田謙吉，〈デパート風俗社会学〉，《モデルノロヂオ—考現学》（東京：学陽書房，1986 年），頁 206–7。
38. Ibid., p. 215.
39. 一如芭芭拉・桑多（Barbara Sato）所言，一篇 1927 年刊載於女性雜誌上的文章〈披肩的流行〉（*The Popularity of the Shawl*）稱其為今日現代主義的象徵。見：Barbara Sato, 'An Alternate Informant: Middle-class Women and Mass Magazines in 1920s Japan', in *Being Modern in Japan: Culture and Society from the 1910s to the 1920s*, ed. Elise K. Tipton and John Clark (Honolulu, HI, 2000), p. 147.
40. 〈明治・大正の染織〉，《染織の美》第 25 巻（1983 年秋季），頁 79。
41. Julia Sapin, 'Merchandising Art and Identity in Meiji Japan: Kyoto Nihonga Artists' Designs for Takashimaya Department Store, 1868–1912', *Journal of Design History*, XVII/4 (2004), p. 319.
42. 〈明治・大正の染織〉，頁 79。
43. P. F. Kornicki, 'Public Display and Changing Values: Early Meiji Exhibitions and Their Precursors', *Monumenta Nipponica*, XLIX/2 (Summer 1994), p. 167.
44. Julia Elizabeth Sapin, 'Liaisons between Painters and Department Stores: Merchandising

101–10.

15. 青木美保子，〈大正・昭和初期のファッション〉，收錄於京都府立堂本印象美術館，《和装美人から洋装美人へ：大正・昭和の女性像》（京都：京都府立堂本印象美術館，2009 年），頁 119–20。
16. 松坂屋在昭和 12 年的宣傳小冊子（1937 年 3 月）。
17. Yoshiko Iwamoto Wada, 'From Kitsch to Art Moderne: Popular Textiles for Women in the First Half of Twentieth-century Japan', *Creating Textiles: Makers, Methods, Markets-Proceedings of the Sixth Biennial Symposium of the Textile Society of America, Inc.* (Earleville, MD, 1999), p. 8.
18. Moeran, 'The Birth of the Japanese', p. 148
19. Maeda Ai, 'The Development of Popular Fiction in the Late Taishō Era: Increasing Readership of Women's Magazines', in *Text and the City: Essays on Japanese Modernity*, ed. James A. Fujii, trans. Rebecca Copeland (Durham and London, 2004), pp. 170–72.
20. Sharon L. Sievers, *Flowers in Salt: The Beginnings of Feminist Consciousness in Modern Japan* (Stanford, CA, 1983), p. 86.
21. 「良妻賢母」一詞是中村正直在 1875 年所創造，見：ibid., p. 22.
22. The Cotsen Children's Library, Department of Rare Books and Special Collections, Princeton University Library.
23. Frederick, *Turning Pages*, p. 56.
24. Janet Hunter, *Women and the Labour Market in Japan's Industrialising Economy: The Textile Industry before the Pacific War* (London and New York, 2003), p. 5.
25. Sievers, *Flowers in Salt*, pp. 55–7.
26. E. Patricia Tsurumi, *Factory Girls: Women in the Thread Mills of Meiji Japan* (Princeton, NJ, 1990), p. 150
27. Carol Gluck, *Japan's Modern Myths: Ideology in the Late Meiji Period* (Princeton, NJ, 1985), pp. 31–2.
28. Tsurumi, *Factory Girls*, p. 61.
29. Nakano Makiko, *Makiko's Diary: A Merchant Wife in 1910 Kyoto*, trans. Kazuko Smith (Stanford, CA, 1995), pp. 106–7, 147, 155, 172–3.
30. 關於 1900 年至 1925 年出版的女性雜誌列表，見：Maeda, 'The Development of

3. 關於傑出人士——如查理・艾普頓・朗費羅（Charles Appleton Longfellow）和岡倉天心——如何「使用身體及蔽體物清楚表達社會及族群差異」的有趣個案研究，請見：Christine M. E. Guth, 'Charles Longfellow and Okakura Kakuzō: Cultural Cross-dressing in the Colonial Context', *Positions East Asia Cultures Critique, Special Issue: Visual Cultures of Japanese Imperialism*, VIII/3 (Winter 2000), pp. 605–36.
4. Ibid., pp. 622–3.
5. Bert Winther-Tamaki, *Art in the Encounter of Nations: Japanese and American Artists in the Postwar Years* (Honolulu, HI, 2001), p. 14.
6. Leslie Pincus, *Authenticating Culture in Imperial Japan: Kuki Shūzō and the Rise of National Aesthetics* (Berkeley, CA, Los Angeles, London, 1996), p. 42.
7. Louise Young, 'Marketing the Modern: Department Stores, Consumer Culture, and the New Middle Class in Interwar Japan', *International Labor and Working-class History*, 55 (Spring 1999), pp. 52–5.
8. 關於 1890 年代店家進行商業交易的見證，見：Alice Mabel Bacon, *Japanese Girls and Women*, revised and enlarged edition with illustrations by Keishū Takenouchi (London, New York, Bahrain, 2001, originally published in 1891), pp. 221–2.
9. Brian Moeran, 'The Birth of the Japanese Department Store', in *Asian Department Stores*, ed. Kerrie L. MacPherson (Honolulu, HI, 1998), p. 148.
10. Claire Cuccio, 'Inside Myōjō (*Venus*, 1900–1908): Art for the Nation's Sake', PhD thesis, Stanford University, 2005, pp. 19–21. 明治時代晚期洋溢著建立國族意識的氛圍，林田評論復興古典設計的重要性，認為這類設計標誌著他那個時代的日本所共享的美好元祿時期。
11. 神野由紀，《趣味の誕生——百貨店がつくったテイスト》（東京：勁草書房，2000 年），頁 124–8。
12. Ibid., pp. 79-80.
13. 大森哲也，〈画家たちの描いた銘仙美人：足利銘仙の宣伝ポスターから〉，收錄於藤井健三監修，《銘仙：大正昭和のおしゃれ着物（別冊太陽）》（東京：平凡社，2004 年），頁 108–13。
14. 關於藝術家替雜誌《主婦之友》設計封面的討論，見：Sarah Frederick, *Turning Pages: Reading and Writing Women's Magazines in Interwar Japan* (Honolulu, HI, 2006), pp.

91. Yoshiko Iwamoto Wada, 'From Kitsch to Art Moderne: Popular Textiles for Women in the First Half of Twentieth-century Japan', *Creating Textiles: Makers, Methods, Markets-Proceedings of the Sixth Biennial Symposium of the Textile Society of America, Inc.* (Earleville, MD, 1999), p. 3.
92. 青木美保子，〈機械捺染〉，收錄於京都工芸繊維大学美術工芸資料館編，《ここにもあった匠の技－機械捺染－》（京都：京都工芸繊維大学，2010 年），頁 1–14。
93. Yamanobe and Fujii, *Kyoto Modern Textiles*, p. 7.
94. Uchida, 'Narrow Cotton Stripes', pp. 167–8.
95. Yamanobe and Fujii, *Kyoto Modern Textiles*, pp. 201, 205, 211.
96. Van Assche, 'Interweavings', p. 20.
97. Yamanobe and Fujii, *Kyoto Modern Textiles*, p. 6.
98. Ibid., pp. 210, 227.
99. Ibid., p. 247.
100. Ibid., p. 256.
101. Morris-Suzuki, *Technological Transformation*, pp. 94–5.
102. Ibid., pp. 42–3.
103. Yamanobe and Fujii, *Kyoto Modern Textiles*, p. 214.
104. Kobayashi Keiko, 'The Effect of Western Textile Technology on Japanese Kasuri: Development, Innovation, and competition', *The Textile Museum Journal*, XL–XLI (2001–02), p. 8.
105. Ibid., p. 3.
106. Ibid., pp. 13, 23, 25–6.

第三章　購買和服，形塑認同

1. Okakura Kakuzō, *The Awakening of Japan, Special Edition for Japan Society, Inc.* (New York, 1921, originally published in 1904), pp. 150–51.
2. Okakura Kakuzō, *The Ideals of the East: With Special Reference to the Art of Japan* (New York, Tokyo, Osaka, London, 2000, originally published in 1904), p. 1.

of Art (Santa Barbara, CA, 1987), p. 13.

80. Fukatsu-Fukuoka Yuko, 'The Evolution of Yuzen-dyeing Techniques and Designs after the Meiji Restoration', *Appropriation, Acculturation, Transformation-Symposium Proceedings of the Textile Society of America, 9th Biennial Symposium, 2004* (Earlville, MD, 2005), p. 407.
81. 藤本恵子，〈友禅染の展開と千總〉，收錄於京都文化博物館，《千總コレクション：京の優雅 小袖と屛風》展覽手冊（京都：京都文化博物館，2005 年），頁 197–202。
82. 小瀧幹雄（按：音譯 Otaki Mikio），〈友禅東京派：その試練と輝き〉，收錄於中村光哉監修，《友禅：東京派五十年の軌跡》（東京：文化学園服飾博物館，1999 年），頁 10–41。
83. 見：安田丈一，《きものの歴史》（東京：繊研新聞社，1972 年），頁 262–3。
84. Yamanobe and Fujii, Kyoto Modern Textiles, p. 204.
85. Reiko Mochinaga Brandon, Bright and Daring: Japanese Kimonos in the Taisho Mode from the Oka Nobutaka Collection of the Suzaka Classic Museum, exh. cat., Honolulu Academy of Arts (Honolulu, HI, 1996), pp. 11–15.
86. 關於動力織機如何改良以適用日本國內市場的窄幅，請見：Minami Ryoshin and Makino Fumio, 'Condition for Technological Diffusion: Case of Power Looms', in *The Textile Industry and the Rise of the Japanese Economy*, ed. Michael Smitka (New York and London, 1998), pp. 145, 147, 150–51.
87. Michael Smitka, ed., *The Textile Industry and the Rise of the Japanese Economy* (New York and London, 1998), p. XV.
88. 這些統計數據源自：Uchida Hoshimi, 'Narrow Cotton Stripes and their Substitutes: Fashion, Technical Progress and Manufacturing Organization in Japanese Popular Clothing, 1850–1920', *Textile History*, XIX/2 (1988), pp. 159–70.
89. Ibid., pp. 166–7.
90. 中川敬一郎和羅斯夫斯基（Henry Rosovsky）認為是岡島千代造於 1881 年發明：Nakagawa and Rosovsky, 'Case of the Dying Kimono', p. 64. 但根據山邊知行和藤井健三的看法，是來自大阪的堀川新三郎於 1879 年發明這項技術：Yamanobe and Fujii, *Kyoto Modern Textiles*, p. 7.

65. Morris-Suzuki, *Technological Transformation*, p. 92.
66. Yamanobe Tomoyuki and Fujii Kenzō, *Kyoto Modern Textiles: 1868–1940* (Kyoto, 1996), p. 4 and Nakaoka, et al., 'Textile History of Nishijin', pp. 126–30.
67. Los Angeles County Museum of Art et al., *Japan Goes to the World's Fairs: Japanese Art at the Great Expositions in Europe and the United States, 1867–1904*, exh. cat., Los Angeles County Museum of Art (Los Angeles, 2005), p. 28.
68. 2005年6月3日，見於京都市上京區堀川今出川路口的西陣織會館展覽室。
69. Los Angeles County Museum of Art et al., *Japan Goes to the World's Fairs*, p. 26. 有些學者將帝室技藝員（1890年設立）視為人間國寶體系的先驅，這一點將在第5章討論。
70. David G. Wittner, Technology and the Culture of Progress in Meiji Japan, Asian Studies Association of Australia East Asia Series (London and New York, 2008), pp. 36–7.
71. David. G. Wittner, 'The Mechanization of Japan's Silk Industry and the Quest for Progress and Civilization, 1870–1880', in *Building a Modern Japan: Science, Technology, and Medicine in the Meiji Era and Beyond*, ed. Morris Low (New York, 2005), pp. 142–3.
72. Chokki Toshiaki, 'Labor Management in the Cotton Spinning Industry', in *The Textile Industry and the Rise of the Japanese Economy*, ed. Michael Smitka (New York and London, 1998), pp. 1–4.
73. 一如大衛・維特納（David Wittner）極具說服力的論述，指出富岡紡紗廠的設計並不取決於技術性和經濟性考量，而是基於政治角力。Wittner, 'Mechanization of Japan's Silk Industry', pp. 135–59 and Wittner, *Technology and the Culture of Progress*, pp. 43–71.
74. Wigen, *Making of a Japanese Periphery*, pp. 173–4.
75. Morris-Suzuki, *Technological Transformation*, pp. 75–7.
76. Wigen, *Making of a Japanese Periphery*, pp. 172, 221.
77. Mariko Asano Tamanoi, *Under the Shadow of Nationalism: Politics and Poetics of Rural Japanese Women* (Honolulu, 1998), p. 102.
78. Morris-Suzuki, *Technological Transformation*, pp. 117–18. 豐田公司是豐田汽車公司（成立於1937年）的前身。
79. Yamanobe Tomoyuki, 'Japanese Kimono in the Meiji Period', in *Dressed in Splendor: Japanese Costume, 1700–1926*, ed. Merrily A. Peebles, exh. cat., Santa Barbara Museum

History Review, XXXVII/1–2 (Spring/Summer 1963), pp. 63–4.

48. D. T. Jenkins, 'The Response of the European Wool Textile Manufacturers to the Opening of the Japanese Market', *Textile History*, XIX/2 (1988), p. 255, 259–60.
49. 關於吾妻外套的起源，請見：道明三保子監修，《すぐわかるきものの美——髪飾りからはきものまで》（東京：東京美術，2005年），頁80–81。
50. Nakagawa and Rosovsky, 'Case of the Dying Kimono', p. 64.
51. Annie van Assche, 'Interweavings: Kimono Past and Present', in *Fashioning Kimono: Dress and Modernity in Early Twentieth Century Japan-The Montgomery Collection*, ed. Annie van Assche, exh. cat., Victoria & Albert Museum, London (Milan, 2005), p. 20.
52. Nakagawa and Rosovsky, 'Case of the Dying Kimono', pp. 64–5.
53. Ibid., pp. 73–4.
54. Sugiyama, 'Textile Marketing', pp. 290–91.
55. Nakagawa and Rosovsky, 'Case of the Dying Kimono', pp. 68–9.
56. Jenkins, 'Response of the European Wool Textile Manufacturers', pp. 269–70.
57. Morris-Suzuki, *Technological Transformation*, p. 83.
58. 關於日本改良歐洲技術的具體案例，請見：Nakaoka Tetsuro et al., 'The Textile History of Nishijin (Kyoto): East Meets West', *Textile History*, XIX/2 (1988), pp. 117–39; Kiyokawa Yukihiko, 'The Transformation of Young Rural Women into Disciplined Labor under Competition-oriented Management: The Experience of the Silk-reeling Industry in Japan', in *The Textile Industry and the Rise of the Japanese Economy*, ed. Michael Smitka (New York and London, 1998), pp. 100–01; Furuta, 'Cultural Transformation', pp. 142–60.
59. 關於京都業者專為海外市場產製的高品質紡織品，請見：Hiroko T. McDermott, 'Meiji Kyoto Textile Art and Takashimaya', Monumenta Nipponica, LXV/1 (Spring 2010), pp. 37–88.
60. Morris-Suzuki, *Technological Transformation*, p. 21.
61. Smith, Native Sources, pp. 29, 91.
62. Morris-Suzuki, *Technological Transformation*, p. 37.
63. Ibid., p. 95.
64. Smith, *Native Sources*, p. 44.

39. Wigen, Making of a Japanese Periphery, p. 144; Sievers, *Flowers in Salt*, p. 56.
40. Peter Duus, 'Zaikabō: Japanese Cotton Mills in China, 1895–1937', in *The Textile Industry and the Rise of the Japanese Economy*, ed. Michael Smitka (New York and London, 1998), pp. 29–30, 37–8.
41. Ibid., pp. 27–9. 在一份 1930 年的報告〈中國紡織工業〉中，揭露了「1928 年，中國僅有 3 家英國工廠對 74 家中國工廠，卻有 43 家日本工廠，且日本織布機的數量（13,981）實際上超過了中國織布機的數量（13,907）」。見：Antonia Finnane, *Changing Clothes in China: Fashion, History, Nation* (New York, 2008), p. 108, quoting Evan B. Alderfer, 'The Textile Industry of China', *Annals of the American Academy of Political and Social Science, 152, China* (November 1930), p. 187.
42. Louise Allison Cort, 'The Changing Fortunes of Three Archaic Japanese Textiles', in *Cloth and the Human Experience*, ed. Annette B. Weiner and Jane Schneider (Washington, DC, and London, 1989), pp. 378, 387.
43. Yanagida Kunio, comp. and ed., *Japanese Manners and Customs in the Meiji Era*, trans. Charles S. Terry (Tokyo, 1957), pp. 5, 16.
44. Sharon Takeda, 'Offertory Banners from Rural Japan: Echigo-Chijimi Weaving and Worship', in *Sacred and Ceremonial Textiles, Proceedings of the Fifth Biennial Symposium of The Textile Society of America* (Chicago, 1996), pp. 39–41.
45. Melissa M. Rinne, 'Preserving Echigo Jōfu and Nara Sarashi: Issues in Contemporary Bast Fiber Textile Production', in *Material Choices: Refashioning Bast and Leaf Fibers in Asia and the Pacific*, exh. cat., Fowler Museum at UCLA, Los Angeles (Los Angeles, 2007), pp. 142–6.
46. 關於約翰・韋伯藏品（John C. Weber Collection）中服裝的詳細敘述，請見：Terry Satsuki Milhaupt, 'Facets of the Kimono: Reflections of Japan's Modernity' and 'Meanings and Modes of Japanese Clothing', in *Arts of Japan: The John C. Weber Collection*, ed. Melanie Trede with Julia Meech, exh. cat., Museum of East Asian Art, National Museums in Berlin, Museum of Fine Arts, Boston, The Minneapolis Institute of Fine Arts (Berlin, 2006), pp. 195–225.
47. Keiichirō Nakagawa and Henry Rosovsky, 'The case of the Dying Kimono: The Influence of Changing Fashions on the Development of the Japanese Woolen Industry', *Business*

23. 關於 1880 年代至 1930 年代間繅絲、紡棉和編織工業的完整研究，請見：Janet Hunter, *Women and the Labour Market in Japan's Industrialising Economy: The Textile Industry before the Pacific War* (London and New York, 2003). 至於此兩地如何以不同方式在日常中落實西式繅絲技術，請見：Furuta Kazuko, 'Cultural Transformation in Japan's Industrialization: Local Adaptation to Foreign Silk Technology', in *The State and Cultural Transformation: Perspectives from East Asia*, ed. Hirano Ken'ichiro (Tokyo, New York, Paris, 1993), pp. 142–60.
24. Kären Wigen, *The Making of a Japanese Periphery* (Berkeley, CA, Los Angeles, London, 1995), pp. 139–79.
25. Ibid., p. 265.
26. 關於 18 世紀後歐洲織物價值的轉變，請見：Lou Taylor, 'De-coding the Hierarchy of Fashion Textiles', in *Disentangling Textiles: Techniques for the Study of Designed Objects*, ed. Christine Boydell and Mary Schoeser (London, 2002), pp. 68–70.
27. Ma, 'Modern Silk Road', pp. 333–4.
28. Ibid., p. 334.
29. Ibid., pp. 337–9. 在美國絲產業關稅委員的列表上，可見此需求主要是為了「羽二重」及「紬」這兩種織品。
30. Ibid., p. 341.
31. Ibid., pp. 341–2.
32. Shinya Sugiyama, 'Textile Marketing in East Asia, 1860–1914', Textile History, XIX/2 (1988), pp. 287–9.
33. William B. Hauser, *Economic Institutional Change in Tokugawa Japan: Ōsaka and the Kinai Cotton Trade* (London, 1974), p. 2.
34. Ibid., pp. 21, 59–60.
35. Ibid., p. 53.
36. Ibid., pp. 138–9.
37. Thomas C. Smith, Native Sources of Japanese Industrialization, 1750–1920 (Berkeley, CA, Los Angeles, London, 1988), pp. 74–5.
38. Tessa Morris-Suzuki, *The Technological Transformation of Japan from the Seventeenth to the Twenty-first Century* (Cambridge, New York, Melbourne, 1994), p. 42.

Transformation: Perspectives from East Asia, ed. Hirano Ken'ichiro (Tokyo, New York, Paris, 1993), pp. 121–31.

10. 關於日本男性服裝在歷史上的轉變之討論，請見：Toby Slade, *Japanese Fashion: A Cultural History* (Oxford and New York, 2009), pp. 65–97.
11. 森理恵，〈キモノ女性化、ファッション化と民族衣装化〉，收錄於愛媛県歴史文化博物館編，《ときめくファッション 小町娘からモダンガールまで》（愛媛：愛媛県歴史文化博物館，2006 年），頁 114–18。
12. Hanna Papanek, 'Development Planning for Women', in *Women and National Development: The Complexities of Change*, ed. Wellesley Editorial committee (Chicago, 1977), p. 15, as quoted in Sharon L. Sievers, *Flowers in Salt: The Beginnings of Feminist Consciousness in Modern Japan* (Stanford, CA, 1983), p. 15.
13. T. Fujitani, *Splendid Monarchy: Power and Pageantry in Modern Japan* (Berkeley, CA, Los Angeles, London, 1996), p. 49.
14. Ibid., pp. 1–28. 也見於：Gluck, *Japan's Modern Myths*, pp. 32–5.
15. Chang-Su Houchins, *Artifacts of Diplomacy: Smithsonian Collections from Commodore Matthew Perry's Japan Exhibition* (1853–1854), exh. cat., Smithsonian Institution (Washington, DC, 1995), pp. 136–7.
16. Roger Pineau, ed., *The Japan Expedition, 1852–1854: The Personal Journal of Commodore Matthew C. Perry* (Washington, DC, 1968), pp. 194–6.
17. 日本大使於 1860 年至美國華盛頓參訪時，與美國人交換的禮品也出現了類似的偏見。Masao Miyoshi, *As We Saw Them: The First Japanese Embassy to the United States* (New York, Tokyo, London, 1979, reprinted in 1994), pp. 49–51.
18. Pincau, *Japan Expedition*, pp. 233–4; Houchins, *Artifacts*, p. 149.
19. Miyoshi, *As We Saw Them*, p. 35.
20. Debin Ma, 'The Modern Silk Road: The Global Raw-silk Market, 1850–1930', *Journal of Economic History*, LVI/2 (1996), pp. 332–5.
21. Sievers, *Flowers in Salt*, p. 56.
22. William B. Hauser, 'A New Society: Japan under Tokugawa Rule', *When Art Became Fashion: Kosode in Edo-Period Japan*, ed. Dale Carolyn Gluckman and Sharon Sadako Takeda, exh. cat., Los Angeles County Museum of Art (Los Angeles, 1992), p. 53.

Fashion: Kosode in Edo-Period Japan, ed. Dale Carolyn Gluckman and Sharon Sadako Takeda, exh. cat., Los Angeles County Museum of Art (Los Angeles, 1992), p. 211.

57. 一如波拉克所指出：「若想要更加了解普遍的欲望經濟，其中一個方法便是思考藝術、小說和戲劇——亦即思考多種用以表現欲望的類型作品，更加聚焦於一項全面而複雜的實踐，我們通常把這視為更專精的廣告領域。」Pollack, 'Marketing Desire', p. 72.
58. 另一個例子請見波拉克的〈行銷欲望〉，他於文中指出十返舍一九的《彩色新染紋樣》（色摺り新染め型）是為了常陸屋和服店的冬季銷售所寫。詳見：Pollack, 'Marketing Desire', p. 81.

第二章　和服現代化

1. 英文翻譯見：Julia Meech-Pekarik, *The World of the Meiji Print: Impressions of a New Civilization* (New York and Tokyo, 1986), pp. 128–30.
2. 昭憲皇后原名一條美子，「昭憲」則是其崩逝後所追封的諡號。
3. 關於日本女性偏好手縫和服，且顯然不情願使用縫紉機製作和服一事，請見：Andrew Gordon, *Fabricating Consumers: The Sewing Machine in Modern Japan* (Berkeley, CA, 2012), pp. 13–17, 84.
4. Julia Meech, 'For the Good of the Nation', Asian Art, VI/1 (Winter 1993), pp. 2–6.
5. Hanafusa Miki, 'Empress Tōfukumon'in and Empress Shōken', in *Amamonzeki-A Hidden Heritage: Treasures of the Japanese Imperial Convents*, ed. Medieval Japanese Studies Institute et al., exh. cat., University Art Museum, Tokyo University of the Arts (Osaka and Tokyo, 2009), pp. 268–9.
6. Sally A. Hastings, The Empress' New clothes and Japanese Women, 1868–1912', *Historian*, XXXIII/4 (Summer 1993), p. 678.
7. Meech-Pekarik, *World of the Meiji Print*, pp. 145–7.
8. Carol Gluck, *Japan's Modern Myths: Ideology in the Late Meiji Period* (Princeton, NJ, 1985), p. 42–3.
9. 針對明治時代西式服裝融入日式衣著的細節評鑑，請見：Hirano Ken'ichiro, 'The Westernization of Clothes and the State in Meiji Japan', in *The State and Cultural*

46. Monica Bethe, 'Color: Dyes and Pigments', in Amanda Mayer Stinchecum, *Kosode: 16th–19th Century Textiles from the Nomura Collection*, ed. Naomi Noble Richard and Margot Paul, exh. cat., Japan Society, New York (New York and Tokyo, 1984), pp. 61–2.
47. 吉岡幸雄，《日本の色辞典》（京都：紫紅社，2000 年），頁 225。
48. 歌舞伎研究家安德魯・格斯特爾（C. Andrew Gerstle）亦提及：「知名演員對女性時尚有顯著的影響——從髮型、和服設計、走路姿態和普遍的『陰柔氣質』（femininity）皆然，這樣的影響從平民家中一路延伸至武士居所，再到將軍城。」C. Andrew Gerstle, 'Flowers of Edo: Eighteenth-century Kabuki and Its Patrons', *Asian Theater Journal*, IV/1 (Spring 1987), p. 61.
49. 大衛・波拉克認為路考茶（深黃褐色）的普及可溯至 1766 年。David Pollack, 'Designed for Pleasure: Ukiyo-e as Material Culture', in *Designed for Pleasure: The World of Edo Japan in Prints and Paintings*, 1680–1860, ed. Julia Meech and Jane Oliver, exh. cat., Asia Society, New York (Seattle, WA, and London, 2008), p. 173.
50. 倫敦大英博物館和波士頓美術館內皆可找到現存副本。
51. 參見：板倉寿郎等監修，《原色染織大辞典》，頁 895。《年之花》還有另一個標題「野郎雛形」，關於本書插畫的英文翻譯，請見：Dalby, *Kimono*, pp. 305–8.
52. 許多學者均討論過紋樣書可能的用途，關於他們的各種詮釋，請見：Nagasaki, 'Designs for a Thousand Ages', pp. 95–113；山辺知行監修，上野佐江子編，《小袖模樣雛形本集成 四》，頁 6–7、12；丸山伸彥，〈小袖雛形本研究序章〉，頁 714–36。
53. 這段序言內所指的小袖模樣雛形本即為木刻版畫印製的紋樣書。長崎嚴在其和服紋樣書研究中提到，《御雛形萬葉集》的序言中有對紋樣書最早的敘述之一，並使用了「小袖模樣雛形本」一詞——「小袖」，望文生義即小袖子，係指服裝本身，是和服的前身；「模樣」普遍譯成圖樣；「雛形」是紋樣，「本」則指書籍。Nagasaki, 'Designs for a Thousand Ages', pp. 96–7.
54. 關於日本自江戶時期至現代的消費模式歷史概觀，見：Penelope Francks, *The Japanese Consumer: An Alternative Economic History of Modern Japan* (New York, 2009).
55. 更多波士頓美術館內《正德雛形》的詳細資訊與例子，見：Clark et al., *Dawn of the Floating World*, p. 203.
56. 引自《昔昔物語》（昔々物語，享保年間〔1716–36 年〕）, as translated in Maruyama Nobuhiko, 'Fashion and the Floating World: The Kosode in Art', in *When Art Became*

「京都染色師井村勝吉之畫」。

35. 丸山伸彥，《江戸モードの誕生》，頁 140–42。
36. Jack Hillier, *The Art of the Japanese Book*, 2 vols (New York, 1987), vol. 1, pl. 64.
37. David Waterhouse, 'Hishikawa Moronobu: Tracking Down an Elusive Master', in *Designed for Pleasure: The World of Edo Japan in Prints and Paintings*, 1680–1860, ed. Julia Meech and Jane Oliver, exh. cat., Asia Society, New York (Seattle, WA, and London, 2008), p. 34.
38. 見下列書籍：《小袖のすがたみ》（1682年）、《当世早流雛形》（1684年）、《新板小袖御ひいなかた》（1677 年）與《新板当風御ひいなかた》（年代未詳）。
39. Liza Dalby, *Kimono: Fashioning Culture* (New Haven, CT, and London, 1993), p. 279.
40. 西川祐信在《百人女郎品定》（1723 年）中描繪了平民至女帝等各階級的女性。部分學者認為，其中點出了花魁與美人等刻板類型，是對女性姿態產生興趣的萌芽。Hockley, *The Prints of Isoda Koryūsai*, p. 121. 霍克利進一步指出，西川的出版品恰好屬於新的版式，此版式是將一組三張的圖畫擺入單面或單頁（三幅対），大多用於比較京都、大阪與江戶三個主要城市的花魁。
41. Nagasaki, 'Designs for a Thousand Ages', p. 99.
42. 另一份現存的《西川雛形》副本收錄於京都的川島織物文化館。許多二手資料會引用和服紋樣書的標題作為名稱，而某些標題衍生自書封的標題紙，抑或出自首頁或末頁。有些標題可能代表了出版商後來改名再發行的組圖，也有部分書籍完全沒有標題，而後學者和收藏家僅簡單以「雛形」、「雛形本」或「ひな形」稱呼，此三項專詞一般皆譯作「紋樣書」。如今釐清標題所代表的是首次發行或後期的某個版本一事至關重要。
43. 此紋樣書為菱屋六右衛門（按：音譯 Hishiya Shizoemonbei）所出版，誠如前註所言，是以已發行的初版紋樣為基礎重新編輯而成，被分在井村勝吉的《和國雛形大全》之下。請見：板倉寿郎等監修，《原色染織大辞典》，頁 895。
44. 所指的即是「注文帳」。
45. 關於早期歐洲雜誌如何傳播時尚資訊的案例與相關討論，參見：Beetham, *A Magazine of Her Own?*, p. 31: 'In the 1790s a number of publications devoted to fashion began to appear, including the *Gallery of Fashion* in 1794 and the *Magazine of Female Fashions of London and Paris* in 1798.'

之下，而服飾製造業則助長了時尚風潮，**經由出版業煽動**並由現金買單，這無疑是日本都會消費主義更進一步的標記。」（粗體為筆者所加）Timothy Clark, 'Image and Style in the Floating World: The Origins and Development of Ukiyo-e', in *The Dawn of the Floating World, 1650–1765: Early Ukiyo-e Treasures from the Museum of Fine Arts*, Boston, ed. Timothy Clark, Anne Nishimura Morse, Louise E. Virgin with Allen Hockley, exh. cat., Museum of Fine Arts, Boston (Boston, 2000–01), p. 11.

28. 丸山伸彥，〈小袖雛形本研究序章〉，頁 722。丸山主張 1692 年至 1693 年間，雛形本不再只是簡單的衣飾草稿插畫。消費者翻閱這類紋樣書時會產生純粹的觀看愉悅，因此雛形本更似「圖畫書」（絵本）。丸山伸彥，〈小袖雛形本研究序章〉，頁 727。
29. 《西川祐信集（上卷）》（大阪：関西大学出版部，1998 年），頁 123。
30. 丸山伸彥，《江戸モードの誕生：文様の流行とスター絵師》（東京：角川学芸出版，2008 年），頁 137–9；丸山伸彥，〈小袖雛形本研究序章〉，頁 729。
31. Nagasaki Iwao, 'Designs for a Thousand Ages: Printed Pattern Books and Kosode', in *When Art Became Fashion: Kosode in Edo-period Japan*, ed. Dale Carolyn Gluckman and Sharon Sadako Takeda, exh. cat., Los Angeles County Museum of Art (Los Angeles, 1992), pp. 100–01.
32. 在此處的紋樣書研究中，對於勾勒消費者輪廓及估算如木刻版畫這類印刷物普及的程度等，霍克利推測：「我們或許永遠無法得知精準的印刷市場人口統計數字，也或許永遠不會知道誰購買了這些浮世繪，不過透過間接的數據仍可能得到蛛絲馬跡，推敲出消費者欣賞的商品。」Hockley, *The Prints of Isoda Koryūsai*, p. 8.
33. 一如歷史學家亨利・史密斯（Henry Smith）所言：「商業性的木刻版畫在 17 世紀的日本快速成長，先是發跡自 1630 年代的京都，接著在 1660 年代的大阪風行。至於江戶，17 世紀時這類出版品市場比上方地區書籍市場來得少，自 18 世紀中期起則驚人地拓展，1880 年時規模已超越京都和大阪。」詳見：Henry D. Smith II, 'The Floating World in Its Edo Locale, 1750–1850', in *The Floating World Revisited*, ed. Donald Jenkins, exh. cat., Portland Art Museum (Portland, OR, and Honolulu, HI, 1993), p. 38.
34. 下列書籍中曾提及井村勝吉：《和國雛形大全》（1698 年）、《丹前雛形》（丹前ひいながた，1704 年）、《風流雛形大成》（1712 年）。此外《雛形注文帳》（1716 年）序言亦為井村勝吉所作，而他的畫作也出現在其他紋樣書中，並註明為

20. Ibid., pp. 144–5. 唐納・夏夫利（Donald H. Shively）從這些法令推測，在大名的妻妾與侍女間存在著一場服裝競賽，而她們的服裝品質和將軍城內衣物的品質或許已難以區別。
21. Ibid., p. 145.
22. 下列書中收錄了這則故事的英文版：Jill Liddell, *The Story of the Kimono* (New York, 1989) p. 147; Ichida Hiromi, 'A Brief History of Kimono', *Chanoyū Quarterly*, xxi (1978), p. 29; Shively, 'Sumptuary Regulation', p. 128; Helen Benton Minnich, in collaboration with Nomura Shōjirō, *Japanese Costume and the Makers of its Elegant Tradition* (Rutland, VT, and Tokyo, 1963) pp. 206–7; Alan Kennedy, *Japanese Costume: History and Tradition* (Paris, 1990), p. 19.
23. Liddell, '*The Story of the Kimono*', p. 147. 市田廣美（市田ひろみ）的文章中將六兵衛的姓氏寫作石井，此外參與者的姓名、穿著光琳和服的參賽者身分，在各版本均有差異，不過每個版本的贏家都是光琳設計的和服，足見光琳的設計在當時備受推崇。
24. Richard L. Wilson, 'Motifs and Meanings', in *Carved Paper: The Art of the Japanese Stencil*, ed. Susan Shin-Tsu-Tai, exh. cat., Santa Barbara Museum of Art; Museum of Art, Rhode Island School of Design; Mingei International Museum, San Diego (New York and Tokyo, 1998), p. 126.
25. 這本紋樣書的前言由淺井了意撰寫，其定義了經典的「浮世」一詞，認為塵世間的人們歡慶「活在當下……好轉移對於自身沉浮於世的注意力」。詳見：Timothy Clark, *Ukiyo-e Paintings in the British Museum* (Washington, DC, 1992), p. 9. 此外這本書由京都寺町通的山田市郎兵衛出版，山田亦出版過淺井了意的京都指南《京雀》，不過今田洋三也曾出版了意的作品，故了意與山田並無獨家授權的關係。詳見：丸山伸彥，〈小袖雛形本研究序章〉，頁 715、719。
26. 山辺知行監修，上野佐江子編，《小袖模樣雛形本集成 四》，東京：学習研究社，1974 年。關於許多和服紋樣書的清單及簡述，見「雛形本」條目：板倉寿郎等監修，《原色染織大辞典》（京都：淡交社，1977 年），頁 874–95。
27. 誠如社會學家池上英子所述：「江戶德川的時尚與先前的其他時尚皆不相同，因為此時期的時尚顯然和大規模市場經濟的操作有關。」Ikegami, 'Categorical Protest', p. 245. 又如浮世繪與版畫學者提摩西・克拉克（Timothy Clark）所指出：「髮型、小袖的袖長、紡織布紋樣及腰帶綁法——這些全在不斷興盛且瞬息萬變的時尚掌控

81–2. 在喜多川歌麿的《夏衣裳當世美人》系列中則主打了其中兩家店。

9. 如購物指南《江戶和服店名簿》（江戸呉服店名寄，1735 年）內共有 63 家主要衣物店，而 1697 年發行的江戶和服零售商名冊則有 17 家主要商店，兩相比較下，店家的數量成長了近 4 倍之多，反映出大眾商業衣物市場的成熟度。Eiko Ikegami, 'Categorical Protest from the Floating World: Fashion, State, and Gender', in *Bonds of Civility: Aesthetic Networks and the Political Origins of Japanese Culture* (New York, 2005), p. 272. 而《江戶自助購物指南》則是江戶購物的黃頁，見：David Waterhouse, 'The Cultural Milieu of Suzuki Harunobu', in *The Commercial and Cultural Climate of Japanese Printmaking*, ed. Newland, p. 61.
10. 蒂斯・沃克（T. Volker）稱這四種角色為「浮世繪四重奏」。見：T. Volker, *Ukiyo-e Quartet: Publisher, Designer, Engraver and Printer* (Leiden, 1949).
11. 克里斯・烏倫貝克（Chris Uhlenbeck）主張在引導版畫生產的過程中，「一個典型的作法是靠團體、店家或個人委任出版商印製畫作，無論有無特定藝術家參與」，第二個作法則是「出版商作為趨勢觀察家，必須洞察何種類型的畫作會引領風潮而熱賣」。烏倫貝克相信「最常使用的是第二個方法。然而，唯一可考的文獻紀錄則是……出自二十世紀」。Chris Uhlenbeck, 'Production constraints in the World of Ukiyo-e: An Introduction to the Commercial Climate of Japanese Printmaking', in *The Commercial and Cultural Climate of Japanese Printmaking*, ed. Newland, p. 18.
12. Pollack, 'Marketing Desire', p. 83.
13. 最初稱為「湯帷子」，是「浴衣」的前身。
14. Lars Svendsen, *Fashion: A Philosophy*, trans. John Irons (London, 2006), p. 19.
15. Shively, 'Sumptuary Regulation', pp. 126–31.
16. 根據拉斯・史文德森（Lars Svendsen）所述：「既然服裝可替各客體的社會階級創造相對清楚的準則，這些律法便精準地強化了服裝作為重要社會標記的作用。然而，隨著逐漸式微的階級分化與巨大的社會流動，維持這類律法的戰役終究落敗了。」Svendsen, *Fashion*, p. 37.
17. Yamakawa Kikue, *Women of the Mito Domain: Recollections of Samurai Family Life*, trans. Kate Wildman Nakai (Stanford, CA, 2001), p. 40.
18. Shively, 'Sumptuary Regulation', p. 132.
19. Ibid., p. 129.

ものと衣生活（日本ビジュアル生活史）》（東京：小学館，2007 年），頁 80–81、103–17。

4. Allen Hockley, *The Prints of Isoda Koryūsai: Floating World Culture and Its Consumers in Eighteenth-century Japan* (Seattle, WA, 2003), p. 124. 霍克利註明：「在雛形本印刷中，某些遊女所穿的衣服上會有紋飾，但該紋飾與女子或其所屬的妓院無關，可能屬於布商或服飾商。」《江戶自助購物指南》（江戸買物独案内，1824 年）中收錄了這些紋飾與和服供應商紋飾的對照，或許揭示了確切的關聯。
5. 大衛・波拉克（David Pollack）的研究中將他所謂的「欲望經濟」置於更大的廣告範疇內，認為乃是「在最廣泛的層面上，為了刺激欲望所呈現的所有形式」。David Pollack, 'Marketing Desire: Advertising and Sexuality in Edo Literature, Drama, and Art', in *Gender and Power in the Japanese Visual Field*, ed. Joshua S. Mostow, Norman Bryson and Maribeth Graybill (Honolulu, HI, 2003), p. 72.
6. 約莫在歌麿繪製出此一系列之際，英格蘭出版的女性雜誌發起了一項劃時代的作為。1806 年，商人兼出版商約翰・貝爾（John Bell）看出女性雜誌市場逐漸成長的重要性，於是將旗下雜誌《美麗集會》（*La Belle Assemblée*）與其他雜誌區隔開來，著重「雜誌製作的品質並納入『時尚』主題。該雜誌製作得極為精美，是八開大尺寸（royal octavo），讓人印象深刻的高質感畫作及最新時尚的跨頁雕版印刷均為彩色（亦即手繪）」。*Margaret Beetham, A Magazine of Her Own? Domesticity and Desire in the Woman's Magazine*, 1800–1914 (London and New York, 1996), p. 32.
7. 除了當作旅行紀念品，造訪當地的旅人或許也會對購買這些版畫、發掘最新都會流行感興趣。歌麿《夏衣裳當世美人》系列的出版商是位於江戶南邊芝的和泉屋市兵衛，一如版畫研究家馬提・福雷爾（Matthi Forrer）所指出：「離開城市之後，沿西邊東海道而行的人皆會經過（芝），針對那些位在城市入口『芝神明前』的店家，出版商或許會鎖定遊客市場，也就是那些可能想購買知名的東錦繪（即東邊的江戶所發行的木刻版畫）回家作紀念的人。」Matthi Forrer, 'The Relationship Between Publishers and Print Formats in the Edo Period', in *The Commercial and Cultural Climate of Japanese Printmaking*, ed. Amy Reigle Newland (Amsterdam, 2004), p. 181.
8. 波拉克在〈行銷欲望〉（*Marketing Desire*）一文中指出：「整個虛構的內容，不過是特定商家與商品的娛樂性廣告。」有個知名的例子是像「傳奇故事那般講述了江戶三大和服店 —— 越後屋、松坂屋和惠比壽屋的創立」。Pollack, 'Marketing Desire', pp.

藉此展望現代和以後的日式紡織品、衣物和時尚。在一篇探討 1960 年代日本藝術話語的文章中，她於序言寫道：「比在地與（或）國際藝術史更巨大的，即『世界藝術史』，在（這個）定義下，它是一個將在地與國際全數囊括的網絡，網絡內經由共鳴及連結性相互串聯。這樣的連結性既清晰又含糊，『國際當代性』（international contemporaneity）的概念便特別強調此一連結性。」富井指出：「最終，當代性（contemporaneity）的研究幫助我們停止——若未全數被拆解掉——單一的全知視角（通常就是指歐洲中心），不論我們是不是藝術史學家，都有意無意地慣於採取那樣的視角。只有這麼做，才能讓『多元性』（multiplicity）——或更精確地說，多元視角——被注入藝術史的話語內，並讓世界藝術史的視野拓展開來。」Reiko Tomii, '"International Contemporaneity" in the 1960s: Discoursing on Japan and Beyond', *Japan Review*, XXI (2009), pp. 123–5.

24. 關於韓國的和服穿著，見：Mori Rie, 'Perceptions of Kimono in Literature, Film, and Other Forms of Visual Media During Japan's Colonization of Korea', *Journal of the International Association of Costume*, XXXVIII (2010), pp. 27–32, and 'Kimono and Colony: From Testimonies and Literatures', *Voices from Japan*, XXV (March 2011), pp. 17–20. 關於台灣的和服穿著，見：Dean Brink, 'Pygmalion Colonialism: How to Become a Japanese Woman in Late Occupied Taiwan', *Sungkyun Journal of East Asian Studies*, XII/1 (2012), pp. 41–63.

第一章　和服時尚工業的基礎

1. 出自井原西鶴，《日本永代蔵》，1688 年，as trans. in Donald H. Shively, 'Sumptuary Regulation and Status in Early Tokugawa Japan', *Harvard Journal of Asiatic Studies*, XXV (1964–5), pp. 124–5.
2. 歷史學家瑪莉・伊莉莎白・貝瑞（Mary Elizabeth Berry）主張，日本作為國家的概念始自 17 世紀的規劃。詳見：Mary Elizabeth Berry, *Japan in Print: Information and Nation in the Early Modern Period* (Berkeley, CA, Los Angeles, London, 2006), p. 211.
3. 丸山伸彥，〈小袖雛形本研究序章〉，收錄於辻惟雄先生還暦記念会編，《日本美術史の水脈》（東京：ぺりかん社，1993 年），頁 728–36；丸山伸彥編，《江戸のき

12. 討論「現代」日本，並強調日本與他國的關聯性（connectivity）而非其孤立，可見：Andrew Gordon, *A Modern History of Japan from Tokugawa Times to Present* (New York and Oxford, 2003), pp. xi–xiii. 而關於「現代」日本的概念與典範如何被廣泛地定義，且最後顯然和現代主義的討論交織在一塊的概述，參見：Andreas Huyssen, 'Geographies of Modernism in a Globalizing World', in *Geographies of Modernism*, ed. Peter Brooker and Andrew Thacker (London, 2005), pp. 6–18.
13. Okakura Kakuzō, *The Ideals of the East: With Special Reference to the Art of Japan* (New York, Tokyo, Osaka, London, 2000, originally published in 1904), pp. 218–19.
14. 皇后的宣告於 1887 年 1 月 19 日發布在《朝野新聞》上。Translated in Julia Meech-Pekarik, *The World of the Meiji Print: Impressions of a New Civilization* (New York and Tokyo, 1986), pp. 128–30.
15. 長崎巖，〈小袖からきものへ〉，收錄於東京国立博物館等監修，《日本の美術 8》（東京：至文堂，2002 年），頁 22–23。
16. 斯蒂芬・弗拉斯托斯（Stephen Vlastos）為「傳統」一詞提供了兩項大致的定義：「首先，傳統指出一段時間的框架（此框架無明確起始），將現代之前的歷史時期劃分出來。由此，傳統將前現代文化加以匯聚並均質化，假設一段有別於現代人狀況的歷史性過往……傳統的第二項用途被更為頻繁地使用，代表著對『過往』的抽象文化實踐形式，是持續性的文化傳遞，且該『過往』在今日仍至關重要。」詳見：Stephen Vlastos, 'Tradition: Past/Present culture and Modern Japanese History', in *Mirror of Modernity: Invented Traditions in Modern Japan*, ed. Stephen Vlastos (Berkeley, CA, Los Angeles, London, 1998), p. 3.
17. Kawamura, *Fashion-ology*, pp. 3–6.
18. 關於中國時尚問題的評論，見：Antonia Finnane, *Changing Clothes in China: Fashion, History, Nation* (New York, 2008), pp. 6–14.
19. Kawamura, *Fashion-ology*, p. 27.
20. Lars Svendsen, *Fashion: A Philosophy*, trans. John Irons (London, 2006), p. 23.
21. 川村表示：「無論人們談的是歷史上的哪個年代，時尚明確的本質就是改變。」Kawamura, *Fashion-ology*, p. 5.
22. Ibid., p. 2.
23. 日本藝術史學家富井玲子對「當代藝術」與其歷史的研究觀點提供了一項新方法，可

註釋

導言

1. 紐約州大 F.I.T. 時尚設計學院教授川村由仁夜主張，「時尚並非由單一個體創造，而是由所有與時尚產品有關的人所創造，因此是一種集體活動。」Yuniya Kawamura, *Fashion-ology: An Introduction to Fashion Studies* (Oxford and New York, 2005), p. 1.
2. Michael Zielenziger, *Shutting Out the Sun: How Japan Created its Own Lost Generation* (New York, 2007), pp. 154–5.
3. 一般社団法人全日本きもの振興会編，《きもの文化検定公式教本 1 きものの基本》，東京：アシェット婦人画報社，2006 年。
4. 道明三保子監修，《すぐわかるきものの美——髪飾りからはきものまで》，東京：東京美術，2005 年。
5. マニグリエ真矢（Maïa Maniglier），《パリジェンヌの着物はじめ》，東京：ダイヤモンド社，2005 年。
6. 平野恵理子，《きもの、着ようよ！》，東京：筑摩書房，2008 年。
7. 《紅絹 vol.2 キモノ着まわしコーディネートブック》（福岡：エフ・ディ，2009 年），頁 4–17。
8. 相田翔子，《相田翔子の「きもの」修業》，東京：世界文化社，2009 年。
9. CLAMP モナコ，《CLAMP もこなのオキモノキモノ》，東京：河出書房新社，2007 年；CLAMP Mokona, *CLAMP Mokona's Okimono Kimono* (Milwaukie, OR, 2010).
10. 1890 年代至 1940 年代的和服紋樣書被稱為圖案帖。Yokoya Kenichirō, 'Kimono Zuanchō in Kyoto', in *Zuanchō in Kyoto: Textile Design Books for the Kimono Trade*, exh. cat., Peterson Gallery and Munger Rotunda Green Library, Stanford University (Stanford, CA, 2008).
11. 最近，社會學家和商學與經濟史學家分析了一些主要代表，皆與製造時尚的網絡體系有關。Regina Lee Blaszczyk, ed., *Producing Fashion: Commerce, Culture, and Consumers* (Philadelphia, PA, 2008), pp. 1–18.

——, 'The Mechanization of Japan's Silk Industry and the Quest for Progress and Civilization, 1870–1880', in *Building a Modern Japan: Science, Technology, and Medicine in the Meiji Era and Beyond*, ed. Morris Low (New York, 2005)

Yamakawa Kikue, *Women of the Mito Domain: Recollections of Samurai Family Life*, trans. Kate Wildman Nakai (Stanford, ca, 2001)

Yamamori Yumiko, 'Japanese Arts in America, 1895–1920, and the A. A. Vantine and Yamanaka Companies', in *Studies in the Decorative Arts*, xv/2 (Spring/Summer 2008)

Yamanaka Norio, *The Book of Kimono* (Tokyo, New York, San Francisco, 1982)

Yamanobe Tomoyuki, 'Japanese Kimono in the Meiji Period', in *Dressed in Splendor: Japanese Costume, 1700–1926*, ed. Merrily A. Peebles, exh. cat., Santa Barbara Museum of Art (Santa Barbara, ca, 1987)

Yamanobe Tomoyuki and Fujii Kenzō, *Kyoto Modern Textiles: 1868–1940* (Kyoto, 1996)

Yanagi Sōetsu, *The Unknown Craftsman: A Japanese Insight into Beauty*, adapted by Bernard Leach (Tokyo, 1973)

Yanagida Kunio, comp. and ed., Japanese Manners and Customs in the Meiji Era, trans. Charles S. Terry (Tokyo, 1957)

Yokoya Kenichirō, 'Kimono Zuanchō in Kyoto', in *Zuanchō in Kyoto: Textile Design Books for the Kimono Trade*, exh. cat., Peterson Gallery and Munger Rotunda Green Library, Stanford University (Stanford, ca, 2008)

Young, Louise, 'Marketing the Modern: Department Stores, Consumer Culture, and the New Middle Class in Interwar Japan', *International Labor and Working-class History*, 55 (Spring 1999)

Zielenziger, Michael, *Shutting Out the Sun: How Japan Created its Own Lost Generation* (New York, 2007)

Art-to-wear in America, ed. Rebecca A. T. Stevens and Yoshiko Iwamoto Wada (Washington, dc, 1996)

Wakakuwa, Midori, 'War-promoting Kimono (1931–45)', in *Wearing Propaganda: Textiles on the Home Front in Japan, Britain, and the United States, 1931–1945*, ed. Jacqueline M. Atkins, exh. cat., The Bard Graduate Center for Studies in the Decorative Arts, Design, and Culture, New York (New Haven, ct, and London, 2005)

Waterhouse, David, 'Hishikawa Moronobu: Tracking Down an Elusive Master', in *Designed for Pleasure: The World of Edo Japan in Prints and Paintings, 1680–1860*, ed. Julia Meech and Jane Oliver, exh. cat., Asia Society, New York (Seattle, wa, and London, 2008)

——, 'The Cultural Milieu of Suzuki Harunobu', in *The Commercial and Cultural Climate of Japanese Printmaking*, ed. Amy Reigle Newland (Amsterdam, 2004)

Weisenfeld, Gennifer, 'Japanese Modernism and Consumerism: Forging the New Artistic Field of Shōgyō Bijutsu (Commercial Art)', in *Being Modern in Japan: Culture and Society from the 1910s to the 1920s*, ed. Elise K. Tipton and John Clark (Honolulu, hi, 2000)

Wentworth, Michael Justin, 'Tissot and Japonisme', in *Japonisme in Art: An International Symposium*, ed. Society for the Study of Japonisme (Japan, 1980)

Wheeler, Candace, 'Decorative and Applied Art', in *Household Art*, ed. Candace Wheeler (New York, 1893)

Wigen, Kären, *The Making of a Japanese Periphery* (Berkeley, ca, Los Angeles, London, 1995)

Wilson, Richard, *The Potter's Brush: The Kenzan Style in Japanese Ceramics*, exh. cat., Freer Gallery of Art and Arthur M. Sackler Gallery, Smithsonian Institution (Washington, dc, 2001)

——, 'Motifs and Meanings', in *Carved Paper: The Art of the Japanese Stencil*, ed. Susan Shin-Tsu-Tai, exh. cat., Santa Barbara Museum of Art; Museum of Art, Rhode Island School of Design; Mingei International Museum, San Diego (New York and Tokyo, 1998)

——, 'Aspects of Rimpa Design', *Orientations*, xxi/12 (December 1990)

Winther-Tamaki, Bert, *Art in the Encounter of Nations: Japanese and American Artists in the Postwar Years* (Honolulu, hi, 2001)

Wittner, David. G., *Technology and the Culture of Progress in Meiji Japan* (London and New York, 2008)

Beyond', *Japan Review*, xxi (2009), pp. 123–47
Trebay, Guy, 'Mr Yamamoto's Blue Period', *New York Times Magazine* (13 March 2005)
Tsurumi, E. Patricia, *Factory Girls: Women in the Thread Mills of Meiji Japan* (Princeton, nj, 1990)
Uchida Hoshimi, 'Narrow Cotton Stripes and their Substitutes: Fashion, Technical Progress and Manufacturing Organization in Japanese Popular Clothing, 1850–1920', *Textile History*, xix/2 (1988)
Uchiyama Takeo, 'Japan Traditional Art Crafts Exhibitions: Its History and Spirit', in *Crafting Beauty in Modern Japan: Celebrating Fifty Years of the Japan Traditional Art Crafts Exhibition*, ed. Nicole Rousmaniere, exh. cat., British Museum (Seattle, wa, 2007)
Uhlenbeck, Chris, 'Production Constraints in the World of Ukiyo-e: An Introduction to the Commercial Climate of Japanese Printmaking', in *The Commercial and Cultural Climate of Japanese Printmaking*, ed. Amy Reigle Newland (Amsterdam, 2004)
van Assche, Annie, 'Interweavings: Kimono Past and Present', in *Fashioning Kimono: Dress and Modernity in Early Twentieth Century Japan – The Montgomery Collection*, ed. Annie van Assche, exh. cat., Victoria & Albert Museum, London (Milan, 2005)
Vaporis, Constantine Nomikos, *Breaking Barriers: Travel and the State in Early Modern Japan* (Cambridge, ma, and London, 1994)
Vlastos, Stephen, 'Tradition: Past/Present Culture and Modern Japanese History', in *Mirror of Modernity: Invented Traditions in Modern Japan, ed. Stephen Vlastos* (Berkeley, ca, Los Angeles, London, 1998)
Volker, T., *Ukiyo-e Quartet: Publisher, Designer, Engraver and Printer* (Leiden, 1949)
Wada, Yoshiko Iwamoto, 'From Kitsch to Art Moderne: Popular Textiles for Women in the First Half of Twentieth-century Japan', in *Creating Textiles: Makers, Methods, Markets – Proceedings of the Sixth Biennial Symposium of the Textile Society of America, Inc.* (Earleville, md, 1999)
——, 'Changing Attitudes Toward the Kimono: A Personal Reflection', in *The Kimono Inspiration: Art and Art-to-Wear in America, ed. Rebecca A. T. Stevens and Yoshiko Iwamoto Wada* (Washington, dc, 1996)
——, 'The History of Kimono: Japan's National Dress', in *The Kimono Inspiration: Art and*

1976)

St Denis, Ruth, *An Unfinished Life: An Autobiography (with portraits)* (New York and London, 1939)

Stern, Harold P., *Rimpa: Masterworks of the Japanese Decorative School* (New York, 1971)

Stewart, Susan, *On Longing: Narratives of the Miniature, the Gigantic, the Souvenir, the Collection* (Durham and London, 1993)

Stinchecum, Amanda Mayer, 'Serizawa Keisuke and Okinawa', in *Serizawa: Master of Japanese Textile Design*, ed. Joe Earle, exh. cat., Japan Society, New York (New York, New Haven, ct, and London, 2009)

——, 'Japanese Textiles and the Mingei Aesthetic', in *Mingei: Japanese Folk Art from the Montgomery Collection*, ed. Robert Moes (Alexandria, va, 1995)

Sugiyama Shinya, 'Textile Marketing in East Asia, 1860–1914', *Textile History*, xix/2 (1988), pp. 287–9

Svendsen, Lars, *Fashion: A Philosophy*, trans. John Irons (London, 1996)

Takeda Sharon, 'Offertory Banners from Rural Japan: Echigo-Chijimi Weaving and Worship', in *Sacred and Ceremonial Textiles, Proceedings of the Fifth Biennial Symposium of The Textile Society of America* (Chicago, 1996)

Tamanoi, Mariko Asano, *Under the Shadow of Nationalism: Politics and Poetics of Rural Japanese Women* (Honolulu, hi, 1998)

Tani Shin'ichi, 'Ogata Kōrin: Artist to the Merchant Class', *Japan Quarterly*, v/4 (October–December 1958)

Taylor, Lou, 'De-coding the Hierarchy of Fashion Textiles', in *Disentangling Textiles: Techniques for the Study of Designed Objects*, ed. Mary Schoeser and Christine Boydell (London, 2002)

Thurman, Judith, 'Letter from Japan: The Kimono Painter', *New Yorker* (17 October 2005)

Till, Barry, Michiko Warkentyne and Judith Patt, *The Kimono of the Geisha–Diva Ichimaru* (San Francisco, ca, 2006)

Tipton, Elise K., *Modern Japan: A Social and Political History*, 2nd edn (London and New York, 2008)

Tomii, Reiko, '"International Contemporaneity" in the 1960s: Discoursing on Japan and

International Conference of Eastern Studies, 56 (2011)
——, 'Merchandising Art and Identity in Meiji Japan: Kyoto Nihonga Artists' Designs for Takashimaya Department Store, 1868–1912', *Journal of Design History*, xvii/4 (2004)
——, 'Liaisons between Painters and Department Stores: Merchandising Art and Identity in Meiji Japan, 1868–1912', PhD thesis, University of Washington, 2003
Sasaki Sayo, 'All for the Love of Wearing Kimono: Young and Old Have Been Gathering in Ginza for Years to Promenade their Favorite Garb', *Japan Times* (31 December 2009)
Sato, Barbara, 'An Alternate Informant: Middle-class Women and Mass Magazines in 1920s Japan', in *Being Modern in Japan: Culture and Society from the 1910s to the 1920s*, ed. Elise K. Tipton and John Clark (Honolulu, hi, 2000)
Satō Dōshin, *Modern Japanese Art and the Meiji State: The Politics of Beauty*, trans. Nara Hiroshi (Los Angeles, 2011)
Seidensticker, Edward, *Low City, High City – Tokyo from Edo to the Earthquake: How the Shogun's Ancient Capital Became a Great Modern City, 1867–1923* (Cambridge, ma, 1991)
Shively, Donald H., 'Sumptuary Regulation and Status in Early Tokugawa Japan', *Harvard Journal of Asiatic Studies*, xxv (1964–5)
Sievers, Sharon L., *Flowers in Salt: The Beginnings of Feminist Consciousness in Modern Japan* (Stanford, ca, 1983)
Silverberg, Miriam, 'Constructing the Japanese Ethnography of Meaning', *Journal of Asian Studies*, li/1 (February 1992)
Slade, Toby, *Japanese Fashion: A Cultural History* (Oxford, New York, 2009)
Smith, Henry D. ii, 'The Floating World in Its Edo Locale, 1750–1850', in *The Floating World Revisited*, ed. Donald Jenkins, exh. cat., Portland Art Museum (Portland, or, and Honolulu, hi, 1993)
Smith, Thomas C., *Native Sources of Japanese Industrialization, 1750–1920* (Berkeley, ca, Los Angeles, London, 1988)
Smitka, Michael, ed., *The Textile Industry and the Rise of the Japanese Economy* (New York and London, 1998)
Soviak, Eugene, 'On the Nature of Western Progress: The Journal of the Iwakura Embassy', in *Tradition and Modernization in Japanese Culture*, ed. Donald H. Shively (Princeton, nj,

1921, originally published in 1904)
——, *The Ideals of the East: With Special Reference to the Art of Japan* (New York, Tokyo, Osaka, London, 2000, originally published in 1904)
Paul, Margot, 'A Creative Connoisseur: Nomura Shōjirō', in *Amanda Mayer Stinchecum, Kosode: 16th–19th Century Textiles from the Nomura Collection*, ed. Naomi Noble Richard and Margot Paul, exh. cat., Japan Society, New York (New York and Tokyo, 1984)
Peck, Amelia, and Carol Irish, *Candace Wheeler: The Art and Enterprise of American Designs, 1875–1900*, exh. cat., Metropolitan Museum of Art (New Haven, ct, 2001)
Pevtzow, Lisa, 'Kimono Design Books (Zuan-chō)', *Daruma*, xviii/1 (Winter 2011), pp. 34–52
Pincus, Leslie, *Authenticating Culture in Imperial Japan: Kuki Shūzō and the Rise of National Aesthetics* (Berkeley, ca, Los Angeles, London, 1996)
Pineau, Roger, ed., *The Japan Expedition, 1852–1854: The Personal Journal of Commodore Matthew C. Perry* (Washington, dc, 1968)
Pollack, David, 'Designed for Pleasure: Ukiyo-e as Material Culture', in *Designed for Pleasure: The World of Edo Japan in Prints and Paintings, 1680–1860*, ed. Julia Meech and Jane Oliver, exh. cat., Asia Society, New York (Seattle, wa, and London, 2008)
——, 'Marketing Desire: Advertising and Sexuality in Edo Literature, Drama, and Art', in *Gender and Power in the Japanese Visual Field*, ed. Joshua S. Mostow, Norman Bryson and Maribeth Graybill (Honolulu, hi, 2003)
Proser, Adriana, 'Abby Aldrich Rockefeller and Lucy Truman Aldrich: Sisters, Confidantes, and Collectors', *Orientations*, xxxvii/1 (January/February 2006)
Rinne, Melissa M., 'Preserving Echigo *Jōfu* and Nara *Sarashi*: Issues in Contemporary Bast Fiber Textile Production', in *Material Choices: Refashioning Bast and Leaf Fibers in Asia and the Pacific*, exh. cat., Fowler Museum at ucla, Los Angeles (Los Angeles, 2007)
Rubinfien, Louisa Daria, 'Commodity to National Brand: Manufacturers, Merchants, and the Development of the Consumer Market in Interwar Japan', PhD thesis, Harvard University, 1995
Sapin, Julia, 'Department-store Publicity Magazines in Early Twentieth-century Japan: Promoting Products, Producing New Cultural Perspectives', *Transactions of the*

Makers of its Elegant Tradition (Rutland, vt, and Tokyo, Japan, 1963)

Miyoshi Masao, *As We Saw Them: The First Japanese Embassy to the United States* (New York, Tokyo, London, 1979, reprinted in 1994)

Moeran, Brian, 'The Birth of the Japanese Department Store', in *Asian Department Stores*, ed. Kerrie L. MacPherson (Honolulu, hi, 1998)

——, 'The Art World of Contemporary Japanese Ceramics', *Journal of Japanese Studies*, xiii/1 (1987)

Molony, Barbara, 'Modernity, Gender and the Empire: Gender, Citizenship and Dress in Modernizing Japan', *iias Newsletter*, 46 (Winter 2008)

Mori Rie, 'Kimono and Colony: From Testimonies and Literatures', *Voices from Japan*, xxv (March 2011)

——, 'Perceptions of Kimono in Literature, Film, and Other Forms of Visual Media During Japan's Colonization of Korea', *Journal of the International Association of Costume*, xxxviii (2010)

Morris-Suzuki, Tessa, The Technological Transformation of Japan from the Seventeenth to the Twenty-first Century (Cambridge, New York, Melbourne, 1994)

Nagasaki Iwao, 'Designs for a Thousand Ages: Printed Pattern Books and Kosode', in *When Art Became Fashion: Kosode in Edo-period Japan*, ed. Dale Carolyn Gluckman and Sharon Sadako Takeda, exh. cat., Los Angeles County Museum of Art (Los Angeles, 1992)

Nakagawa Keiichirō and Henry Rosovsky, 'The Case of the Dying Kimono: The Influence of Changing Fashions on the Development of the Japanese Woolen Industry', *Business History Review*, xxxvii/1–2 (Spring/Summer 1963)

Nakano Makiko, *Makiko's Diary: A Merchant Wife in 1910 Kyoto*, trans. Kazuko Smith (Stanford, ca, 1995)

Nakaoka Tetsuro, Aikawa Kayoko, Miyajima Hayao, Yoshii Takao and Nishizawa Tamotsu, 'The Textile History of Nishijin (Kyoto): East Meets West', *Textile History*, xix/2 (1988), pp. 117–39

Okabe Masayuki, 'The Impact of the Kimono on Modern Fashion', *Journal of Japanese Trade and Industry* (November, 2002)

Okakura Kakuzō, *The Awakening of Japan, Special Edition for Japan Society, Inc.* (New York,

(New York, 1993)
Meech-Pekarik, Julia, *The World of the Meiji Print: Impressions of a New Civilization* (New York and Tokyo, 1986)
Michie, Thomas C., 'Western Collecting of Japanese Stencils and their Impact in America', in *Carved Paper: The Art of the Japanese Stencil*, ed. Susan Shin-Tsu Tai, exh. cat., Santa Barbara Museum of Art; Museum of Art, Rhode Island School of Design; Mingei International Museum, San Diego (New York and Tokyo, 1998)
Milhaupt, Terry Satsuki, 'In the Guise of Tradition: Serizawa Keisuke and His Eclectic Designs', in *Serizawa: Master of Japanese Textile Design*, ed. Joe Earle, exh. cat., Japan Society, New York (New York, New Haven, ct, and London, 2009)
——, 'Facets of the Kimono: Reflections of Japan's Modernity', in *Arts of Japan: The John C. Weber Collection*, ed. Melanie Trede with Julia Meech, exh. cat., Museum of East Asian Art, National Museums in Berlin, Museum of Fine Arts, Boston, Minneapolis Institute of Fine Arts (Berlin, 2006)
——, 'Meanings and Modes of Japanese Clothing', in *Arts of Japan: The John C. Weber Collection*, ed. Melanie Trede with Julia Meech, exh. cat., Museum of East Asian Art, National Museums in Berlin, Museum of Fine Arts, Boston, Minneapolis Institute of Fine Arts (Berlin, 2006)
——, 'Second Hand Silk Kimono Migrating Across Borders', in *Old Clothes, New Looks: Second Hand Fashion*, ed. Alexandra Palmer and Hazel Clarik (Oxford and New York, 2005)
——, '*Tsujigahana* Textiles and their Fabrication', in *Turning Point: Oribe and the Arts of Sixteenth-century Japan*, ed. Miyeko Murase, exh. cat., Metropolitan Museum of Art (New York, New Haven, ct, and London, 2003)
——, 'Flowers at the Crossroads: The Four-hundred-year Life of a Japanese Textile', PhD thesis, Washington University, 2002
Minami Ryoshin and Makino Fumio, 'Condition for Technological Diffusion: Case of Power Looms', in *The Textile Industry and the Rise of the Japanese Economy*, ed. Michael Smitka (New York and London, 1998)
Minnich, Helen Benton, in collaboration with Nomura Shōjirō, *Japanese Costume and the*

Honolulu Academy of Arts (Honolulu, hi, 1980)
Los Angeles County Museum of Art et al., *Japan Goes to the World's Fairs: Japanese Art at the Great Expositions in Europe and the United States, 1867–1904*, exh. cat., Los Angeles County Museum of Art (Los Angeles, 2005)
Ma, Debin, 'The Modern Silk Road: The Global Raw-silk Market, 1850–1930', *Journal of Economic History*, lvi/2 (1996)
McDermott, Hiroko T., 'Meiji Kyoto Textile Art and Takashimaya', *Monumenta Nipponica*, lxv/1 (Spring 2010)
Mack, Karen J., 'The *Naga-ita Chūgata Aizome* Dyeing Technique', *Atomi Gakuen Joshi Daigaku Bungakubu Kiyō* (Journal of the Atomi Women's University Faculty of Letters), xlv (September 2010), pp. 1–9
MacPherson, Kerrie L., 'Introduction: Asia's Universal Providers', in *Asian Department Stores*, ed. Kerrie L. MacPherson (Honolulu, hi, 1998)
Maeda Ai, 'The Development of Popular Fiction in the Late Taishō Era: Increasing Readership of Women's Magazines', in *Text and the City: Essays on Japanese Modernity*, trans. Rebecca Copeland, ed. James A. Fujii (Durham, nc, and London, 2004)
Makimura Yasuhiro, 'The Silk Road at Yokohama: A History of the Economic Relationships between Yokohama, the Kantō Region, and the World through the Japanese Silk Industry in the Nineteenth Century', PhD thesis, Columbia University, 2005
Martin, Katherine, *Highlights of Japanese Printmaking: Shin Hanga, Part Two* (New York, 2006)
Maruyama Nobuhiko, 'Fashion and the Floating World: The Kosode in Art', in *When Art Became Fashion: Kosode in Edo-period Japan*, ed. Dale Carolyn Gluckman and Sharon Sadako Takeda, exh. cat., Los Angeles County Museum of Art (Los Angeles, 1992)
Mears, Patricia, 'Formalism and Revolution: Rei Kawakubo and Yohji Yamamoto', in *Japan Fashion Now*, ed. Valerie Steele et al., exh. cat., Fashion Institute of Technology (New York, 2010)
Meech, Julia, 'For the Good of the Nation', *Asian Art*, vi/1 (Winter 1993)
——, 'The Other Havemeyer Passion: Collecting Asian Art', in *Splendid Legacy: The Havemeyer Collection*, ed. Alice cooney Frelinghuysen et al., exh. cat., Metropolitan Museum of Art

Keene, Donald, *Seeds in the Heart: Japanese Literature from Earliest Times to the Late Sixteenth Century* (New York, 1993)

Kennedy, Alan, *Japanese Costume: History and Tradition* (Paris, 1990)

Kida Takuya, '"Traditional Art Crafts (Dentō Kōgei)" in Japan: From Reproductions to Original Works', *Journal of Modern Craft*, iii/1 (March 2010)

Kiyokawa Yukihiko, 'The Transformation of Young Rural Women into Disciplined Labor under Competition-oriented Management: The Experience of the Silk-reeling Industry in Japan', in *The Textile Industry and the Rise of the Japanese Economy*, ed. Michael Smitka (New York and London, 1998)

Kobayashi Keiko, 'The Effect of Western Textile Technology on Japanese Kasuri: Development, Innovation, and Competition', *Textile Museum Journal*, xl–xli (2001–2)

Koda, Harold, and Andrew Bolton, 'Preface: The Prophet of Simplicity', in *Poiret*, ed. Harold Koda and Andrew Bolton, exh. cat., Metropolitan Museum of Art (New Haven, ct, and London, 2007)

Kondo, Dorinne, About Face: Performing Race in Fashion and Theater (New York and London, 1997)

——, 'The Aesthetics and Politics of Japanese Identity in the Fashion Industry', in Re-made in Japan: Everyday Life and Consumer Taste in a Changing Society, ed. Joseph J. Tobin (New Haven, ct, and London, 1992)

Kornicki, P. F., 'Public Display and Changing Values: Early Meiji Exhibitions and Their Precursors', *Monumenta Nipponica*, xlix/2 (Summer 1994)

Kramer, Elizabeth, 'Master or Market? The Anglo–Japanese Textile Designs of Christopher Dresser', *Journal of Design History*, xix/3 (2006)

Kubota Itchiku, *Lumiere Brodee: Itchiku Kubota*, exh. cat., Palais de Tokyo (Belgium, 1990)

Kuki Shūzō, *Reflections on Japanese Taste: The Structure of* Iki, trans. John Clark, ed. Sakuko Matsui and John Clark (Sydney, 1997)

Lawton, Thomas, 'Yamanaka Sadajirō: Advocate for Asian Art', *Orientations*, xxvi/1 (January 1995)

Liddell, Jill, *The Story of the Kimono* (New York, 1989)

Link, Howard A., and Shimbo Toru, *Exquisite Visions: Rimpa Paintings from Japan*, exh. cat.,

——, *The Prints of Isoda Koryūsai: Floating World Culture and its Consumers in Eighteenth-century Japan* (Seattle, wa, 2003)
Hosley, William, *The Japan Idea: Art and Life in Victorian America*, exh. cat., Wadsworth Atheneum, Hartford (Hartford, ct, 1990)
Houchins, Chang-su, *Artifacts of Diplomacy: Smithsonian Collections from Commodore Matthew Perry's Japan Exhibition (1853–1854)* (Washington, dc, 1995)
Hunter, Janet, *Women and the Labour Market in Japan's Industrialising Economy: The Textile Industry before the Pacific War* (London and New York, 2003)
Huyssen, Andreas, 'Geographies of Modernism in a Globalizing World', in *Geographies of Modernism*, ed. Peter Brooker and Andrew Thacker (London, 2005)
Ichida Hiromi, 'A Brief History of Kimono', *Chanoyū Quarterly*, xxi (1978)
Ikegami, Eiko, *Bonds of Civility: Aesthetic Networks and the Political Origins of Japanese Culture* (New York, 2005)
Jenkins, D. T., 'The Response of the European Wool Textile Manufacturers to the Opening of the Japanese Market', *Textile History*, xix/2 (1998)
Kanai Jun I., 'Japonism in Fashion: Overview', in *Japonism in Fashion*: Tokyo, exh. cat., Tokyo Fuasshon Taun Nishikan (Tokyo, 1996)
Kaneko Kenji, 'The Development of "Traditional Art Crafts" in Japan', in *Crafting Beauty in Modern Japan: Celebrating Fifty Years of the Japan Traditional Art Crafts Exhibition*, ed. Nicole Rousmaniere, exh. cat., British Museum (Seattle, wa, 2007)
Kashiwagi Hiroshi, 'Design and War: Kimono as "Parlor Performance" Propaganda', in *Wearing Propaganda: Textiles on the Home Front in Japan, Britain, and the United States, 1931–1945*, ed. Jacqueline M. Atkin, exh. cat., The Bard Graduate Center for Studies in the Decorative Arts, Design, and Culture, New York (New Haven, ct, and London, 2005)
Kawakatsu Ken'ichi, *Kimono: Japanese Dress*, Tourist Library 3 (Tokyo, 1960, first edition 1936)
Kawamura, Yuniya, *Fashion-ology: An Introduction to Fashion Studies* (Oxford and New York, 2005)
——, *The Japanese Revolution in Paris Fashion* (Oxford and New York, 2004)

——, *A Modern History of Japan from Tokugawa Times to Present* (New York, Oxford, 2003)

Guth, Christine M. E., 'Charles Longfellow and Okakura Kakuzō: Cultural Cross-Dressing in the Colonial Context', *Positions East Asia Cultures Critique, Special Issue: Visual Cultures of Japanese Imperialism*, viii/3 (Winter 2000)

——, 'Kokuhō: From Dynastic to Artistic Treasure', *Cahiers d'Extrême-Asie*, ix (1996–7)

Hamada Shukuko, 'The Art of Serizawa Keisuke', in *Serizawa: Master of Japanese Textile Design*, ed. Joe Earle, exh. cat., Japan Society, New York (New York, New Haven, ct, and London, 2009)

Hanafusa Miki, 'Empress Tōfukumon'in and Empress Shōken', in *Amamonzeki – A Hidden Heritage: Treasures of the Japanese Imperial Convents*, ed. Medieval Japanese Studies Institute et al., exh. cat., University Art Museum, Tokyo University of the Arts (Osaka and Tokyo, 2009)

Hastings, Sally A., 'The Empress' New Clothes and Japanese Women, 1868–1912', *Historian*, xxxiii/4 (Summer 1993)

Hauser, William B., 'A New Society: Japan under Tokugawa Rule', in *When Art Became Fashion: Kosode in Edo-Period Japan*, ed. Dale Carolyn Gluckman and Sharon Sadako Takeda, exh. cat., Los Angeles County Museum of Art (Los Angeles, 1992)

——, *Economic Institutional Change in Tokugawa Japan: Ōsaka and the Kinai Cotton Trade* (London, 1974)

Havemeyer, Louisine W., *Sixteen to Sixty: Memoirs of a Collector*, privately printed for the Family of Mrs. H. O. Havemeyer and the Metropolitan Museum of Art, New York (New York, 1961)

Hillier, Jack, *The Art of the Japanese Book*, 2 vols (New York, 1987)

Hirano, Ken'ichiro, 'The Westernization of Clothes and the State in Meiji Japan', in *The State and Cultural Transformation: Perspectives From East Asia*, ed. Hirano Ken'ichiro (Tokyo, New York, Paris, 1993)

Hockley, Allen, 'First Encounters – Emerging Stereotypes: Westerners and the Geisha in the Late Nineteenth Century', in *Geisha: Beyond the Painted Smile*, ed. Peabody Essex Museum, exh. cat., Peabody Essex Museum, Salem, ma, and Asian Art Museum; Chong-Moon Lee Center for Asian Art and Culture, San Francisco (New York, 2004)

Art Institute of Chicago; Japanese American Cultural and Community Center, Los Angeles (Boston, Chicago, Los Angeles, 1983)
Forrer, Matthi, 'The Relationship Between Publishers and Print Formats in the Edo Period', in *The Commercial and Cultural Climate of Japanese Printmaking*, ed. Amy Reigle Newland (Amsterdam, 2004)
Francks, Penelope, *The Japanese Consumer: An Alternative Economic History of Modern Japan* (New York, 2009)
Frederick, Sarah, *Turning Pages: Reading and Writing Women's Magazines in Interwar Japan* (Honolulu, hi, 2006)
Frolet, Elisabeth, 'Mingei: The Word and the Movement', in *Mingei: Masterpieces of Japanese Folkcraft*, ed. Japan Folk Crafts Museum (Tokyo, New York, London, 1991)
Fujitani, T., *Splendid Monarchy: Power and Pageantry in Modern Japan* (Berkeley, ca, Los Angeles, London, 1996)
Fukai Akiko, Jyaponizumu in fuasshon (Tokyo, 1994)
Fukatsu-Fukuoka Yuko, 'The Evolution of Yuzen-dyeing Techniques and Designs after the Meiji Restoration', in *Appropriation, Acculturation, Transformation – Symposium Proceedings of the Textile Society of America, 9th Biennial Symposium* (2004)
Furuta Kazuko, 'Cultural Transformation in Japan's Industrialization: Local Adaptation to Foreign Silk Technology', in *The State and Cultural Transformation: Perspectives From East Asia*, ed. Hirano Ken'ichiro (Tokyo, New York, Paris, 1993)
Garon, Sheldon, 'Luxury is the Enemy: Mobilizing Savings and Popularizing Thrift in Wartime Japan', *Journal of Japanese Studies*, xxvi/1 (2000)
Gerbert, Elaine, 'Space and Aesthetic Imagination in Some Taishō Writings', in *Japan's Competing Modernities: Issues in Culture and Democracy, 1900–1930*, ed. Sharon A. Minichiello (Honolulu, hi, 1998)
Gerstle, C. Andrew, 'Flowers of Edo: Eighteenth-century Kabuki and Its Patrons', *Asian Theater Journal*, iv/1 (Spring 1987)
Gluck, Carol, *Japan's Modern Myths: Ideology in the Late Meiji Period* (Princeton, nj, 1985)
Gordon, Andrew, *Fabricating Consumers: The Sewing Machine in Modern Japan* (Berkeley, ca, Los Angeles, London, 2012)

1640 (Berkeley, ca, Los Angeles, London, 1965)
Copeland, Rebecca, *The Sound of the Wind: The Life and Works of Chiyo Uno* (Boston, Rutland, vt, and Tokyo, 1993)
Cort, Louise Allison, 'The Changing Fortunes of Three Archaic Japanese Textiles', in *Cloth and the Human Experience*, ed. Annette B. Weiner and Jane Schneider (Washington, dc, and London, 1989)
——, 'The Modern Shokunin', *Craft Horizons*, xxxvii/5 (August 1978)
Corwin, Nancy A., 'The Kimono Mind: *Japonisme* and American Culture', in *The Kimono Inspiration: Art and Art-to-wear in America*, exh. cat., Textile Museum (Washington, dc, 1996)
Creighton, Millie, 'Consuming Rural Japan: The Marketing of Tradition and Nostalgia in the Japanese Travel Industry', *Ethnology*, xxxvi/3 (Summer 1997)
——, 'The Depāto: Merchandising the West While Selling Japaneseness', in *Re-made in Japan: Everyday Life and Consumer Taste in a Changing Society*, ed. Joseph J. Tobin (New Haven, ct, and London, 1992)
Cuccio, Claire, 'Inside *Myōjō* (*Venus*, 1900–1908): Art for the Nation's Sake', PhD thesis, Stanford University, 2005
Cutler, T. W., *A Grammar of Japanese Ornament and Design* (London, 1880)
Dalby, Liza, *Kimono: Fashioning Culture* (New Haven, ct, and London, 1993)
Debo, Kaat, and Paul Boudens, eds, *Yohji Yamamoto: An Exhibition Triptych* (Antwerp, 2006)
Dower, John W., *Embracing Defeat: Japan in the Wake of World War II* (New York, 1999)
Downer, Lesley, *Madame Sadayakko: The Geisha who Bewitched the West* (New York, 2003)
Dresser, Christopher, *Japan: Its Architecture, Art and Art Manufactures* (London, 1882)
Duus, Peter, 'Zaikabō: Japanese Cotton Mills in China, 1895–1937', in *The Textile Industry and the Rise of the Japanese Economy*, ed. Michael Smitka (New York and London, 1998)
Edwards, Osman, *Japanese Plays and Playfellows* (New York, 1901)
Faulkner, Rupert, *Japanese Studio Crafts: Tradition and the Avant-Garde* (Philadelphia, pa, 1995)
Finnane, Antonia, *Changing Clothes in China: Fashion, History, Nation* (New York, 2008)
Fontein, Jan, ed., *Living National Treasures of Japan*, exh. cat., Museum of Fine Arts, Boston;

August 1991)
Bethe, Monica, 'Color: Dyes and Pigments', in Amanda Mayer Stinchecum, *Kosode: 16th–19th Century Textiles from the Nomura Collection*, ed. Naomi Noble Richard and Margot Paul, exh. cat., Japan Society, New York (New York and Tokyo, 1984)
Blaszczyk, Regina Lee, ed., *Producing Fashion: Commerce, Culture, and Consumers* (Philadelphia, pa, 2008)
Bourdieu, Pierre, *Distinction: A Social Critique of the Judgement of Taste*, trans. Richard Nice (Cambridge, ma, 1984)
Brandon, Reiko Mochinaga, *Bright and Daring: Japanese Kimonos in the Taisho Mode from the Oka Nobutaka Collection of the Suzaka Classic Museum*, exh. cat., Honolulu Academy of Arts (Honolulu, hi, 1996)
Brandt, Kim, 'Serizawa Keisuke and the Mingei Movement', in *Serizawa: Master of Japanese Textile Design*, ed. Joe Earle, exh. cat., Japan Society, New York (New York, New Haven, ct, and London, 2009)
——, *Kingdom of Beauty: Mingei and the Politics of Folk Art in Imperial Japan* (Durham, nc, and London, 2007)
Brink, Dean, 'Pygmalion Colonialism: How to Become a Japanese Woman in Late Occupied Taiwan', *Sungkyun Journal of East Asian Studies*, xii/1 (2012)
Chokki Toshiaki, 'Labor Management in the Cotton Spinning Industry', in *The Textile Industry and the Rise of the Japanese Economy*, ed. Michael Smitka (New York and London, 1998)
CLAMP Mokona, *CLAMP Mokona's Okimono Kimono* (Milwaukie, or, 2010)
Clark, Timothy, 'Image and Style in the Floating World: The Origins and Development of Ukiyo-e', in *The Dawn of the Floating World 1650–1765: Early Ukiyo-e Treasures from the Museum of Fine Arts, Boston*, ed. Timothy Clark, Anne Nishimura Morse, Louise E. Virgin with Allen Hockley, exh. cat., Museum of Fine Arts, Boston (Boston, 2000–01)
——, *Ukiyo-e Paintings in the British Museum* (Washington, dc, 1992)
Conant, Ellen P., 'Introduction', in *Challenging Past and Present: The Metamorphosis of Nineteenth-century Japanese Art*, ed. Ellen P. Conant (Honolulu, hi, 2006)
Cooper, Michael, ed., *They Came to Japan: An Anthology of European Reports on Japan, 1543–*

《服飾美学》第 42 號，服飾美学会，2006 年，頁 19–35。
藤井健三，〈「美展」の歴史とその逸品〉，《小袖からきものへ（別冊太陽）》第 55 號，東京：平凡社，2005 年，頁 58–86。
——，〈明治後期の工芸衣装と図案雑誌〉，《新美術海：神坂雪佳、古谷紅麟編》，東京：芸艸堂，2006 年。
——，〈津田青楓の芸術と図案〉，《津田青楓の図案—芸術とデザイン》，東京：芸艸堂，2008 年，頁 78–85。
藤本恵子，〈近代京都の染織産業と図案研究会〉，《朱雀（京都文化博物館研究紀要）》第 8 集，京都：京都文化博物館，1995 年，頁 121–36。
——，〈友禅染の展開と千總〉，京都文化博物館編，《千總コレクション：京の優雅 小袖と屏風》展覽手冊，京都：京都文化博物館，2005 年。

英文

Ajioka Chiaki, 'When Craft Became Art: Modern Japanese Craft and the *Mingei Sakka*', in *Traditional Japanese Arts and Crafts in the 21st Century: Reconsidering the Future from an International Perspective*, ed. Inaga Shigemi and Patricia Fister (Kyoto, 2007)
Bacon, Alice Mabel, *Japanese Girls and Women*, revised and enlarged edition with illustrations by Keishū Takenouchi (London, New York, Bahrain, 2001, originally published 1891)
Bambling, Michele, 'Japan's Living National Treasures Program: The Paradox of Remembering', in *Perspectives on Social Memory in Japan*, ed. Tsu Yun Hui, Jan van Bremen and Eyal Ben-Ari (Folkestone, 2005)
Beetham, Margaret, *A Magazine of Her Own? Domesticity and Desire in the Woman's Magazine, 1800–1914* (London and New York, 1996)
Befu, Harumi, 'Concepts of Japan, Japanese Culture, and the Japanese', in *The Cambridge Companion to Modern Japanese Culture*, ed. Yoshio Sugimoto (Melbourne, 2009)
Berry, Mary Elizabeth, *Japan in Print: Information and Nation in the Early Modern Period* (Berkeley, ca, Los Angeles, London, 2006)
Best, Susan-Marie, 'The Yuzen Kimono of Moriguchi Kunihiko', *Eastern Art Report*, iii/2 (July/

年。
板倉寿郎等監修，《原色染織大辞典》，京都：淡交社，1977 年。
東京印刷博物館，《美人のつくりかた：石版から始まる広告ポスター》展覽手冊，東京：東京印刷博物館，2007 年。
京都文化博物館編，《千總コレクション：京の優雅 小袖と屛風》展覽手冊，京都：京都文化博物館，2005 年。
——，《絵画と衣装 美の名品展》展覽手冊，京都：京都文化博物館，2007 年。
長崎巖，〈小袖からきものへ〉，東京国立博物館等監修，《日本の美術 8》，東京：至文堂，2002 年。
青木美保子，〈大正・昭和初期のファッション〉，京都府立堂本印象美術館編，《和装美人から洋装美人へ：大正・昭和の女性像》展覽手冊，京都：京都府立堂本印象美術館，2009 年。
——，〈機械捺染〉，京都工芸繊維大学美術工芸資料館編，《ここにもあった匠の技－機械捺染－》展覽手冊，京都：京都工芸繊維大学，2010 年，頁 1–14。
柳宗悦，〈民芸と個人作家〉，《民藝》第 72 號，東京：日本民藝協会，1958 年。
——，〈再度民芸と作家について〉，《民藝》第 74 號，東京：日本民藝協会，1959 年。
——，〈作家の品と民芸品〉（1961），《柳宗悦全集》第 14 巻，東京，筑摩書房，1982 年。
相田翔子，《相田翔子の「きもの」修業》，東京：世界文化社，2009 年。
高群逸枝，〈芸者の貴婦人化〉，橋本憲三編，《高群逸枝全集 第 5 巻「女性の歴史」》，東京：理論社，1966 年。
神野由紀，《趣味の誕生 —— 百貨店がつくったテイスト》，東京：勁草書房，2000 年。
森理恵，〈キモノ女性化、ファッション化と民族衣装化〉，愛媛県歴史文化博物館編，《ときめくファッション 小町娘からモダンガールまで》展覽手冊，愛媛：愛媛県歴史文化博物館，2006 年。
道明三保子監修，《すぐわかるきものの美 —— 髪飾りからはきものまで》，東京：東京美術，2005 年。
静岡市立芹沢銈介美術館編，《芹沢銈介－その生涯と作品－》，靜岡：静岡市立芹沢銈介美術館，2008 年。
廣田孝，〈明治末大正初期の輸出用キモノに関する一考察 —— 高島屋史料を中心に〉，

山本耀司，〈序文〉，小笠原小枝監修，《千総型友禅伝統図案集友禅グラフィックス(1)花と草木篇》，東京：グラフィック社，2002年。
丸山伸彥，〈小袖雛形本研究序章〉，辻惟雄先生還曆記念会編，《日本美術史の水脈》，東京：ぺりかん社，1993年。
——編，《江戸のきものと衣生活（日本ビジュアル生活史）》，東京：小学館，2007年。
——，《江戸モードの誕生：文様の流行とスター絵師》，東京：角川学芸出版，2008年。
丸山恒夫（按：音譯 Maruyama Tsuneo），〈伝統に立つ二つの創作：森口華弘・邦彦展によせて〉，《森口華弘・邦彦展－父子 友禅人間国宝－》展覽手冊，滋賀：滋賀県立近代美術館，2009年。
今和次郎、吉田謙吉，〈デパート風俗社会学〉，《モデルノロヂオ—考現学》，東京：学陽書房，1986年。
切畑健編，《かがやける小袖の美（田畑家コレクション）》展覽手冊，京都高島屋、東京松屋銀座、横濱高島屋、福岡博多大丸、大阪梅田阪急，大阪：朝日新聞社文化企画局大阪企画部，1990年。
中村光哉監修，《友禅：東京派五十年の軌跡》展覽手冊，東京：文化学園服飾博物館，1999年。
井上雅人，《洋服と日本人：国民服というモード》，廣済堂出版，2001年。
比嘉明子，〈神坂雪佳の図案集〉，ドナルド A. ウッド（Donald A. Wood）、池田祐子編，《神坂雪佳 —— 琳派の継承・近代デザインの先駆者》展覽手冊，京都國立近代美術館、佐倉市立美術館、洛杉磯郡立美術館、伯明罕藝術博物館，京都：京都国立近代美術館，2003年。
木村孝、渡辺みどり，《美智子さまのお着物》，東京：朝日新聞出版，2009年。
平野恵理子，《きもの、着ようよ！》，東京：筑摩書房，2008年。
安田丈一，《きものの歷史》，東京：繊研新聞社，1972年。
伊藤敏子，《辻が花染》，東京：講談社，1981年。
吉岡幸雄，《日本の色辞典》，京都：紫紅社，2000年。
宇野千代，《宇野千代きもの手帖》，東京：二見書房，2004年。
名古屋市博物館編，《小袖：江戸のオートクチュール》，東京：日本経済新聞社，2008

參考文獻

日文

〈明治・大正の染織〉，《染織の美》第 25 卷，京都：京都書院，1983 年秋季。
《新指定重要文化財 5 工芸品 II》，東京：毎日新聞社，1983 年。
《西川祐信集（上巻）》，大阪：関西大学出版部，1998 年。
《紅絹 vol.2 キモノ着まわしコーディネートブック》，福岡：エフ・ディ，2009 年。
CLAMP モナコ，《CLAMP もこなのオキモノキモノ》，東京：河出書房新社，2007 年。
NHK きんきメディアプラン編，《京友禅の華：人間国宝三代田畑喜八の美》展覽手冊，京都高島屋、難波高島屋，京都：NHK きんきメディアプラン，2001 年。
ドナルド A. ウッド（Donald A. Wood）、池田祐子編，《神坂雪佳——琳派の継承・近代デザインの先駆者》展覽手冊，京都國立近代美術館、佐倉市立美術館、洛杉磯郡立美術館、伯明罕藝術博物館，京都：京都国立近代美術館，2003 年。
マニグリエ真矢（Maïa Maniglier），《パリジェンヌの着物はじめ》，東京：ダイヤモンド社，2005 年。
一般社団法人全日本きもの振興会編，《きもの文化検定公式教本 I きものの基本》，東京：アシェット婦人画報社，2006 年。
小瀧幹雄（按：音譯 Otaki Mikio），〈友禅東京派：その試練と輝き〉，中村光哉監修，《友禅：東京派五十年の軌跡》展覽手冊，東京：文化学園服飾博物館，1999 年。
小山弓弦葉，〈光琳模様〉，《日本の美術》第 524 號，東京：ぎょうせい，2010 年。
大森哲也，〈画家たちの描いた銘仙美人：足利銘仙の宣伝ポスターから〉，藤井健三監修，《銘仙：大正昭和のおしゃれ着物（別冊太陽）》，東京：平凡社，2004 年，頁 108–13。
山辺知行、北村哲郎、田畑喜八，《小袖》，東京：三一書房，1963 年。
山辺知行監修，上野佐江子編，《小袖模様雛形本集成 四》，東京：学習研究社，1974 年。

國家圖書館出版品預行編目資料

和服：一部形塑與認同的日本現代史／泰瑞．五月．米爾霍普著；黃可秀譯．黃韻如審訂．-- 初版．-- 新北市：遠足文化事業股份有限公司, 2021.10
面；　公分．
譯自：KIMONO: a modern history
ISBN 978-986-508-116-4（平裝）

1. 服飾　2. 日本史

538.1831　　110013821

和服：一部形塑與認同的日本現代史
KIMONO: A Modern History

作　　者── 泰瑞．五月．米爾霍普 Terry Satsuki Milhaupt
譯　　者── 黃可秀
審　　訂── 黃韻如
特約編輯── 林婉華
主　　編── 林蔚儒
執 行 長── 陳蕙慧
行銷總監── 陳雅雯
行銷企劃── 尹子麟、余一霞、汪佳穎
美術設計── 鄭佳容
內文排版── 張靜怡

社　　長── 郭重興
發行人兼出版總監── 曾大福
出 版 者── 遠足文化事業股份有限公司
地　　址── 231 新北市新店區民權路 108-2 號 9 樓
電　　話── (02) 2218-1417
傳　　真── (02) 2218-0727
郵撥帳號── 19504465
客服專線── 0800-221-029
客服信箱── service@bookrep.com.tw
網　　址── https://www.bookrep.com.tw
臉書專頁── https://www.facebook.com/WalkersCulturalNo.1
法律顧問── 華洋法律事務所　蘇文生律師
印　　製── 呈靖彩藝有限公司

定　　價── 新台幣 720 元

初版一刷　西元 2021 年 10 月
Printed in Taiwan